小学语文名师教学案例评析

尹泳一　　具春林　　著

北　京
冶　金　工　业　出　版　社
2021

内 容 提 要

本书以王崧舟、于永正、蒋军晶、吴勇、管建刚、钟传祎、薛法根、赵志祥、张祖庆九位小学语文特级教师的教学案例为研究对象，结合课程改革以来小学语文教学改革所取得的成绩，针对小学语文教学改革存在的问题，探求解决问题的策略。

本书可供高等师范类院校小学教育专业、汉语言文学专业的师生阅读，也可作为报考小学语文教师资格证考试的学习资料，以及小学语文教师专业成长自修用书。

图书在版编目（CIP）数据

小学语文名师教学案例评析/尹泳一，具春林著 .—
北京：冶金工业出版社，2021.7
ISBN 978-7-5024-8823-9

Ⅰ.①小… Ⅱ.①尹… ②具… Ⅲ.①小学语文课—教案（教育）—教学研究 Ⅳ.①G623.202

中国版本图书馆 CIP 数据核字(2021)第 094827 号

出 版 人 苏长永
地 址 北京市东城区嵩祝院北巷 39 号 邮编 100009 电话 (010)64027926
网 址 www.cnmip.com.cn 电子信箱 yjcbs@cnmip.com.cn
责任编辑 曾 媛 美术编辑 吕欣童 版式设计 禹 蕊
责任校对 李 娜 责任印制 李玉山
ISBN 978-7-5024-8823-9
冶金工业出版社出版发行；各地新华书店经销；北京建宏印刷有限公司印刷
2021 年 7 月第 1 版，2021 年 7 月第 1 次印刷
710mm×1000mm 1/16；13 印张；251 千字；199 页
78.00 元
冶金工业出版社 投稿电话 (010)64027932 投稿信箱 tougao@cnmip.com.cn
冶金工业出版社营销中心 电话 (010)64044283 传真 (010)64027893
冶金工业出版社天猫旗舰店 yjgycbs.tmall.com
（本书如有印装质量问题，本社营销中心负责退换）

前言
PREFACE

　　语文教学一直备受关注，也备受指责。从1997年《北京文学》杂志的"误尽苍生是语文"的疾呼，到2005年《人民教育》杂志上的"中学语文无效教学批判"，再到2010年某学者对小学语文"80%是无用功"的斥责，语文教学改革反复被推到风口浪尖。

　　对小学语文教学的批判声音似乎更多：教师文本解读能力差，语文味流失，教学效率不高等等。这不禁让我们深思，小学语文教学的困境是什么？

　　思考这个问题，不由得让我想起儿童文学评论家刘绪源先生对人教版四年级（上）《去年的树》一文的评价：

　　故事就这么简单。要说浅，它已经浅到极点，两岁的幼儿也能听懂；但要说深，它又是无限地深，才高八斗的大学问家，也不会不为之动容。

　　由刘绪源先生对《去年的树》的既"浅"又"深"审美批判，得到启示：小学语文教学亦存在"浅"与"深"的矛盾。一方面，教学内容存在既"浅"又"深"的矛盾，"浅"是指文本的内容与形式较浅显；"深"是指简单的文本内容与形式承载了典范的语言规律和文本样貌。另一方面，儿童心理存在着既"浅"又"深"的矛盾，"浅"是指儿童认知能力有限，思考往往简单；"深"是指儿童天性富于幻想，不受社会规范的约束，求知欲旺盛，思维开放而富有创意。小学语文教学"浅"与"深"的矛盾，是造成小学语文教学困境的一个重要原因。

　　考察小学名师的教学案例发现，很多名师能自如地化解"浅"与"深"的矛盾，表现出非常深厚的专业功底和专业热情。王崧舟的童话欣赏课，遵从儿童认知规律，在空白里讲故事的教学艺术，诗意地解读了童话的意境；蒋军晶的儿童诗群文阅读课，将学理认识转化为有效的学习活动，四两拨千斤地化解了教学的难点；钟传祎的跨学科作文指导课，呼应全球化时代所做的教学改革获得可喜成绩……

　　考察当下小学名师的教学案例，欣喜于课程改革以来小学语文教学改革取得的成绩。作者梳理小学语文名师教学案例中蕴含的教育规律和教育思想，希望能为广大一线教师提供解决教学困惑的可资参考的建议；也希望能给高等师范类院校相关专业的学生提供有价值的研究资料；还希望给关注语文教育的人士提供有意义的学习资料。

本书共十五个教学案例评析，其中王崧舟、于永正、蒋军晶、吴勇老师的八个教学案例的解析由尹泳一撰写，管建刚、钟传祎、薛法根、赵志祥、张祖庆老师的七个教学案例的解析由具春林撰写。

本书的出版得到"黑龙江省哲学社会科学学科体系创新支持计划项目"资助，在此表示感谢。

由于作者水平所限，书中疏漏之处在所难免，敬请读者批评指正。

作者

2020 年 8 月

目 录
CONTENTS

在空白里讲故事

——王崧舟《去年的树》教学实录评析

《去年的树》是人教版四年级上册的一篇童话。教学前需要澄清两个基本的问题：其一，要弄清楚童话的文本特点及其教学策略；其二，《去年的树》这篇童话应该如何解读。

首先，童话的文本特点及教学应该注意的问题。

参阅方卫平《儿童文学教程》的观点，可知童话的内容有如下特点：

童话艺术地表现儿童幻想中的世界。儿童的幻想世界中充满了绮丽的色彩，在儿童的思维深层，活跃着万物有灵的生命一体化的思想，因此，在幻想世界中，动植物与其他物体都有了生命的灵性。在童话世界里，地点可以是神奇的境域，人物往往有超常功能和形态，情节可以离奇、时间可以不确定。童话突出的特点是幻想，但童话的幻想往往表达的是成人的童年梦想，成人对童年的反顾和怀念，隐藏着成人对童年的梦想与崇拜。

童话作为儿童文学的一种重要形式，表现的是儿童的心理和生理特征。虽然童话的创造者多为成年人，童话中浸含着成年人对儿童的期许，但是优秀的童话作品，即使表现成年人的期许，也要顺应儿童成长，努力真实地表现儿童的心理和幻想。

因为童话要顺应儿童成长，所以童话即使表现生活中不可回避的死亡、别离、磨难、失败等悲伤、痛苦的情感，也要尽力呈现利于儿童成长的精神世界，总是给读者一个儿童视角过滤了的，适合儿童心理的、平和的、温柔的、诗性的人生与社会。

童话不是用以价值判断的教育文本，任何教化色彩的渗透都会消弭童话的美感和意义。因而，童话的教学应该是审美认识的过程，审美体验的过程。

童话教学应该遵从儿童的天性，遵从儿童本位的思想，紧扣童话的幻想、审美的特点，通过朗读、想象、补充空白、情境表演等方式，调动儿童的学习兴趣，理解童话蕴含的生活意义和社会意义，感受童话的审美境界和审美情感。

其次，如何解读《去年的树》。

作者新美南吉（1913—1943）是日本著名的儿童文学家，14岁起就开始创作童谣和童话，多篇作品被选进中小学课本，被誉为"日本的安徒生"。他四岁丧母，由外祖母养大。他终生独身，年仅30岁就因病去世。母爱的缺失、疾病的折磨，使他饱尝孤独，因而他的童话中，始终贯穿了一个渴望爱、渴望与他人相融的主题。虽然个人生活经历多磨难和坎坷，但是他有一颗纯洁的童心，他在1941年发表的《童话中故事性的丧失》一文中说"童话的读者是孩子，而不是文学青年。"[1]他始终站在儿童的立场上创作。

《去年的树》讲述的故事是：冬天要到了，小鸟与树相约，等来年春天再回来为树唱歌。春天到了，小鸟飞回来了，可是树却不见了。小鸟找啊找啊，最后找到变成了一束火苗的大树，于是，小鸟为树深情地唱起了去年的歌。全文仅五百余字，看似浅显，却给读者留下许多想象的空间。

文学评论家刘绪源先生认为《去年的树》："故事就这么简单。要说浅，它已经浅到极点，两岁的幼儿也能听懂；但要说深，它又是无限地深，才高八斗的大学问家，也不会不为之动容。"没有"外在的道德教训，也没有成人社会的那些思想和理念，它所深入人心的，是人生无可回避的处境、难题和情感。"[2]小鸟和树的故事，看似浅显简单，却表现人生普遍存在的境遇，寄托的是人生永在的情感。这就是《去年的树》的深度，是《去年的树》的阅读价值所在。

关于《去年的树》的主题，刘绪源认为有两点：

其一是友情，鸟和大树的友情。对儿童来说，友情是十分珍贵的，刻骨铭心的，那些大人们不当一回事的片言只语，对儿童来说，是天一般大的，是一诺千金的，他们会为之日思夜想，是决不可玩忽的。当小鸟好不容易盼到了春天，却没法实现自己的诺言时，它焦急、惊惶、疑虑。鸟和树的友情会引起各个年龄段的读者的共鸣。

其二就是关于永远的消失。儿童大多还没经历过人生的悲剧，他们总是愿意将世界想得光明，已经拥有的美好的东西，他们希望一直有，一旦有什么消失了，他们总希望有一天能再找回来，但坚硬强悍的现实人生，早晚会告诉他们：这是不可能的。小鸟碰到的，就是永远的消失，永不可逆的离去，不仅树没了，树的细条条也没了，用细条条做成的火柴也用光了，只有那一点火还亮着，但它很快也要熄灭的。小鸟再也找不到大树了，它没法实现自己的诺言，只能抓紧最后的机会，对着灯火，唱一曲去年说好的歌……这里边，其实包含着关于死亡的体验和思考，儿童未必会往这方面想，但这种审美体验会伴随他们未来的人生，也许会伴随整整一生。

《去年的树》语言平白如话，简洁的对话，明快的叙事，写出了鸟儿对树的真挚情谊。白描的手法，给读者留下了很大的想象空间。文字非常简练，朗朗上口，很适合朗读。

王崧舟老师的《去年的树》[3]教学是一节非常唯美的童话教学课。无论从童

① 周龙梅.日本童话作家新美南吉和他的作品[J].中国儿童文学，2009（2）：57-60.

② 刘绪源.它有多深，就该有多浅[J].南方文坛，2007（1）：38-39.

③ 王崧舟.王崧舟《去年的树》[DB/OL].https://www.iqiyi.com/w_19rt86d1tl.html.

话文本的解读，还是教学目标的落实，教学活动的设计，以及教师专业素养的表现，都堪为当代教师学习的优秀示例。因此，可以学习探讨的内容非常多，本案例分析仅从童话教材的解读和教学活动的设计两个角度做探讨。

一、故事的开头改故事

师：上课。

生：老师好

师：请坐。

师：《去年的树》是一篇童话故事，故事的开头是这样写的，谁愿意读一读？

（屏幕出现：一棵树和一只鸟儿是好朋友。鸟儿站在树枝上，天天给树唱歌。树呢，天天听鸟儿唱。）

生：（朗读）一棵树和一只鸟儿是好朋友。鸟儿站在树枝上，天天给树唱歌。树呢，天天听鸟儿唱。

师：读得真好，谁愿意再来读一读？

生：（朗读）一棵树和一只鸟儿是好朋友。鸟儿站在树枝上，天天给树唱歌，树呢，天天听鸟儿唱。

师：读进去了！一棵树，一只鸟；一个唱，一个听。多好的朋友，多好的日子，我们一起美美地读一读这个开头。预备，起——

生：（齐读）一棵树和一只鸟儿是好朋友。鸟儿站在树枝上，天天给树唱歌。树呢，天天听着鸟儿唱。

评 析

王崧舟老师的教学设计，每节课的导入设计都不一样，但是每节课的导入都别具匠心。本节课的导入似乎毫无设计感，不过就是带领学生反复朗读课文的开头，似乎没有什么特别。但如果我们把课文的开头，也即学生反复朗读的内容展示出来，或许就能发现其匠心了。

一棵树和一只鸟儿是好朋友。鸟儿站在树枝上，天天给树唱歌。树呢，天天听鸟儿唱。

一棵树和一只鸟儿是好朋友。鸟儿站在树枝上，天天给树唱歌。树呢，天天听鸟儿唱。

一棵树和一只鸟儿是好朋友。鸟儿站在树枝上，天天给树唱歌。树呢，天天听鸟儿唱。

一棵树和一只鸟儿是好朋友。鸟儿站在树枝上，天天给树唱歌。树呢，天天听鸟儿唱。

我们看到，这就是一首诗歌！一首关于鸟和树相依相伴的诗歌，是鸟儿和树互为风景的诗歌，是一支韵律和谐的慰藉心灵的诗歌。这也是一幅风景画！一幅鸟和树互相装扮修饰的画，是一幅唯美自然的风景画！我想王崧舟老师一定是想让孩子们读出新美南吉心里的诗，想象新美南吉描绘的理想的世界。新美南吉的童话"是为了大声朗读而创作的"，如一支一支的儿歌组合在一起的童话。王崧舟老师让学生用清澈的童音朗读出来，不加任何诠释，毫无干扰地让学生一遍遍地朗读，在循环往复的旋律中，学生的审美情感被调动起来。这种复沓式的朗读，巧妙地带领学生走进文本的审美境界中。

这里的匠心，是教者对文本透辟的参悟之后，设计的最为简单却是非常契合文本的内容与情感的巧妙的导入方式。

师：孩子们，鸟儿给树唱歌，可能会在什么时候？

生：可能会在春天，可能会在秋天。

师：可能会在春天，可能会在秋天，他猜想了季节的不同，有谁注意时间的不同？

生：在夏天的晚上。

师：夏天的晚上，嗯，可能，还有？

生：还有可能在春天的清晨。

师：在清晨，好，注意了时间的不同，注意了季节的不同，有没有人注意到它们心情的不同？还可能在？

生：在树伤心的时候鸟儿给它唱歌解闷。

生：可能在树有烦恼的时候给它解烦恼。

师：没错，特别需要歌声的时候。是的孩子们，清晨鸟儿给树唱歌；傍晚鸟儿给树唱歌；春天鸟儿给树唱歌；秋天鸟儿给树唱歌；大树无聊的时候，鸟儿给它唱歌；大树伤心的时候，鸟儿给它唱歌。请问：那么多种可能，你是从哪个词中读出来的？

生：我在"常常"词中读出来的。

师：有"常常"这个词吗？仔细看。

生：应该是"天天"这个词语。

师：没错，就是这个"天天"，你觉得这个词应该读几遍？你仔细看一定能够看出来，读几遍？读——

生：天天。

师：再读——

生：天天。

师：没错，因为在我们这个开头中"天天"这个词连着出现几次？

生：两次。

师：好的，我们再一起读文章的这个开头，带上你刚才的种种想象，注意读出"天天"的感觉和味道来。

生：（齐读）一棵树和一只鸟儿是好朋友。鸟儿站在树枝上，天天给树唱歌，树呢，天天听鸟儿唱。

师：看，鸟儿站在树枝上就这样天天给树唱歌。（舒缓的背景音乐响起，屏幕依次出现鸟儿在早晨、晚上、春天、秋天等各种背景中站在树上唱歌图片，同时呈现文字：鸟儿站在树枝上，给树唱歌。树呢，听着鸟儿唱。）

师：大家看，当太阳露出笑脸的时候——

生：（朗读）鸟儿站在树枝上，给树唱歌。树呢，听着鸟儿唱。

师：当月亮挂上树梢的时候——

生：（朗读）鸟儿站在树枝上，给树唱歌。树呢，听着鸟儿唱。

师：当森林里的雪都融化了的时候——

生：（朗读）鸟儿站在树枝上，给树唱歌。树呢，听着鸟儿唱。

师：当叶子在秋风中飘落的时候——

生：（朗读）鸟儿站在树枝上，给树唱歌。树呢，听着鸟儿唱。

师：迎着风，迎着雨——

生：（朗读）鸟儿站在树枝上，给树唱歌。树呢，听着鸟儿唱。

师：走过春，走过夏——

生：（朗读）鸟儿站在树枝上，给树唱歌。树呢，听着鸟儿唱。

师：是啊，鸟儿站在树枝上，给树唱着优美的歌。

（音乐继续，屏幕依次出现鸟儿在夏天、晚上等各种背景中站在树上唱歌的图片，同时呈现文字：鸟儿站在树枝上，给树唱歌。树呢，听着鸟儿唱。）

师：你再听，鸟儿站在树枝上，给树唱着优美的歌，树呢？

生：天天听着鸟儿唱。

师：你再听，鸟儿站在树枝上，给树唱着快乐的歌，树呢？

生：听着鸟儿唱。

师：鸟儿站在树枝上，给树唱着夏日小情歌，树呢？

生：听着鸟儿唱。

师：鸟儿站在树枝上，给树唱着晚安小夜曲，树呢？

生：听着鸟儿唱。

师：是啊，这是一对多么好的朋友！一个天天唱，一个天天听。形影不离，朝夕相处。我们再来读一读故事的开头。

生：（齐读）鸟儿站在树枝上，天天给树唱歌。树呢，天天听着鸟儿唱。

师：多美好的画面，多美好的感情啊！带着这样的感受，再来读一读——

生：（齐读）鸟儿站在树枝上，天天给树唱歌。树呢，天天听着鸟儿唱。

评析

首先，填补鸟儿和树"天天"相伴的审美图景。教学活动的方式是通过朗读填补的审美图景。

"鸟儿站在树枝上，天天给树唱歌，树呢，天天听鸟儿唱。"中的"天天"颇有意味，告诉读者鸟与树曾经形影不离，一个唱歌，一个听歌，相依相伴，成为森林里和谐的景致。王老师抓住了"天天"，组织了系列学习活动。先是反复朗读，感受"天天"相伴的诗意，然后启发学生展开想象，填补"天天"中的审美空白。提问学生：鸟儿在什么时间给树唱歌？鸟儿在什么地点给树唱歌？从时间维度和空间维度启发学生展开想象，拓展审美认识。填补空白，依据文本的情境，调动儿童的审美想象，去认知、去构建童话的审美境界，是不带任何教化色彩的、理解童话一个的途径。

王崧舟老师带领学生填补审美空白，用了诗意的语文活动方式。王老师启发学生从时间维度和空间维度填补了鸟儿和树的"天天"的图景之后，师生之间合作朗读了阅读收获，也即填补的关于"天天"的图景。在王老师播音员一样具有穿透力的声音的引领下，学生投入新美南吉的情感世界中，师生共同演绎了一首礼赞友情的诗歌，在朗读中唯美的画面在儿童的脑海里明朗了起来，氤氲了起来，活跃了起来。

把这段教学片段中师生朗读的内容提取出来，又是一首唯美的抒情诗。

当太阳露出笑脸的时候——
鸟儿站在树枝上，给树唱歌。树呢，听着鸟儿唱。
当月亮挂上树梢的时候——
鸟儿站在树枝上，给树唱歌。树呢，听着鸟儿唱。
当森林里的雪都融化了的时候——
鸟儿站在树枝上，给树唱歌。树呢，听着鸟儿唱。
当叶子在秋风中飘落的时候——
鸟儿站在树枝上，给树唱歌。树呢，听着鸟儿唱。
迎着风，迎着雨——
鸟儿站在树枝上，给树唱歌。树呢，听着鸟儿唱。
走过春，走过夏——
鸟儿站在树枝上，给树唱歌。树呢，听着鸟儿唱。
鸟儿站在树枝上，给树唱着优美的歌，树呢？
天天听着鸟儿唱。
鸟儿站在树枝上，给树唱着快乐的歌，树呢？
听着鸟儿唱。

鸟儿站在树枝上，给树唱着夏日小情歌，树呢？

听着鸟儿唱。

鸟儿站在树枝上，给树唱着晚安小夜曲，树呢？

听着鸟儿唱。

就这样通过诗意地填补空白，师生沿着新美南吉的情感世界，去发现鸟儿与树的诗歌。通过朗读，把新美南吉童话解读成了深情款款的诗歌。这是一首节奏明快，旋律悠扬的诗歌，敲响了儿童的诗心，去诗意地理解新美南吉。

师：孩子们，由这两个"天天"，你体会到了鸟儿和树之间的什么？

生：友情。

师：怎样的友情？

生：深厚的友情。

师：太好了，我就用你这个词。深厚的友情，如果你觉得有必要也可以在旁边注一注这个词。

（板书：深厚）

师：是的，天天唱，天天听，它们朝夕相处，它们形影不离。这是多么深厚的情谊呀！想认识这棵树吗？想看看这只鸟吗？

（音乐起，屏幕呈现：一棵树和一只鸟是好朋友，树长得——，鸟儿呢，长得——）

师：展开你想象的翅膀，孩子们，你的眼前仿佛出现了一棵怎样的树，出现了一只怎样的鸟儿？来，打开作业纸，找到第一节。写一写你脑海中浮现的树的模样，鸟儿的模样。写的时候，请你用上"特别"这个词语。

（板书：写外貌）

（屏幕出示：一棵树和一只鸟儿是好朋友。树长得——鸟儿呢，长得——。学生在音乐中想象写话，教师巡视）

师：好，孩子们，请停下手中的笔。大家都知道，森林里会有千万棵树，森林里也有千万只鸟，是吗？然而鸟儿喜欢为这棵树唱歌。那么，这棵树长什么模样？谁来读一读你写的这棵树？

生：树长得特别高大，特别粗壮。

（教师板书：高大，粗壮）

师：没了吗？不对，我觉得她后面应该还有话，树长得特别高大，特别粗壮，就像——？谁能接着说？

生：就像一把绿色的巨伞。

师：好，就像一把绿色的巨伞在你眼前。这句话得加上去。

师：这是树的模样，谁写了鸟儿的外貌？森林里一定有千万只鸟，而我们的树特别喜欢听这只鸟唱歌，它长得……？

生：它长得特别瘦小，像一个经过了灾难的孩子。

师：特别"瘦小"，这个词不好。我建议把瘦小改成"娇小"同意吗？

师：（板书：娇小）你可以再加一个词吗孩子？像刚才那位同学：特别高大，特别粗壮。特别娇小，特别……？

生：可爱。

（板书：可爱）

师：好，这句话一定还没有说完，特别娇小，特别可爱。就像……？谁来说？

生：就像一个充满活力的小精灵。

师：太好了！这句话加上来：就像一个充满活力的小精灵。

师：同学们，借鉴这两位同学的写法，你试着修改一下自己写的树和鸟的外貌，先写"特别怎么样"，然后写就像……怎么样"。

（学生修订作业，教师巡视指导）

师：好，孩子们，我们一起看黑板。通过你们的想象和创造，我们看到了：在森林里有这样一棵树，在森林里有这样一只鸟。

师：这棵树长得……？

生：高大，粗壮。

师：孩子们，森林里有千万棵树，而我们的鸟儿只为这一棵树唱歌，它长得特别高大粗壮，就像……？

生：绿色的大伞。

师：是的。森林里有千万只鸟，而我们的树只喜欢听这一只鸟儿为它唱歌，她长得特别……？

生：娇小，可爱。

师：就像一个……？

生：活泼的小精灵。

师：孩子们，有了你们的想象，有了你们加上去的外貌，我们来看这个故事的开头：鸟儿就显得形象多了，大树也显得生动多了。带上你的想象，我们再来看一看这棵树，看一看这只鸟。

师：森林里有一棵树，有一只鸟。鸟站在树上，天天给树唱歌。树呢，天天听着鸟儿唱。树长得特别高大，特别粗壮，就像是一把绿色的巨伞。鸟儿呢长得特别娇小，特别可爱，就像是一个充满活力的小精灵。（引导学生齐说）

评析

补充了鸟儿和树"天天"相伴的和谐图景之后，进一步补充审美空白，补充

"鸟儿"与"树"的审美形象。这个环节王老师带领学生通过语言训练填补审美空白。

为了化解难度，分成两个步骤进行鉴赏：第一个步骤，语言训练。首先要求学生写一写脑海中浮现的树的模样，鸟儿的模样；写的时候，请学生用上"特别"这个词语。这一步，是要求描写"鸟儿"和"树"的形象特点，交流后明确："一棵树和一只鸟是好朋友，鸟儿特别娇小，特别可爱；树特别高大，特别粗壮"。然后，进一步展开想象，想象"鸟儿"和"树"的形态，用"像……"来描述。学生讨论后，明确：鸟儿像充满活力的小精灵；树像一把绿色的巨伞。第二个步骤，要求学生将语言训练的内容朗读出来。如果把学生朗读的内容分行排列，我们会惊喜地看到，学生的解读实际上是创编了一首优美的儿童诗：

> 森林里有一棵树，有一只鸟
> 鸟站在树上
> 天天给树唱歌
> 树呢
> 天天听着鸟儿唱
> 树长得
> 特别高大，特别粗壮
> ——就像是一把绿色的巨伞
> 鸟儿呢　长得
> 特别娇小，特别可爱
> ——就像是一个充满活力的小精灵

这是语言训练，但不是普通意义的语言训练，是为欣赏而做的语言训练，是为了补充作者留给读者的空白而做的语言训练。通过语言训练，丰满"鸟儿"和"树"的形象，让"鸟儿"和"树"的形象在儿童的脑海中诗意地活跃起来。

补充文学作品的空白点是对话作品对话作者的过程。但对四年级的小学生，不可能讲干巴巴的文学批评方法。王老师为了化解难度，提供学习支架，通过小练笔的形式完成空白点的欣赏，既拓展了审美认识，又进行了书面语表达训练。

语文教学中，阅读和写作有着密切的联系，通常，小学语文教学多是阅读为写作服务多。其实写作也可以促进阅读，有为写作而做的阅读，也有为阅读而做的写作。这个教学片段，成功地诠释了为阅读而做的写作的意义。

师：瞧，这是你们创造的故事的开头。多么生动，多么具体。喜欢你们创造的这个开头吗？为什么？

生：给树加了高大和粗壮可以看出树天天守护在鸟儿身旁，小鸟娇小可爱让我们仿佛看到了鸟儿天天给树唱歌的情形。

师：说得真好，孩子们这只是一种假设。因为你们知道：在我们这个故事的开头，并没有写树的高大粗壮是吗？我们也不知道这棵树像不像绿色的巨伞是吗？

（教师擦去板书：高大、粗壮）

师：这只是假设，在我们这个故事的开头，作者也并没有写鸟的外貌，是吗？我们也不清楚像充满活力的小精灵。

（教师擦去板书：娇小、可爱）

师：既没有写树的外貌，也没写鸟儿的外貌，这样的开头生动吗？具体吗？（板书：不写外貌）

师：这样的开头，暂且叫它平淡的开头。（板书：平淡）

师：那么故事接下来还是这么平淡地写的吗？自己接着读课文。（学生自由读课文）

评 析

当老师说"瞧，这是你们创造的故事的开头。多么生动，多么具体。喜欢你们创造的这个开头吗？为什么？"想必学生们会非常吃惊，原来师生一起讨论，然后写句子，这是重新写一个开头啊！这是多么有意义的学习活动啊。可是学习活动还没停止，教师带领同学们一起欣赏合作完成的开头。然后再问"作者的开头为什么没有修饰鸟儿和树"，问题一环接一环。

这个环节的用意，显然是让学生理解作者新美南吉简练的语言风格。但是对小学生将风格和特点解释、介绍、总结显然都是下策。小学生需要通过形象感知的方式生成真实的体验，"故事的开头改故事"的教学活动，巧妙地让学生们感受了新美南吉简洁平淡的语言中的审美意味。

【小结】

解读文本的开头，组织了系列读写活动，处处皆诗意。填补空白，体验作者平白如话的语言的审美情感，丰富了对课文的审美认识。

把故事的开头改成了诗歌，解读成了诗歌。

把鸟和树的故事解读成了一首旋律和谐、舒缓起伏、复沓缠绵的抒情诗。

所有的阅读体验，都是学生的智慧生成，教师从不把自己的解读，灌输给学生，或者解释给学生，而是在学习活动中启发学生用自己的思维去思考，用自己的情感去体验。

二、在故事的高潮编故事

师：好，让我们重新来讲一遍这个故事。一棵树和一只鸟是好朋友，鸟儿站在树枝上，天天给树唱歌，树天天听着鸟儿唱，就这样日子一天一天地过去，树和鸟儿以为这样的好日子会永远继续。但是寒冷的冬天马上就要到了，我们的鸟儿必须飞到很远的南方去过冬了，朝夕相处形影不离的好朋友就要分手了，这个时候树什么心情，鸟儿又是什么心情？请你接着讲。

生：树这时候是依依不舍的（朗读）"再见了，小鸟！明年春天请你回来，还唱歌给我听。"

师：树是依依不舍的，继续讲。

生：鸟儿郑重认真地说："好的，我明年春天一定回来，给你唱歌。请等着我吧！"

（板书依依不舍、郑重认真）

师：好这是她的版本，谁还有不同的版本？

生：树恋恋不舍地对鸟儿说："再见了小鸟，明年春天请你回来，还唱歌给我听。"鸟儿肯定地说："好的，我明年春天一定回来，给你唱歌。请等着我吧！"

（板书：恋恋不舍、肯定）

师：真好，是的，孩子们，这对好朋友眼看着就要分手了，我们的鸟儿是那样的依依不舍，那样的恋恋不舍。我们的树是那样的依依不舍，那样的恋恋不舍。而当树提出这样的约定的时候，鸟儿又是那样的认真、那样的肯定、那样的郑重。来，我们一起这样讲一讲故事：树依依不舍地说，齐读——

生：（朗读）"再见了，小鸟！明年春天请你回来，还唱歌给我听。"

师：鸟儿也依依不舍地，又那样认真，那样郑重，那样肯定地说……

生："好的，我明年春天一定回来，给你唱歌。请等着我吧！"

师：就这样，鸟儿带着这个约定离开了森林，飞向了遥远的南方。就这样，树开始了一个冬天的漫长的等待。北风呼呼的刮来了，大雪簌簌地落下了，天气越来越冷，树的心中却充满着温暖，因为它的心中藏着这样一个关于春天的约定。

生：（读出树的心声）"再见了，小鸟！明年春天请你回来，还唱歌给我听。""好的，我明年春天一定回来，给你唱歌。请等着我吧！"

师：其实和它一样温暖的还有它的好朋友，鸟儿心中也装着这样一个关于春天的约定。

生：（读出鸟的心声）"再见了，小鸟！明年春天请你回来，还唱歌给我听。""好的，我明年春天一定回来，给你唱歌。请等着我吧！"

师：就这样一对好朋友带着这个春天的约定，开始了等待，守望。

评 析

　　如刘绪源先生说，《去年的树》"故事就这么简单。要说浅，它已经浅到极点……但要说深，它又是无限地深"，平淡的语言，好似一口水井，蕴藏极深的井。对这样的童话，我们常常苦于绠短汲深，如何给学生一条縻绠，让他自己汲那甘泉水，是教师的任务。欣赏平淡的语言中蕴藏的丰富的情感，需要教师举重若轻的教学智慧。

　　故事的高潮部分，王崧舟老师带领学生重新编故事。编故事，要求学生尊重文本内容，展开想象，加入自己的理解，补充描写，扩充童话的内容。扩充的部分正是师生对童话的理解和赏析的内容。

　　先是补充"离别"一段的内容。

　　原文的内容如下：

　　日子一天天过去，寒冷的冬天就要来了。鸟儿要离开树，飞到南方去。

　　树对鸟儿说："再见了，小鸟！明年你再回来，还唱歌给我听。"

　　鸟儿说："好。我明年一定回来，给你唱歌。请等着我吧！"鸟儿说完，就向南方飞去。

　　通过填补说话句的提示语的方法补充故事内容，细化对"鸟儿"和"树"的描写。整合一下师生的合作，重新讲的故事应该是这样的：

　　一棵树和一只鸟是好朋友，鸟儿站在树枝上，天天给树唱歌，树天天听着鸟儿唱，就这样日子一天一天地过去，树和鸟儿以为这样的好日子会永远继续。但是寒冷的冬天马上就要到了，鸟儿必须飞到很远的南方去过冬了，朝夕相处形影不离的好朋友就要分手了。

　　树恋恋不舍地对鸟儿说："再见了小鸟，明年春天请你回来，还唱歌给我听。"

　　鸟儿肯定地说："好的，我明年春天一定回来，给你唱歌。请等着我吧！"

　　这对好朋友眼看着就要分手了。鸟儿是那样的依依不舍，那样的恋恋不舍。树是那样的依依不舍，那样的恋恋不舍。

　　就这样，鸟儿带着约定离开了森林，飞向了遥远的南方。就这样，树开始了一个冬天的漫长的等待。北风呼呼的刮来了，大雪簌簌地落下了，天气越来越冷，树的心中却充满着温暖，因为它的心中藏着这样一个关于春天的约定。

　　这样一对好朋友带着这个春天的约定，开始了等待、守望。

　　依依惜别，是因为有个春天相聚的期待，所以，虽不舍但是心里依然温暖。童话留给读者的空白，在师生声情并茂地演绎过程中，被师生一点点填上了缤纷的色彩。通过想象，将作者的留白一处一处地仔细品味，通过编故事，让学生的想象铺张开来，让故事的情感在孩子们的胸怀中丰盈起来，让故事的意蕴在孩子的心灵里厚重起来。

编故事的过程，是师生共同揣摩鸟儿和树心理的过程，对话形象的细腻情感，对话作者的繁复心绪。

师：渐渐冬天过去了，原野上森林里的雪融化了，我们的鸟儿又回来了，它飞过了高山、大海，飞过了原野，飞到了这一片它朝思暮想的森林，然而当它又一次回到它当初唱歌的地方，眼前的这一幕却让它惊呆了。故事请你接着讲。

生："可是树不见了，只剩树根留在那里。""立在这儿的那棵树，到什么地方去了呀？"鸟儿担心地问树根。

（板书：担心）

师：谁还有不一样的版本？

生："立在这儿的那棵树，到什么地方去了呀？"鸟儿焦急地问树根。

师：是啊，鸟儿能不焦急吗？它的好朋友不见了，它焦急，它担心。

（板书：焦急）

师：鸟儿焦急而又担心地问树根——

生：（齐读）"立在这儿的那棵树，到什么地方去了呀？"

师：答案让人揪心，树根告诉它："伐木人把树砍倒了，拉到了山谷里去了。"小鸟傻眼了，它说"怎么会这样？我的好朋友，我们不是约好了吗？难道你忘记我们的约定了吗？"

（出示屏幕："再见了，小鸟！明年春天请你回来，还唱歌给我听。""好的，我明年春天一定回来，给你唱歌。请等着我吧！"）

评 析

课件出示的鸟和树的对话，提醒学生回忆，鸟和树和谐美好的往昔生活。鸟和树对话的抒情旋律，再一次回响。只不过，物是人非，大树已然罹难，这时候，回想起的往昔相依相伴的时光，小鸟焦急地四处寻找树，鸟儿的悲伤情绪，不由自主地震撼了读者的心灵。此处，教师的提醒是艺术的。

这个环节，多媒体投影了鸟儿寻找树的图片，忧郁的音乐响起。此处，课件的辅助是诗意的。王崧舟老师的课件运用往往非常经济、非常恰当，总是适时地补充、渲染情感。课件的意义是补充、辅助授课内容，是为调动学生的情绪投入、提高学习的效率而设计的教学辅助材料。

这里，提醒了喜欢运用花哨课件的老师，那种用花哨的外在形式来调动学生学习行为的企望，其实是对自己授课内容不自信的表现。王崧舟老师的课件，总是恰当地调动学生的思维，引领学生积极的学习投入。这才是语文课多媒体辅助的真正意义所在。

生："再见了，小鸟！明年春天请你回来，还唱歌给我听。"

生："好的，我明年春天一定回来，给你唱歌。请等着我吧！"

师：鸟儿告诉自己，必须去找，必须找到自己的好朋友，因为我还要为他唱去年的歌。就这样鸟儿飞向了山谷，飞到了工厂，她来到了工厂的大门前。这时，她的耳旁，传来了锯木头的"沙沙"声，她知道，自己的好朋友树一定会更加危险。孩子们，这个时候，鸟儿的心情又会是什么呢？

生：她忐忑不安地问大门："门先生，我的好朋友树在哪儿？您知道吗？"

师：是的，忐忑不安哪！她又担心又牵挂，她又害怕，她又恐惧，她盼望见到她的好朋友树，她又担心有什么不好的后果发生，所有的感情交织在一起，这就叫忐忑不安。

（板书"心急如焚"）

师：孩子，你有过心急如焚的时候吗？请体会你忐忑不安的那份感觉，来，再来读鸟儿的话。

生：（再读，情感加强）她忐忑不安地问大门："门先生，我的好朋友树在哪儿，您知道吗？"

师：答案让人撕心裂肺，大门告诉她：树已经被切成了细条条做成了火柴，卖到了前面的村子里去了。那一刻鸟儿的眼前仿佛出现了她好朋友树痛苦而又挣扎的声音，仿佛听到了树嘶哑的呐喊，仿佛看到了树滴血的身体。那一刻鸟儿突然觉得自己的世界已经没有了春天，她仿佛回到了那个她最害怕的季节：冬天。也在那一刻，耳边仿佛响起了那个如此微弱的声音。

生：（微弱语气）"再见了，小鸟！明年春天请你回来，还唱歌给我听。"

师：微弱的声音。

生：（语气微弱）"好的，我明年春天一定回来，给你唱歌。请等着我吧！"

师：这声音如此的微弱又是强烈的撞击着鸟儿的心。她告诉自己：朋友正在受苦，朋友正在煎熬，我必须要找到他，他在等着我。于是不顾旅途的劳累，飞呀飞呀，飞到了村子里，飞到了小女孩的家里。在那一刻，鸟儿又会是怎样的心情？

（大屏幕出示：鸟儿问女孩："小姑娘，请告诉我，你知道火柴在哪儿吗？"）

生：鸟儿伤心欲绝地问女孩："小姑娘，请告诉我，你知道火柴在哪儿吗？"

师：是啊，一遍遍的失望，一遍遍的落空，她能不伤心欲绝吗？

师：还能讲吗？

生：鸟儿心急如焚地问女孩："小姑娘，请告诉我，你知道火柴在哪儿吗？"

师：她心急如焚，心里仿佛在着火呀，孩子们，我们知道在这个过程当中，这是鸟儿的最后一问，从此她再也不问了，来我们一起替鸟儿问这最后一问。

（板书：心急如焚）

师：鸟儿伤心欲绝地问女孩：

生：（齐读）"小姑娘，请告诉我，你知道火柴在哪儿吗？"

师：鸟儿心急如焚地问女孩——

生：（齐读）"小姑娘，请告诉我，你知道火柴在哪儿吗？"

师：鸟儿伤心欲绝又心急如焚地问女孩——

生：（齐读）"小姑娘，请告诉我，你知道火柴在哪儿吗？"

师：就这样，最后一问。

师：孩子们，现在我们看黑板：我们发现表面上看起来平平淡淡的鸟儿和树的故事背后，竟然有那么丰富的情感。现在让我们把自己通过感受想象到的所有的人物表情和心情统统带进去，一起重新讲讲这个故事，我讲提示语，你们讲人物对话。

评　析

这段补充的是，小鸟为了实现诺言——给树唱歌，四处去找树，去山谷的工厂问"大门"，又飞到村子里问"小女孩"，原文只有小鸟和"大门""小女孩"的简单对话。教师提出学习任务：在对话前面补充提示语，学生加上了"心急如焚地问大门""忐忑不安地问""伤心欲绝问"等等，通过加提示语，学生揣摩了鸟儿找不到树的时候焦急、难过、悲伤的心理。补充鸟儿寻找树的故事之后，师生再次合作朗读改编的故事片段。这一次，没有了"树"的声音，是鸟儿和"大门""小姑娘"的对话，抒情的旋律传达的是失望和悲伤情绪。

授课至此，教师通过小结，向学生明确了完成的这段学习任务的意义。作家新美南吉给读者写的童话似乎是个平平淡淡的小故事，而平淡的叙事后面，有丰富的情感，作者不去说，不去写，让读者自己去想象，自己去丰富，这就是优秀的童话，优秀的文学作品，故事"浅到极点，两岁的幼儿也能听懂；但要说深，它又是无限地深，才高八斗的大学问家，也不会不为之动容。"你要为之动容，发现故事背后美好的情感，还有作者的思考，需要读者再创造。这里老师告诉学生再创造的方法，那就是四年级的小学生熟悉的写作方法，那就是将人物对话写饱满。加上了表现心理的词汇，这样故事的抒情色彩浓郁了起来。师生把新美南吉在童话中隐含的情感，演绎了出来。

师：一棵树和一只鸟儿是好朋友。鸟儿站在树枝上，天天给树唱歌，树呢，天天听鸟儿唱。

日子一天天过去，寒冷的冬天就要到了，鸟儿必须飞到很远的南方去过冬。树恋恋不舍地对鸟儿说：

生："再见了，小鸟！明年春天请你回来，还唱歌给我听。"

师：鸟儿也依依不舍地，又那样认真，那样郑重，那样肯定地说。

师：说完她就飞向了遥远的南方，渐渐冬天过去了，原野上森林里的雪融化了，我们的鸟儿又回来了，它飞过了高山、大海，飞过了原野，飞到了这一片它朝思暮想的森林，然而当它又一次回到它当初唱歌的地方，树不见了，鸟儿焦急而又担心地问树根：

生："立在这儿的那棵树，到什么地方去了呀？"

师：树根告诉它："伐木人把树砍倒了，拉到山谷里去了。"鸟儿向工厂飞去，落在了工厂的大门上，鸟儿忐忑不安地问大门：

生："门先生，我的好朋友树在哪儿？您知道吗？"

师：大门告诉她：树已经被切成了细条条做成了火柴，卖到了前面的村子里去了。于是不顾旅途的劳累，飞呀飞呀，飞到了村子里，飞到了小女孩的家里。鸟儿伤心欲绝又心急如焚地问女孩：

生："小姑娘，请告诉我，你知道火柴在哪儿吗？"

师：我们看自己加工的这个故事，是不是又一次感受到了鸟儿和树间的感情是多么深厚。

（再写板书：深厚）

师：然而，在我们这个故事当中，有写树的"依依不舍"和"恋恋不舍"吗？

生：（齐答）没有。

（教师擦去板书"依依不舍"和"恋恋不舍"）

师：有写鸟儿的"焦急"吗？

生：（齐答）没有。

（教师擦去板书"焦急"）

师：有写鸟儿的"心急如焚"吗？

生：（齐答）没有。

（教师擦去板书"心急如焚"）

师：有写鸟儿的伤心欲绝吗？

生：（齐答）没有。

（擦去板书"伤心欲绝"）

师：什么都没有。我们这个故事根本就没有写鸟儿和树的任何表情和心情。（在"写表情"前，板书"不"，形成"不写表情"）你读这样的文字，感觉是什么？

生：要是有了这些提示语，我就感觉很生动，没有就感觉很无味。

师：无味，是的。这样的感觉就是平淡。我们再写一遍"平淡"。

（教师板书：平淡）

评 析

童话情节的高潮部分，师生依然用讲故事的方法，补充作者留给读者的空白。这部分师生合作完成了对文本的扩充。师生动情地对新美南吉的故事做了再创造。

教师带领学生将新编的故事做了梳理，然后和学生合作，完整地朗读一遍童话的高潮部分，学生再一次为新美南吉的故事而深深感动。然而，就在学生的感情被充分激发之时，教师却把写在黑板上的、学生补充的、表现鸟儿心理情感的词汇都删掉了。如同激越的琴声戛然而止，产生了"此时无声胜有声"的效果，引发学生思考新美南吉的"平淡"的童话的特点：平淡是为蕴藉。由此看出教师的用心，引领学生感受了平淡的童话里律动的情感之后，思考平淡书写的意义。

三、在故事的结尾评故事

师：故事有一个平淡的开头，故事又接着平淡的讲述。故事的结尾是否还会平淡呢？我们来看一看。

屏幕出示：

鸟儿睁大眼睛，盯着灯火看了一会儿，接着，她就唱起去年唱过的歌给灯火听，唱完了歌，鸟儿又对着灯火看了一会儿，就飞走了。

生：（朗读）鸟儿睁大眼睛，盯着灯火看了一会儿，接着，她就唱起去年唱过的歌给灯火听，唱完了歌，鸟儿又对着灯火看了一会儿，就飞走了。

师：孩子们，读完这个故事的结尾，你可能会留心这样一个细节。在鸟儿唱歌之前和唱歌之后，她有一个看起来很简单的动作，前后几乎完全一样的动作，你留心到这个细节了吗？这个细节就是——

生：她唱歌前盯着灯火看了一会儿，唱完歌也盯着灯火看了一会儿。

师：一个字，那就是——

生：看。

师：没错，就是看。一起读——

生：（齐读）看。

师：轻轻地读——

生：（轻轻齐读）看。

师：最后鸟儿唱了首歌就飞走了。当我们读完这个故事，你有什么感受？

生：淡淡的悲伤。

师：心里充满着——

生：伤心。

生：难过。

师：是的，我们的心里充满淡淡的悲伤，淡淡的难过，还有淡淡的……？

生：留恋。

生：惋惜。

师：是啊，同学们，如此触动灵魂的故事就是……？

生：去年的树。

师：轻轻地读——

生：去年的树。

师：若有所思地读——

生：去年的树。

师：我们来看去年的树：没有写人物的外貌，没有写人物表情，没有写人物的心理。

（擦去人物，心理，外貌）

师：作者是不会写人物的外貌吗？不会写人物表情吗？不会写人物的心理吗？

生：不是。

师：明明会写，为什么不写？

生：因为作者把表情外貌都蕴含在句子里。

师：这个话听起来有点愚。

生：为什么不写？

生：因为这样能让我们有更多的想象，触动我们的思想。

师：她说了一个非常关键的字眼：想象。我建议你们都把这个词写在课题旁边。是的，他不是不会写，他太会写了，给我们留下了一大片空白，给我们留下一大片想象空间。这才是这个故事最大的语文魅力，他用最平淡的语言描写了最深厚的感情，让我们记住这个故事他叫——

生（齐读）去年的树。

评析

故事的结尾赏析，完成了两个任务。

首先，赏析结尾的艺术韵味。鸟儿离开前"盯着灯火看了一会儿，接着，她就唱起去年唱过的歌给灯火听，唱完了歌，鸟儿又对着灯火看了一会儿，就飞走了。"抓住了"盯着"和"看着"两个动作描写，参悟鸟儿的情感。然后反复朗读，体悟作者结语的言有尽而意无穷的意味。

其次，评说童话的艺术手法，总结学习方法。扼要评价了作者讲故事的策略：作者"留下了一大片空白，一大片想象空间"。提示学生，学习优秀的童话作品，对看似平淡的叙事，要通过想象补充审美空白。

王老师带领学生欣赏空白，通过增加开头的语言，补充故事的内容，带领学生填补新美南吉留给读者的"大片空白"之后，深入浅出地、诗意地解读了童话的空白美。

【总评】

这节课通过补充开头、演绎故事、评说故事，层层深入地解读了文本。解读过程中不断地寻找空白、填补空白、评说空白，带领学生发现美、补充美、思考美，诗意地解读了新美南吉的童话。

遵从童话的特点组织学习活动。

既然童话突出的特点是：幻想，着力表现的是儿童的幻想世界，童话教学就应该给紧扣童话的幻想的特点，遵从儿童的天性，遵从儿童本位的思想，"练习运用通常的语言文字，引起读书趣味，养成发表能力，并涵养性情，启发想象力及思想力。"要引领儿童通过朗读、想象、体验、补充的方式，理解童话世界蕴含的生活意义和社会意义。本节课教学中注意了以下几个点。

依托想象展开创造性朗读活动。好的童话就是好的朗读范本，童话的教学朗读应该是儿童的心灵和童话世界碰撞的朗读，是心和心交流的朗读。本节课的朗读是借助想象不断补充理解童话意蕴的过程，是对童话世界的诗意的描述过程，是对童话世界的描述赋予旋律的过程。通过朗读把童话的意境，解读成了儿童诗。所以，本节课的朗读活动，绝非原文本的有声语言的简单转化过程，而是创造性阅读的过程，是心灵和心灵碰撞的过程，是思维和语言创造的过程。

依托想象展开式鉴赏小练笔。本节课的小练笔都是为加深对文本的理解和鉴赏进行的，因而，每一处小练笔都是借助想象展开的。对鸟儿和树进行描写，就是借助想象来完成的。"娇小可爱的鸟儿"与"高大粗壮的树"像什么？"树像是一把绿色的巨伞。""鸟儿像充满活力的小精灵。"一大一小，一静一动，构成极为生动的和谐的画面。这一审美创造，是学生理解童话意境、童话情感的一个重要的环节。

依托想象展开理解童话。通过各种想象活动理解故事的情境，比如对故事的背景理解，鸟儿与树离别后，树的孤独情形，鸟儿从南方回来后看不到树，四处寻找树的时候的情形，还有鸟儿和门、和小姑娘对话的情形。这些学习活动，都是借助想象来完成的，阅读的意义是在调动学生的想象中建构起来的。通过想象，以言说故事的方式，对新美南吉的故事不断扩充，这样的阅读是创造性的理解过程。通过想象，带领学生不断地去发现，去体会，在看似极浅的水井里不断地往深处探寻、汲取阅读的体会。

当然，有些环节似乎还可以商榷，比如：高潮部分赏析还可以进一步研读空白。整体节奏把握上，开头部分鉴赏用的时间稍微多了一点；相比之下，故事的结尾部分的欣赏就显得仓促了些。

钟声里的诗情与文化

——王崧舟《枫桥夜泊》课堂实录评析

《枫桥夜泊》[①]是人教版五年级（上）的课文，是王崧舟老师经典的课例。课上了70分钟，学生意犹未尽。这是一节唯美的课，是充满诗意的课，堪为小学语文古诗词教学的经典课例，这节课给小学语文教师很多启发。

一、导入：浓墨重彩，敲响"寒山寺"的钟声

本节课的导入，以陈小奇的歌曲《涛声依旧》为引子，引出三首关于枫桥的古代诗歌：清代王士祯《夜雨题寒山寺》、明代高启《泊枫桥》、宋代陆游《宿枫桥》。导入实录如下（略有删节）：

师：当代诗人陈小奇写过一首歌，歌名叫《涛声依旧》，大家听过吗？

生：听过。

师：大家看，这是其中的两句——

（大屏幕出示）

留连的钟声

还在敲打我的无眠

尘封的日子

始终不会是一片云烟

——陈小奇《涛声依旧》

（请学生朗读）

师：好听！大家注意看，歌词中有一个词叫"无眠"，谁知道"无眠"的意思？

生：睡不着，失眠。

师：说得好！"无眠"还可以找出很多近义词来，比如

……

师：一口气，找到了五个近义词。无眠，就是"失眠"，就是"不眠"，就是"难眠"，就是"未眠"，就是"愁眠"。一句话，就是睡不着觉啊！好的，我们再来读一读这两句歌词，感受感受"无眠"的滋味儿。

---

① 王崧舟，吴琳，张华.钟声出寒山，经典传千[J].语文教学通讯，2009（7）：41-48.

生：（齐读歌词）

师：那么，是谁在敲打着我的无眠呢？

生：钟声。

师：留连的钟声，还在敲打我的无眠。那么，这是从哪里传来的钟声呢？

（大屏幕出示）

十年旧约江南梦，独听寒山半夜钟。

——【清】王士禛《夜雨题寒山寺》

师：其实，早在两百多年前，清朝诗人王士禛就写到过这样的钟声。谁来读一读？

（生朗读略）

师：读得好！那么，从诗中看，这是哪里的钟声呢？

生：寒山寺的。

师：没错，这是寒山寺的钟声。为了独听寒山寺的夜半钟声，诗人盼啊望啊、梦啊想啊，一等就是多少年？

生：十年。

师：十年，整整十年，可见这钟声的魅力！那么，这钟声为什么会有如此巨大的魅力呢？大家看——

（大屏幕出示）

几度经过忆张继，月落乌啼又钟声。

——【明】高启《泊枫桥》

师：其实，早在五百多年前，明朝诗人高启就在一首诗中写过这样的钟声，谁来读一读？

生：（朗读诗句）

师：高启所写的钟声，也是寒山寺的钟声。让人奇怪的是，每次经过枫桥，每次听到寒山寺的钟声，高启总会想起一个人，谁？

生：张继。

师：张继？张继何许人也？为什么几度经过都要忆张继呢？大家看——

（大屏幕出示）

七年不到枫桥寺，客枕依然半夜钟。

——【宋】陆游《宿枫桥》

师：早在八百多年前，宋朝诗人陆游就写到过寒山寺的夜半钟声。来，我们一起读！

生：（齐读诗句）

（师生简析略）

师：大家看，一年又一年，一代又一代，变的是南来北往的客人，不变的却是那寒山寺的夜半钟声。所以，如果不是"七年"，而是"十年"，十年不到枫桥寺，诗人还会怎样写呢？

（朗读略）

师：十年不变是钟声，百年不变是钟声，千年不变的还是钟声。

（大屏幕出示）

（朗读略）

【评述】

这节课的导入，可谓浓墨重彩。特点如下：

其一，以"钟声"为线索，追溯古代同题材诗歌，感受枫桥诗歌的厚重文化意蕴。

陈小奇的《涛声依旧》是家喻户晓的歌曲，是借用张继的《枫桥夜泊》的意境，抒写当代人的情绪。学习《枫桥夜泊》，借这支歌来导入，触发学生的情感，显然是不错的选择。常态的导入法是，把《涛声依旧》这支歌曲作为背景音乐，引出《枫桥夜泊》，调动学生学习兴趣。但是王崧舟老师不是这样简单处理，抓住了《涛声依旧》与《枫桥夜泊》内容上的关联："无眠"，追问"无眠"的缘由："是谁在敲打着我的无眠呢？"然后追溯历史上书写寒山寺钟声的诗句。

"十年旧约江南梦，独听寒山半夜钟"，清代的王士禛，梦想独自一人，在寂寞的晚上，倾听唐朝张继听到的钟声。"几度经过忆张继，月落乌啼又钟声"，明代的高启每次经过枫桥，听到寒山寺的钟声，必要想到张继，感怀他的"枫桥"。"七年不到枫桥寺，客枕依然半夜钟"，南宋爱国诗人陆游，投闲置散后，途经枫桥，激荡起他壮志的还是不变的半夜钟声。四句不同时代的诗句，由学生熟悉的流行歌词，推及到清朝，到明朝，再到宋朝的枫桥题材诗歌，然后一句诗接着一句诗朗读，体会寒山寺钟声在不同朝代人身上的投影，为后面的探究枫桥诗歌的文化意蕴做了铺垫。

其二，复沓"钟声"诗句，奏响关于寒山寺钟声的悠远的乐章，创设了浓厚的情绪氛围。

复沓引入诗句。引入寒山寺钟声的诗句，不是简单的一并排出，是通过师生对话的形式，由今至古，有序地排出来。而师生对话的言语形式，是以抒情的语气，整齐的句式，复沓起伏的旋律，造成回环往复的抒情空间。开课伊始，以复沓的形式朗读"钟声"诗句，使学生很快沉浸到了寒山寺的悠远的"钟声"之意境中。

然后，复沓追溯"钟声"。导入的思路是沿着寒山寺的"钟声"的余韵，延伸到了历史的深处，从当时，到清代，再到明代。使学生发现，张继敲响的寒山寺的钟声，一直绵延在中国文人的灵魂深处。

这段教学实录，去掉其中师生对话的词语，复沓的内容就清晰地呈现出来。

一年又一年，一代又一代，

变的是南来北往的客人，不变的是那寒山寺的夜半钟声。

十年不到枫桥寺，客枕依然半夜钟。

百年不到枫桥寺，客枕依然半夜钟。

千年不到枫桥寺，客枕依然半夜钟。

十年不变是钟声，百年不变是钟声，千年不变的还是钟声。

追溯钟声，引出古今寒山寺钟声书写的诗句，了解古今文人对寒山寺钟声拳拳深情之后，教师将本节涉及的学习内容，用多媒体投影展示给学生，师生再次朗读。而朗读的语言组织形式，依然是复沓的语言形式。回环往复的旋律，诗意地强化了学习内容。

听！陈小奇的笔下有钟声——

流连的钟声/还在敲打我的无眠/尘封的日子/始终不会是一片云烟

听！王士祯的笔下有钟声——

十年旧约江南梦，独听寒山半夜钟

听！高启的笔下也有钟声——

几度经过忆张继，月落乌啼又钟声

听！陆游的笔下还有钟声——

七年不到枫桥寺，客枕依然半夜钟

复沓，浸含了浓郁的抒情色彩，而其所造成的内在的韵律，正适应了儿童学习的心理。我们知道，儿童对韵文有敏感的天性，朗读韵文有游戏的意味，对儿童来说是愉悦的学习活动。因此，我国古代的蒙学教育的教学内容几乎都是韵文。王崧舟老师在教学中，运用复沓的语言形式，将学习的内容，诗意地表现为律动的语言，渲染了浓郁的情感氛围。在复沓中，学生理解更加深刻，共鸣更加强烈。复沓，将导入推向一个教学的小高潮。

王崧舟老师不愧为诗意语用的践行者。

二、参悟张继的寒山钟音

解读张继的《枫桥夜泊》教学过程，有如下几个特点：

其一，师生合作朗读，对话张继的"愁眠"。

古诗词教学，提倡朗读。小学古诗词教学几乎都重视朗读，但是如何指导学生朗读，如何在朗读中培养学生审美感知能力以及语文思维能力，是语文教师的困惑。王崧舟老师将品味、理解、体验、思考等思维活动融入朗读活动中，是被语文教育界广为赞颂的优秀的朗读教学范例。最为同仁们拍案叫绝的片段就是师生合作读诗。

第一次合作，是教师读诗句前四个字，学生读后三个字；第二次合作，教师读每句诗句前三个字，学生读后四个字；第三次合作，教师读题目和作者，学生读诗句。第一次合作之后，原本需要保持安静的公开课会场，不禁全场掌声，第三次合作之后，掌声雷动。

教师引读两遍之后，学生就能用有声语言诠释出诗歌的情感。这里我们不得不佩服王崧舟老师朗读的示范性，王老师朗读的示范性绝不仅仅是因为嗓音浑厚有磁性，也不止于"激昂处还激昂，委婉处还委婉"，而是将自己对诗歌的解读，对诗人情感的把握，用激越浑厚的声音做了恰当的诠释，准确传递了对张继诗歌的深沉感悟、透辟的理解。因此，王崧舟老师的朗读示范，瞬间就把诗歌流淌的情绪传染给了学生。

其二，指导学生细读诗歌的意境。

这个教学环节用文本细读法解读诗歌意境。文本细读是英美新批评倡导的文学批评方法，是课程改革以来运用到中小学文本解读中最为广泛的文学批评方法之一，也是王崧舟老师积极倡导的一种文本阐释的方法。这节课用文本细读法常用的空白、语义、语境等方法欣赏诗歌意境。

通过朗读把握了诗歌情感基调之后，圈点批注发现诗眼"愁眠"，然后设置问题，调动学生的想象填补空白，问题设置如下：

因为愁眠，这个晚上张继看到了什么？咱们一样一样地说，读读第一句诗，看到了什么？

在一片幽暗和朦胧中，诗人在江边看到了什么？

想象一下，那是怎样的江枫？

诗人在江中又看到了什么呢？

因为愁眠，张继又听到了什么？

当乌啼声飘过，茫茫秋夜反而变得更加沉寂。还听到了什么？

因为愁眠，张继还感到了什么？

霜怎么可能满天呢？难道是张继的感觉出了问题？

夜泊枫桥的这个晚上，张继冷不冷？

调动学生通过想象，玩味语境，填补诗歌空白，欣赏寄托"愁眠"的诗歌的意境。学生在老师的引领下，思维活跃起来，诗歌中的意象也一个一个舒展开：

张继的诗歌里，月亮是渐渐地升起来，升到天空后慢慢地落下，当月亮完全落下时，天地之间，朦胧而又幽暗。在幽暗和朦胧中，诗人走到在江边，看到繁霜中的枫树，江风中，枫叶瑟瑟。抬头看，幽暗的江中，渔火忽明忽暗的，若隐若现。孤寂之中，传来几声凄厉的乌啼，打破了夜的沉寂。乌啼后，茫茫秋夜陷入沉寂。就在周遭陷入沉寂之时，姑苏城外寒山寺的夜半钟声传来了。月落、乌啼、江枫、渔火、霜天、钟声都笼罩在浓浓的"愁"中。

这里的文本细读还综合了知人论世方法，加深对诗歌情感的把握。

但是，部分教学环节，也有值得商榷的小问题。请看下面教学环节：

师：……孩子们，读《枫桥夜泊》，有人读出的是忧愁，有人读出的是寂寞，有人读出的是凄凉，也有人读出的是寂静。大家不妨对比着想一想，读李白的"朝辞白帝彩云间，千里江陵一日还"，你会有忧愁的感觉吗？

生：（自由应答）不会。

师：肯定不会！读杜甫的"两个黄鹂鸣翠柳，一行白鹭上青天"，你会有寂寞的感觉吗？

生：（自由应答）不会。

师：我想也不会。读白居易的"日出江花红胜火，春来江水绿如蓝"，你会有寂静的感觉吗？

生：（自由应答）不会。

师：都不会！那么，为什么读《枫桥夜泊》，你感到的却是忧愁、是孤独、是寂静、是凄凉呢？

生：（多数沉默，个别学生举手）

学生圈点批注之后讨论诗歌的总体情感。同学们读出了忧愁、寂寞、凄凉、寂静等情感。教师肯定同学们的解读之后，运用比较法加深了学生的认识。将李白的"朝辞白帝彩云间"、杜甫的"两个黄鹂鸣翠柳"、白居易的"日出江花红胜火"与张继诗歌比较。通过比较，希望调动学生积极地"品味""领悟"张继的《枫桥夜泊》，从而生成富有个性的认识。

但此处的比较显然意义不大。因为比较的意义"不仅仅是为了区别，更是为了融合"，追求"新意义，新意味的生长点"，"比较是为了发现。"[①]比较阅读的关键是明确比较目的的前提下，找到恰当的比较对象，通过甄别不同文本内容与形式上存在的各种联系，发现思想情感、审美特征的精妙之处，开掘阅读的新意。这里的比较，比较对象选择不当，因为张继的这首诗歌和李白的《望庐山瀑布》、杜甫的《绝句》、白居易的《忆江南》诗境、诗情相去甚远，差别显而易见，比较活动思维含量低，就难以开掘阅读的新意。

还有一处有待商榷的地方就是，"江枫渔火对愁眠"中"对"的意义的理解。

理解"对愁眠"的意义

师：（板书：对）孩子们，你们注意过这个看起来很普通、很不起眼的

---

① 王尚文.中学语文教学研究[M].北京：高等教育出版社，2002：290.

"对"字吗？什么是"对"？为什么要用这个"对"？大家看——（大屏幕出示）

对

①对待；对付。如：对事不对人。

②面向；朝着。如：对着高山。

③对面的；敌对的。如：对手。

④使两个东西配合或接触。如：对对联。

——见《现代汉语小词典》（第4版）第156页

师：这是我从《现代汉语小词典》中摘录下来的一些义项。想一想，你选第几个？

……

师：说得好！正所谓"一切景语皆情语"啊！月落是愁，乌啼是愁；江枫是愁，渔火是愁。一个看起来极其普通、极其简单的"对"字，"对出"的是诗人心中的无限——

生：寂寞。

教师出示《现代汉语》中"对"字的义项，要同学们选择，理解诗人的情感。经过讨论明确为词典中的第四个义项："使两个东西配合或接触"。教师点评："对"字"对出"的是诗人心中无限的寂寞、孤独、忧愁、凄凉。教师无外乎就是要告诉学生，诗人笔下的月落、乌啼、江枫、渔火都"愁"的具象化表现，景语皆情语。

这里，显然，想运用文本细读中"语义"理解的方法来解读文本，但是遗憾的是，关于"对"字词典义项的选择，既浪费了时间，也游离文本语境，打乱了欣赏的思维和秩序。兜了这么大圈子，没有必要。直接玩味"对"字语境义就可以。

三、对话：夜半钟声说张继

这个教学环节设计的教学活动是，请同学们设想：夜深、月落、乌已停止了啼鸣，寒山寺的钟声再次响起时的情境，展开想象的翅膀，写一写钟声的诉说。

师：这钟声，仿佛在说，张继啊张继……孩子们，展开你想象的翅膀，接着"张继啊张继"，写一写钟声的诉说。

生：（随着音乐，想象写话）

师：好！请停下你手中的笔。让我们一起像张继那样，用心去感受这寒山寺的夜半钟声。这悠悠传来的钟声，好像在对孤独的张继这样说——

生1：（朗读）张继啊张继，如果你无法入睡，如果你很孤单，就让我来陪伴你吧。

师：好一个知冷知热的钟声！（笑声）

生2：（朗读）张继啊张继，人的一生有悲欢离合，不可能是事事如意的，当你烦恼忧愁的时候，要学会调节好自己的心态呀！（掌声、笑声）

师：知足常乐，心平气和。多么善解人意的钟声啊！

生3：（朗读）张继啊张继，你的亲人在等着你回家，赶紧回去吧，赶紧回去吧！（笑声）

师：家是你永远的港湾，家是你永远的温暖！这钟声有抚慰，这钟声有劝解。当寒山寺的夜半钟声款款消失的时候，张继的愁眠之情也渐渐化去了。

语文阅读教学提倡多重对话，即"学生、教师、教科书编者、文本之间对话。"这部分显然是对话作者张继。但这个环节问题设计的角度不妥当。对话作者，应该通过文本白纸黑字来触摸作者跃动的情感。欣赏"夜半钟声到客船"的空白，应该通过想象，体会诗句的意境所蕴含的情思，思考抒情主人公的人生寄予。钟声传递了悠远的情思，寄托的是作者无以言表的情思。所以，这里的空白点的挖掘应该落在"钟声"传达的主人公的情感，而非"钟声对张继说"。

从师生讨论的结果来看，学生思考的"钟声对张继说"，实际上还是"我想对张继说"。如"张继啊张继，人的一生有悲欢离合，不可能是事事如意的，当你烦恼忧愁的时候，要学会调节好自己的心态呀！""张继啊张继，你的亲人在等着你回家，赶紧回去吧，赶紧回去吧！"学生回答其实脱离了诗歌意境，这种解读，是消极的解读。

四、收束，吟咏传统意象的文化韵味

本节课的收束，梳理了古代诗歌中与《枫桥夜泊》一诗意象相同的名诗句，以提升学生的文化意识，培养学生总结和反思的能力。这种结课的方法，对教师的专业素养提出了很高的要求。教师带领学生做了如下梳理。

首先梳理中国古代诗歌中写因思乡而愁眠，借明月寄乡思的诗。梳理的内容有：李白《静夜思》、杜甫《月夜忆舍弟》、张九龄《望月怀远》、王安石《泊船瓜洲》，这些诗歌的共同特点是"明月千里照愁眠，愁眠一夜望明月"。

还有一种就无月之夜，钟声寄乡思。分别是唐代张继《枫桥夜泊》、宋代陆游《宿枫桥》、明代高启《泊枫桥》、清代王士祯《夜雨题寒山寺》和当代诗人陈小奇的《涛声依旧》。梳理的目的是提升认识：因为有了张继的《枫桥夜泊》，在传统的"明月寄相思"之后，又有了"钟声"寄相思，寒山寺的钟声已经成为中国文人的一种乡愁的普遍的情感寄托物。通过梳理诗歌的传统意象，来认识"钟声"诗歌蕴含的文化意义。

文化传承与理解是语文学科核心素养之一。《语文义务教育课程标准》（2011版）提出"吸收古今中外优秀文化，提高思想文化修养，促进自身精神成长"，语文的文化传承与理解需要"以语文的方式体现文化，用文化提升语文的品质。"[①]这节课的文化传承的落脚点放在了古诗歌意象的文化意义，通过梳理古诗歌意象的文化意义，对中国古代诗歌中的普遍情感有了更深刻的认识，逐步积淀这些文化认识，从而树立文化自信，诗意栖居。

由明月寄托相思，到"钟声"寄托相思，再到张继的"钟声"寄托相思的文学影响和文化意义，思路很清晰。但是感觉这个环节还是存在旁溢问题，因为本环节重点要讲"钟声"寄托相思，明月的意象的古代抒写提及即可，不必一一列举，而"钟声寄相思"的文化意义的体会和理解用时可再多一点。

【总评】

王崧舟老师的课是唯美的。无论教学内容的组织，还是教学语言的呈现、教学节奏的把握都很美，可学习和借鉴的方面很多。补充如下。

不花哨，融入丰富的有效信息。

小学语文课，为了调动学生的注意力，常运用各种媒介创设视听的效果，引入与授课内容有关联的图片、音乐、影视片段等方面的资料，多为能够引起学生关注的生活化或者情境化的材料，比如讲《雪地里的小画家》，则要寻找小鸡的爪子，小狗、小鸭子爪印，小马蹄印，并且要找印在雪地上的小动物爪印，大量的备课精力放在搜图片、视频资料、相关的故事上。讲《小壁虎找尾巴》，满世界去找小壁虎，让学生们观察。这些材料都游离学习重点，其实质上并未致力学生语文学科关键能力上下功夫。这种重视花哨形式的学习，与教学内容少了实质性的联系。"花哨"形式与语文课要培养的语言能力和思维能力没有密切的联系。

我们看王崧舟老师的课多媒体运用，主要借以扩充教学信息。教学背景图片和音乐运用得非常经济，只偶尔用以渲染烘托教学内容。课件的内容主要是融入促进学生语文能力提升的语言材料，以加大课堂的有效信息量，提供更多有意义的语文学习活动。一节课，围绕张继的《枫桥夜泊》，加进了四首有关"枫桥"的诗，还融入五首写"明月寄相思"的诗歌。此外还有词语知识等。有效信息丰富，组织的语文学习活动收获就大。

不枝蔓，步步勾连无一处闲语。

语文课堂教学中为丰富教学内容，一些教师经常融入与教学内容相关的生活

[①] 黄厚江.有"文化"的语文和有"语文"的文化——谈语文教学中核心素养"文化传承与理解"的培养[J].语文教学通讯，2019（8）：13-18.

常识、历史掌故、名人轶事等内容，似乎和教学内容相关，但是因与教学目标联系不紧密，横生枝蔓，破坏了教学秩序。这节课，王崧舟老师不断带动学生想象，诵读体验，再想象，再思考，学生始终处于活跃的语文学习思维状态之中。教学不枝不蔓，无一处闲语，且各环节勾连紧密，目标明确。提取导入部分的师生讨论的问题，就能看出教师用意。

（1）当代诗人陈小奇写过一首歌，歌名叫《涛声依旧》，大家听过吗？歌词中有一个词"无眠"，"无眠"什么意思？

（2）是谁在敲打着我的无眠呢？

（3）留连的钟声，这是从哪里传来的钟声呢？

（4）为什么有这么多的人写钟声？

（5）钟声的魅力为什么会有这么大呢？

（6）钟声为什么能够留传这么长的时间？

第一个问题，由《涛声依旧》歌词引出教学枫桥诗歌的情感"无眠"；第二个问题，追问"无眠"的客观原因"钟声"；第三个问题，引出历代写寒山寺的诗歌，这些诗都是传承了张继的《枫桥夜泊》的审美意境，都是张继的枫桥情绪的氤氲铺张。第四、第五个问题，追问寒山寺钟声植根于文人情怀中的原因，寒山寺钟声已经成为一种传统意象，诗意地存在于中国的文学中，中国人的文化中、情绪中；第六个问题，引发学生思考探究的问题，也是对《枫桥夜泊》学习要解决的问题，"钟声"中寄托了怎样的文化意义。

这些紧密勾连的问题，不断调动学生的思维。思考的问题包括：枫桥诗歌的情感特点，诗人与寒山寺钟声之间的关联，张继的《枫桥夜泊》的经典性及其传承的意义等。环环相扣，传递了密集的有效信息，所有的问题都跟《枫桥夜泊》密切相关，无一处闲语。

不灌输，重视学生阅读体验的诗意生成。

整节课，问题的落实，都是通过调动学生思维活动，生成阅读体验。教师从各个角度引领学生的思维，对话文本、对话作者，而不做任何灌输。通过想象感受诗人的复杂的心绪，体会诗歌意境的美。比如在欣赏"夜半钟声到客船"，教师一步一步引领学生对话"夜半钟声"的情境。提取教师授课的语言如下：

月亮已经落下去了，诗人还看得见吗？

天地之间一片幽暗，乌鸦凄厉的叫声也已经消失了。

在一片幽暗和朦胧之中，那瑟瑟的江枫看得清吗？

点点渔火忽明忽暗，若有如无。还有那姑苏城外的寒山寺，看得见吗？

天地之间，一片幽暗，一片朦胧，似乎已经没有什么景物可以相对了。

王老师就是这样，一步一步地带领学生深入"夜半钟声"意境中。边想象，边感受，感受那个寒秋深夜，钟声消失，孤独地站在苍茫的夜色中的落寞的古代文人的"愁眠"，这样的阅读体验是真实而深刻的。

这就是诗意语文。诗意就在于，沿着语言这条小径，不断地发现，发现语言后面的作者的情感，以及文本留给我们的诗意的语境、诗意的情思，还有厚重的文化。

无处不在的语文心

——于永正《秋天的怀念》评析

优酷视频网上看到的于永正老师《秋天的怀念》①的视频课，是 2011 年 12 月上传到网络的。视频里看到，课堂教学设备已经比较陈旧了。于永正老师用一支粉笔、一张黑板、一张投影，传达着对语文教育的热情，由此，我们看到语文前辈是如何踏踏实实地培养学生语文素养的，并管窥于永正老师的语文教育思想。

一、课前"预热"，介绍式导入

师：（出示幻灯片）请大家看大屏幕，从大屏幕上，你获得了哪些信息？

生：我知道您姓于，叫于永正。

生：我知道了《秋天的怀念》作者是史铁生。

生：这篇课文，我们要用两节课时间学习。

生：我知道了今天要学习的课文题目是《秋天的怀念》。

师：说得不错。还知道了什么？处处都是语文啊，再看看，思考一下。

生：我知道了您来自江苏省徐州市鼓楼区教研室。

师：对。但是只要说我"来自江苏省徐州市"就行了，最多加个"鼓楼区"，"教研室"那是我的工作单位。（稍顿）这就叫阅读。你们别看就这么几行字，它却包含了很多信息。

评 析

小学语文课大多重视导入，尤其是公开课。教师多希望通过导入语激发学生的学习兴趣，调动学生的注意力，因而，想方设法创设吸引学生的情境。公开课，师生多半不相识，教师希望充分利用开讲前短暂的"预热"时间，尽可能地对学生有些了解，包括学生的学习面貌、情绪状态、言语表达、思维反应等方面做大致的了解；同时也要通过和学生们的短暂交流，让学生了解老师，彼此消除陌生感，为顺利展开教学做好铺垫。所以，公开课的导入往往比常态课耗时要长

---

① 于永正.于永正《秋天的怀念》课堂实录[DB/OL].http://www.xiexingcun.com/tougao/HTML/25967.html.

一点，形式较常态课的形式更灵活一些，要精心设计导入语。于老师的课前"预热"没有过多设计感，没有花哨的形式，彰显了其朴素无华却处处都浸含语文意识的教学理念。

首先，看似平常的开讲语里渗透了先进的语文课程意识。投影的内容包括：

学习内容：《秋天的怀念》；

作者：史铁生；

课时：两课时；

授课教师：于永正；

单位：江苏省徐州市鼓楼区教研室。

这些内容，无外乎就是简单介绍一下课题和授课教师。一般情况下，教师就是口头介绍一下。但是于永正老师，郑重其事地投影到大屏幕上，要求学生读出来，且要回答"从大屏幕上，你获得了哪些信息？"如果冷静思考，会发现，于老师让学生阅读的这些信息，其实就是非连续性文本阅读。非连续性文本阅读能力是语文课程关注学生发展和走向社会必备的阅读能力，是近年来语文课程关注的教学内容。在20年前，语文人还热衷于"大语文""生活即语文"的讨论的时候，于永正老师已经敏感地意识到：生活中看似无序的文字的排列，其实"却包含了很多信息"，而其中隐含的重要信息却是常被人忽视的，这也正是非连续性文本阅读的意义。由此，我们看到了于老师的课程自觉意识。

其次，时刻关注语文学习的生成。于老师的课堂授课语言，每一句话都包含凝练的语文学习的信息。简单的介绍，也是语文学习生成的细节。于老师提问同学们，看投影上的文字得到了哪些信息？通过补充同学的回答，告诉同学们："我'来自江苏省徐州市'就行了，最多加'鼓楼区'，'教研室'，那是我的工作单位。这就叫阅读。"看似几句"预热"的闲聊，却体现了"处处是语文"的理念。通过授课内容的介绍和教师自我介绍，形象地传递一个道理：语言在，信息就在；阅读任何文字的阅读都要抓全信息。由此，看出于永正老师教学的严谨态度，抓住每一个细节，恰当地做语文学习渗透；时刻走在语文的路上，不偏离语文的轨道！这是语文教育前辈给我们的启示。

二、检查预习，扎实习得语文基础知识

初读课文，把课文读正确、流利

师：今天我们一起来学习《秋天的怀念》。

（师边板书课题边讲解："怀"字的竖心旁要先写两边的点，再写中间的竖。生跟着师的板书一起书空。）

师：通过预习，大家能读准课文中的生字吗？我们一起来看看生字。

（出示本课生字）

瘫 痪 侍 捶 膳 豌 诀

（指名读）

师：读得好。因为前两个字是一个词（瘫痪），请你连起来读。

（生读）

师：读得非常正确，而且声音洪亮。谁还愿意读？

（另一生站起来读，没有把"瘫痪"两个字连起来，师立即提醒，他改正了。该生又把"豌"读成了三声。）

师：倒数第二个字再读一遍。

（生仍然读错。）

师：有不同意见吗？

（该生自己发现问题，自己纠正读音。）

师：自己发现问题，自己解决，不错！很聪明！脑筋很灵活，转得很快！

师：请大家一起来读读。

（齐读生字）

师：有一个字要注意它的笔顺——"捶"。请大家跟我写。

（师一边板书"捶"字，一边讲述笔顺。写完后再带学生书写，讲述该字中横的长短变化。）

师：生字都认识了，请大家读读词语。

（出示词语）

瘫痪 侍弄 捶打 憔悴 诀别 淡雅

师：读词和读生字不一样。它是一个词，想一想，该怎么读？

（指名读，该生读得很好，很连贯。）

师：好，就这样读词。谁还想读？

（一生再读，读的时候词语之间的停顿较长。）

师：哦，你有点近视，坐得离黑板太远了，不好意思。读得很好！

师：这里有一个词——"诀别"。什么叫"诀别"？这个词在哪句话里？

（指名读含有"诀别"的句子。）

师：什么意思，懂了吗？

生：不懂。

师：不懂？你应该懂。

（师再读句子。）

生："诀别"应该是"永别"的意思。

师：这里有"永别"的意思，但它和"永别"还有区别。

生：从那以后跟她再没有见面。

师：有道理。"诀别"就是分别，指不能再见的离别。文中史铁生去看他的母亲时，母亲已经昏迷了，后来就去世了。那最后的一次的见面就是诀别。

（师描述事例，帮助学生进一步理解"诀别"：三年前相见的朋友，今年暑假回家想再见，不料他已经去世。没想到三年前的那次相见竟是"诀别"。）

师：通过预习，生字读准了，词义也理解了，收获很大。学习就要靠自己。

评析

检查预习是教学的前奏，通过检查预习可以把握学生学习准备情况，便于顺利展开教学。教师可以根据学生学习准备情况实施预设教学方案，有时，可以根据检查预习发现的问题及时调整预设的教学方案。于老师，没有将检查预习作为授课的前奏处理，而是将检查预习和授课融在了一起。边检查边授课，重视了预习内容的检查，且针对预习出现的问题，做了详尽的讲解。这样处理预习的内容，显然要比课前集中检查，将学生的问题分散于教学过程中解决，易于学生理解和掌握。于老师这节课的预习检查包括两个环节。

第一，字词教学。

于老师认为，识字教学是贯穿小学教学的重要内容。本节课虽是六年级的阅读课，于永正老师依然重视了识字教学。针对课文中的生字，对其记忆过程中容易出现的问题做了有针对性的讲解，且力求讲解形象生动。

板书课题的时候讲解了"怀"字的写法。教师边书写课题边讲解写法：竖心旁要先写两边的点再写中间的竖。"怀"字强调的是笔顺的问题，因为学生经常将竖心旁写错，所以做了示范，并要求学生和老师一起书写巩固。

集中学习了"瘫、痪、侍、捶、膳、豌、诀"。针对不同的字，学习中容易出现的问题，一一矫正。比如"豌"矫正了错误的读音。"捶"字强调了写法，教师一边板书一边讲笔顺，强调中间的横是长横，并且摆平两臂做了肢体示范，伸平两臂讲解到：只有横长"锤"才能稳，这样分析形象地分析字的结构，学生很容易理解到：锤子摆平才能稳，才能锤得实。解释"锤"字写法通过肢体动作形象地解释了字的结构，这样讲解无疑会给学生深刻的印象。

这样的识字教学生动形象，易于学生理解也易于学生记忆。但是遗憾，大概是由于时间关系，这样的讲解不多。

关键词义的辨析。"诀别"一词的理解有助于对课文的理解，所以提示学生要把意义理解清楚。关于"诀别"的意思当学生解释诀别为"'诀别'应该是'永别'的意思"时，于老师将"诀别"与"永别"做了辨析：这里"诀别"有"永别"的意思，但它和"永别"还有区别；"诀别"就是分别，指不能再见的离别。教师虽然给学生做了纠正，但是遗憾，这里的讲解不够清楚。"诀别"一词的意义，现代汉语词典的解释是：分别，多指不易再见的别离。汉典网的解释是：指再无会期的离别，死别；如《后汉书·卷八一·独行传·范冉传》："今子远适千里，会面无期，故轻行相候，以展诀别。""永别"，现代汉语的解释是：永远离别，多指人死。汉典网的解释是：永远分离；如《初刻拍案惊奇.卷四》："须臾出来道：'从此永别'竟自去了"。由此看，"诀别"和"永别"，都当"死别"讲，也都可以理解为"不再见面的别离"，所以意义基本没有区别，只不过，使用的时候，要根据具体的语境选择。

汉语词汇过于丰富，每个词语，因其所在语境的变化，词义常常发生变化，所以解释词语的意义，经常会遇到各种预设以外的问题。这节课词语教学出现的问题，应该是教师预设以外的问题，这种情况，其实，课堂上查一下字典也无妨；互联网时代就更好办了，查查"汉典网"之类的网站，一般的词语问题都能解决。所以教师要善于利用各种教学资源，及时解决出现的问题；即使不能及时解决，课后也可以通过查阅资料明确。

三、指导朗读，把握课文情感

再读课文，初步理解文本

师：通过预习，相信大家一定能把课文正确、流利地读下来。我们先来读课题，谁把课题读得让老师满意，就请谁来读课文。

（请四名学生读课题，经师点拨，学生一个比一个读得深情、深沉。）

师：就请你们四个人来读课文吧。看，机会是自己争取的吧？其他同学不要有意见噢。

（一生读第1自然段，师相机指导，如"望着望着"要读得紧凑些，第二个"望着"可以读得稍轻点。）

（一生接读第2、3自然段，该生把"你要是愿意，就明天？"读成了陈述语气。）

师："明天"的后面是什么标点符号？（问号）要读出问的语气。（经提醒后，该生读出了语气。）

（一生接读4、5自然段，读得正确流利。）

（一生读最后两个自然段。）

师：读得真不错，通过预习，能读到这样的程度，很不容易。

师：书要想读好，必须多练。多练了才能读得正确、流利。读多了，思考了，想象了，才能读出感情。下面请大家听我读，特别要注意句号的停顿，段与段之间的停顿。

（师动情地读书。读完后，全场爆发出热烈的掌声。）

师：亲爱的同学们，书要用心去读，边读边思考边想象，这样才能了解文中人物的心迹，体会出文章的思想感情。只要你思考了、想象了，谁都能把书读得正确、流利、有感情。记住，把课文读得正确、流利、有感情，这是一个重要的学习任务，而且应该说是第一位的。请大家捧起书，再一次走进《秋天的怀念》，自由读，声音不要大，也不要快，用心去品味。读吧。

生再读全文。

评析

第一步，请同学们分段朗读课文，针对学生朗读的问题逐一指导。这部分教师重点指导学生运用恰当的语气朗读课文，把握课文的情感。这个教学环节教师指导非常详细，从朗读技巧的角度指导学生运用恰当的语气，读出课文的情感。

指导学生读准重音。学生朗读课题"秋天的怀念"中的"怀念"一词读得较为响亮，学生朗读时显然没有思考课题的意义，没有体会课题包含的情感。教师指导学生朗读课题"怀念"一词要"读得深情、深沉一些"，并做了示范。从于老师示范来看，于老师是将"怀念"做了重音处理，不过不是重音重读，而是运用了重音轻读的技巧朗读课题中"怀念"二字的。我们知道，重音重读是为了突出感情，重音轻读也是为了突出感情；而且，特定情境下，重音轻读更能突出某种特殊的情感。朗读的语气指导，实际上就是指导学生把握情感，指导学生运用恰当的语气读课题，就是指导学生把握了课文的情感基调。

指导学生把握朗读的节奏。学生朗读开篇"双腿瘫痪后，我的脾气变得暴躁无常，望着望着天上北归的雁阵，我会突然把面前的玻璃砸碎"，教师指导："望着望着"要读得紧凑些，第二个"望着"可以读得稍轻点。因为前半句是叙事，后半句开始描写，开始描写暴躁的脾气的事件，情绪陡然上升，所以"望着望着"朗读的节奏要连起来，紧凑起来；第二个"望着"轻一点读，是因为叠词的朗读要注意节奏的变化，同时也是要为下半句强调反复无常的心绪而蓄势。准确把握了朗读的节奏，实际上就是体会到了作者情绪的波动，情感的起伏。

指导学生关注标点把握句式。学生朗读到"妈妈"央求"我"去北海看菊花一段，当"我"问什么时候去的时候，妈妈说"你要是愿意，就明天？"这句话，学生没有读准这句话的语气，教师提醒这句话是问句，要读出问的语气，并做了示范朗读。"你要是愿意，就明天？"这句话，语气里不仅有疑问，其实还有母亲得知儿子同意去北海看花，尽力控制又溢于言表的兴奋之情，儿子答应去北海看菊花，就有可能走出沉闷自闭的心境，所以，母亲兴奋激动。于老师的示范朗读，将复杂的感情解读了出来。

这段老师的朗读指导，从重音处理、节奏的把握、句式的体会等多角度指导学生准确把握语气。但如果老师在指导朗读过程中，结合具体的语言环境，将朗读处理的原因稍微做一些诠释，那么，学生对作者的细微情感的变化会有更多的体验，对课文的理解会更加深刻。

第二步，教师示范朗读，带动学生情感投入。

教学中，一些老师喜欢给学生播放朗读视频，朗读视频多为配乐配图的专业朗诵，要比教师示范朗读更为标准、生动。但是，从感染力角度来说，教师的示范朗读有其优越的方面，因为教师的示范朗读，既是老师对课文情感理解的展示，也是教师的授课激情的展示，所以老师的示范朗读更容易带动学生走进文本的情感世界。也许是深谙此理，于老师在细致地指导了学生朗读之后，声情并茂地示范朗读了全文，深深地感染了学生。全文示范朗读后，于老师又与学生分角色朗读了一遍课文。分角色朗读过程中，于老师准确地把握了角色的切换，情感的转变。在于老师的引领下，学生的朗读也深得其法，用有声语言生动地诠释了文本的情感。

从于老师的朗读指导中，我们可以参悟于老师对课文解读之深、之细，在深入的解读基础上，设计了有意义的语文学习活动，巧妙地点拨了学生的学习行为。

四、欣赏细节，研读母亲形象

潜心涵泳，研读"母亲"

1. 默读，圈点批注

师：你们读书的表情和声音令老师感动。老师感觉得出来，你们是在用心读。下面，让我们先读"母亲"。（板书：母亲）读懂一个人，无非是听其言，观其行，察其色，也就是看他的行为，听他的话语，看他的表情。（板书：行言色）从这三方面认真思考，就能读懂一个人。请大家默读1、3、6段，边读边做记号，何处写"行"？哪里有"言"、有"色"？

（生潜心读书，师巡视、指导，并把学生们圈的重点词句写到黑板上。）

2. 再读，体会含义

师：同学们真能干，把关键词句都找出来了，请大家再读1、3、6段，体会自己画的词、画的句子的意思，一定要边读边思考。

（生默读，教室里非常安静。）

3. 交流，整体感知

师：你从自己画的词句中读懂了什么？用最简练的语言来描述。

生1：我从这些词句中体会到母亲对"我"的关心。

生2：母亲非常爱"我"和妹妹。

生3：我体会到母亲对孩子无微不至的爱。

师：不错，体会到了母爱。如果有人要你回答什么是母爱，你怎样回答？（师手指黑板上的"行""言""色"，提示生：母爱就是——，母爱就是——，母爱就是——）

生：母爱是行、言、色的提炼。

师：好一个"提炼"！你提炼出什么来了？

生：母爱在一个个动作里。

师：还在哪里？

生：母爱在一句句话里，母爱在一个个表情里。

师：你真会提炼！是啊，母爱就是一个个动作，一个个看似普通的动作；母爱就是一句句话语，一句句不起眼的话语；母爱就是一个个表情，一个个意味深长的表情。概括起来说，母爱是一堆细节。

（师板书：母爱是一堆细节，并请生把"母爱是一堆细节"这句话写在书上。）

师：母爱就是一堆细节，一堆不起眼的细节。如果把母爱比作大海，那一堆堆的细节就是大海里的一滴滴水。正是这一滴滴的水，汇聚成了大海；正是这一个个的细节，铸成了伟大的母爱。把书捧起来，请你们再把你们画的语句好好读读，细心体会。

（生读）

师：作家史铁生正是通过一个个细节描写了伟大的母爱。细节往往是不起眼的，但是，细节决定一切，大家千万不要忽视细节。请你们再仔细品味这一个个的细节，眼睛盯着这些词，看，认真看；想，仔细想，每个细节又具体地告诉我们母爱是什么？

（生凝神默思）

4. 聚焦，解读细节

生3：他会想自己像叶子一样，从嫩绿到枯黄，从枯黄到落地。

生4：他会认为自己的生命很短暂，像黄树叶一样，要凋零了。

师：一片树叶黄了，落下来了，就意味着一个生命的结束。

师：史铁生把家里的东西摔坏了，母亲为什么不制止儿子，反而躲出去？透过这个"躲"，你看出了什么？

生：我看出了母亲非常了解儿子。

师："了解儿子"，说得不错，谁能用一个更准确的词语？

生：理解儿子。

师：说得好！母亲理解儿子！面对此情此景，母亲会怎样想？是怎么理解儿子的？

生：母亲会想，儿子双腿瘫痪了，随他一点，他需要发泄。

师：保留"泄"字，谁能把"发"换个更确切的字。

生：宣泄。

师：好！这就叫用词准确。如果没有宣泄，他可能会发疯。一个"躲"字，让我们看出了母爱是什么？（生：是理解）对，是理解！没有理解，就没有真正的爱。泰戈尔说过："爱是理解的别名。"

师：有一天，史铁生站在窗前，看树叶"刷刷拉拉"地飘落。母亲挡在窗前，不让儿子看，为什么？史铁生看着这落叶，他会想什么？

生1：他会想到自己就像那些落叶一样。

生2：他会觉得自己很绝望。

师：古人说："自古逢秋悲寂寥"，到了秋天，人就感到悲凉；"一声梧叶一声秋，一点芭蕉一点愁。"身有残疾的史铁生面对这"无边落木萧萧下"的情景，他一定想到了自己，他会感到凄凉、悲怆，甚至于绝望。母亲这一"挡"，告诉我们——母爱是什么？

生：母爱就是一个动作，一个不起眼的动作。

生：这个"挡"，就是不让儿子看到落叶失去信心。

师：这个动作是给儿子的——

生：这个动作是让儿子不要失望，不要绝望。

师：挡住了绝望，给儿子一个希望。母爱就是呵护啊。

师：再让我们聚焦一个不起眼的问号。当"我"表示愿意去看菊花的时候，母亲心里很高兴，她对我说："你要是愿意，就明天？"这句话的后面为什么用问号，而不用句号？用问号表明母亲是用什么样的语气和儿子说话的？

生1：用商量的语气。

生2：母亲是要征求儿子的意见。

师：征求意见，一种商量的口吻。这就是母爱，母爱是商量，是平等，是小心翼翼。母亲为了让儿子有好心情，处处是小心翼翼的！

（师略述文章情节：儿子脾气暴躁，态度非常不好，可是母亲反而"笑"了。）

师：一个"笑"字，看出什么？

生1：母亲能和儿子一起出去，她已经很满足了。

生2：她对儿子很宽容。

师：体会得真好，给点掌声！只有母亲才有这样的胸怀！儿子态度那么差，朝着母亲发脾气，她反而笑了。母爱是什么？母爱是宽容，只有母爱有这么博大的胸怀。

（指名读母亲临终前说的话）

师：母亲要死了，心里还惦念着子女。母亲的话没有说完就咽气了。史铁生知道母亲要说的是什么。你知道吗？

生：我希望他们好好儿活。

师：对了，希望他们两个好好儿活！母亲要死了，但她想着的还是她的儿女。母爱是什么？

生：母爱是母亲对儿子的牵挂。

师：掌声送给她。但不仅牵挂儿子，还牵挂女儿，因为女儿还小。

师：想起子女，母亲死不瞑目。母爱是牵挂，是永远的牵挂！这就是母亲，这堆细节告诉我们，母爱是理解，是尊重，是宽容，是让孩子有生活的希望。难道就是这些？不，多了，还有很多很多……谁也说不清博大的母爱！

师：同学们，把书捧起来，让我们一起来读倒数第二节。

（生动情地朗读）

评析

第一个环节，圈点批注阅读"母亲"。

批注阅读，整体把握"母亲"形象，要听其言，观其行，察其色，也即"行、言、色"三个方面来批注"母亲"形象。然后做语言训练："母爱就是——，母爱就是——，母爱就是——"。语言训练之后，教师总结学生的发言：母爱就是一句句话语，一句句不起眼的话语；母爱就是一个个表情，一个个意味深长的表情，概括起来说，母爱是一堆细节，由此，完成对"母亲"形象的整体认识。

看这段教学设计，我们很容易以为，对母爱的赏析，落入概念化的分析，脱离文本做空洞的言说。但是看后面的教学处理，就知道其实这段教学是明确了下面鉴赏活动的学习思路。即，赏析关于母爱的细节，然后思考母爱的特点，用"母爱就是"的句式总结母爱的特点，然后由母爱的特点进一步理解文章的主旨。这部分其实就是通过语言训练给学生一个学习支架，欣赏母爱的思路，由细节欣赏到母爱的特点概括。

第二个环节，聚焦细节研读母亲形象。

欣赏动作描写。"我"砸家里的东西，妈妈不制止，反而躲出去？为什么要"躲"？师生讨论明确：母亲会想，儿子双腿瘫痪了，随他一点，他需要发泄；如果没有宣泄，他可能会发疯。一个"躲"字是母亲对瘫痪的儿子的理解！没有理解，就没有真正的爱。如泰戈尔说过："爱是理解的别名。"秋天到了，史铁生站在窗前，看树叶"刷刷拉拉"地飘落，母亲"挡"在窗前，不让儿子看。母亲为什么要"挡"住儿子的视线？师生讨论明确：到了秋天，人就感到悲凉；"一声梧叶一声秋，一点芭蕉一点愁。"身有残疾的史铁生面对这"无边落木萧萧下"的情景，他会感到凄凉、悲怆，甚至于绝望。母亲"挡"，就是不想让儿子看到落叶失去信心；挡住了绝望，给儿子一个希望。母爱就是呵护。

欣赏一个问号。当"我"表示愿意去看菊花的时候，母亲心里很高兴，她对我说："你要是愿意，就明天？"这句话的后面为什么用问号？是征求意见，一种商量的口吻，母爱是商量，是平等。母亲为了让儿子有好心情，处处是小心翼翼的！

欣赏母亲的笑。儿子脾气暴躁，态度非常不好，可是母亲反而"笑"了。只有母亲才有这样的胸怀！儿子态度那么差，朝着母亲发脾气，她反而笑了。母爱是什么？母爱是宽容，只有母爱有这么博大的胸怀。

欣赏母亲的语言。母亲要死了，心里还惦念着子女。母亲的话没有说完就咽气了。史铁生知道母亲要说的是什么。你知道吗？希望他们"两个好好儿活！"母爱是什么？母爱是母亲对儿子的牵挂。

这些细节的描写告诉我们，母爱是理解，是尊重，是宽容，是让孩子有生活的希望。难道就是这些？不，多了，还有很多很多……谁也说不清博大的母爱！

课程改革以来，语文阅读教学广为诟病的就是文本解读浅白。文本解读浅白多表现为忽视文本细节的解读，或者认识到细节意义，却不能从细节的角度建构阅读的意义。主要是因为对文本的细节鉴赏止于平面化分析，其解读往往就内容言说内容，将生动的描写，抽象成一些概念，忽视了细节描写中蕴含的复杂情感和丰富的意义。本节课抓住了动作描写、神态描写、语言描写，甚至标点符号的运用的空白点，体会一个"生命最旺的年龄"里突然残疾了双腿，整日想着自杀的大男孩的母亲细腻复杂的情感，努力开掘每个细节的阅读价值和意义。

从思维培养的角度来看，这个教学环节，既重视了直觉思维的培养，也重视了理性思维的认识。研读母爱的细节部分，调动学生的直觉思维，体验、感受母亲的精微细腻的情感；而语言训练，则是在感受母爱的前提下，用特定的语言形式，反思、总结母爱的特定点，显然，需要直觉思维基础上理性思维的运用。理性思维对小学生来说有难度，也正因如此，于老师提供了一个对母爱特点书写的一个句式，这个句式其实就是一个理性思维训练的小支架，学生依此，顺利地对母爱特点进行书写。由此可以看出，于老师的教学设计，时刻关照学生思维的提升，关注学习活动的生成。

五、前后对比，研读"我"

师：最后让我们来"读"作者，请大家读第一段的前三行和最后一段。
（生自由读，师板书："暴怒无常"和"泼泼洒洒"）
（指名读第一段的前三行）

师：大家看，文章开头说，作者是一个暴怒无常的人。什么是"暴怒无常"？下面的两句话就是对它的解释。大雁北归，意味着春天就要到来，多么令人高兴的事，但是他不喜欢；李谷一的歌声多么甜美，但是他不喜欢，不但不喜欢，反而更绝望，于是他摔东西，砸玻璃。这就叫"暴怒无常"。所以好多词语可以联系上下文去理解，不一定要查字典。把书拿起来，齐读这三行。

（生齐读）

师：这是以前的作者。后来，作者转变了——请大家读最后一节。

（生齐读最后一段）

师：又是秋天，作者再看到菊花盛开，这个时候，他眼里的菊花五彩缤纷、争奇斗艳、泼泼洒洒、朝气蓬勃。作者转变了吗？（生：转变了。）但是作者没有直接写自己改变了对生活的看法，而是通过对菊花的描写，间接地告诉我们他转变了，这叫"含蓄"，叫"借景抒情"。作者开始写自己"暴怒无常"，最后写自己感到菊花的"泼泼洒洒"，感到花的生命力，同时自己也对生活充满了信心，这叫前后对比，前后照应。这就是文学的魅力！这就是语文的魅力！这就是读书的魅力！一定要好好读书，好好去体味。

（师简述作者后来的成就，出示《我　地坛　母亲》中的一段话）

幻灯片：

在我的头一篇小说发表的时候，在我的小说获奖的那些日子里，我真是多么希望我的母亲还活着。……母亲为什么就不能再活两年？为什么在她儿子就要碰撞开一条路的时候，她却忽然熬不住了？莫非她来此世上只是为了替儿子担忧，却不该分享我的一点快乐？她匆匆离开我时才四十九呀！

——史铁生《我　地坛　母亲》

（师动情地朗读。）

师：史铁生是好样的！他没有辜负母亲的期望。如果真有在天之灵，我想他的母亲一定会含笑九泉！但是作者在文中没有这样写，是非常含蓄地告诉我们的。把书拿起来，再读最后一段。

（生齐读。）

评析

对话作者，研读"我"这一形象。这个教学环节用了比较阅读的方式。对比了开头"我"的"暴怒无常"的行为和结尾处"泼泼洒洒"的菊花描写，体会"我"前后的情感变化。通过讨论明确如下：看到大雁北归，听到李谷一的歌声，他不喜欢；不但不喜欢，反而更绝望，于是他摔东西，砸玻璃。这就叫"暴怒无常"。后来，作者转变了。母亲去世后，"又是秋天，作者再看到菊花盛开，这个时候，他眼里的菊花五彩缤纷、争奇斗艳、泼泼洒洒、朝气蓬勃"。但是作者没有直接写自己改变了对生活的看法，而是通过对菊花的描写，间接地告诉我们他转变了，这叫"含蓄"，叫"借景抒情"，这叫前后对比，前后照应。

比较阅读是新课程倡导的学习方法。比较阅读立足文本，提供更开放的阅读空间，创设更自由的解读氛围。在同一文本内部切换鉴赏视点进行比较阅读，能给学生崭新的鉴赏视角，调动学生阅读的兴趣，获得极富个性色彩的研读体验，收获预设外的惊喜。于老师通过课文前后叙述语言节奏以及描写内容的变化，解读"我"的情感的变化，思考作者写作的目的，可加深对课文的理解。但是稍显遗憾的是，这里研读不够充分。

首先，作者的感情发生了怎样的转变？

前面是"暴躁的"后面"变好"了，这样的解读还不够。本文题目为"秋天的怀念"，抒写的是母爱，歌咏母爱，怀念母亲是全文的主旨。所以，作者前文"暴躁"，后文发生"变好"，写自己对生活态度的转变，同时也是对母亲态度的转变，由对母爱的忽视到对母爱的理解的转变，这些转变都是母亲给的。

其次，"我"由"暴躁"到"转好"是渐次书写的。

开篇写道双腿瘫痪后脾气变得暴躁无常，面对眼前出现的美好事物：看到北归的雁阵、听到李谷一甜美的歌声，我却"暴躁"地将玻璃砸碎，但是母亲没有责备，更没有放弃，总是静静地躲出去。对此，史铁生在《我与地坛》一文中惭愧地说"我活到最狂妄的年龄上忽地残废了双腿"，"被命运击昏了头，一心以为自己是世上最不幸的一个"，并深刻地反思"很多成长中的孩子，往往把所有的无理傲慢甚至是伤害都赋予了我们最亲近的人，可以对陌生人彬彬有礼，甚至谦逊礼让"。"我"暴躁，实际就是对母亲的无视，是对母爱不解。

当北海的花开了，妈妈用央求般的神色小心翼翼地央求我，要带我去看北海的菊花。当我答应了，她便喜出望外了，但母亲对于"跑"和"踩"一类的字眼，比我还敏感。追忆这些生活的细节，作者抒写的是一个残疾孩子的母亲爱之艰辛，可是当时作者全然不解。

结尾写"泼泼洒洒"的菊花，"我"懂得母亲没有说完的话。这里，写出了作者生活态度的转变。这里对菊花的描写意味颇丰：秋光美好，可那个想带我看花的母亲不在了，物是人非的感伤应该有；"子欲养而亲不待"悲哀应该有；理解母亲的告诫，"好好活"的信念一定有……这一切，正如于永正老师所讲，是含蓄地表达。

当然，对六年级的学生，是不是有必要解读这么细，这么深？是需要考虑的。如果有必要，应该用什么样的学习方式？这些都是值得探讨的问题。

六、结课，拓展阅读片段

再读全文，结课

师：全班起立。读这样的文字，一定要双手捧起来，站起来读。当我们对母亲、对作者有了这样的理解后，再读全文，你们一定会有新的体会，新的感受。请大家自由读全文。

（全体学生起立，端正站好，自由朗读全文。）

师：学语文和读课外书，不但要知道文章写了什么，还要记住它的语言，能把课文读得很熟，语言就留下了。谁拥有了语言，谁就拥有智慧。下课。

评析

以史铁生的《我 地坛 母亲》语段阅读结课，教师动情地朗读：

在我的头一篇小说发表的时候，在我的小说获奖的那些日子里，我真是多么希望我的母亲还活着。……母亲为什么就不能再活两年？为什么在她儿子就要碰撞开一条路的时候，她却忽然熬不住了？莫非她来此世上只是为了替儿子担忧，却不该分享我的一点快乐？她匆匆离开我时才四十九呀！

这段语言表达的是作者深深的愧疚，直抒胸臆，把"子欲养而亲不待的悲哀"浓重地宣泄了出来。一连串的问号里，饱含着愧疚与自责，仿佛一道洪水，终于冲破了堤坝倾泻而出。教师的激情诵读，将教师对作者人生感喟的理解，以及课文中蕴含的复杂情感参悟，化作有声语言深情地传递给了每个学生。教师朗读之后，教师又让全体学生站起来，郑重地朗读课文的最后一段，学生再一次回味作者的情感，课堂再次掀起课堂情感共鸣的高潮。

这样结课方式，一定能让学生受到心灵洗礼，学生收获的感动，会内化成一种精神力量，支持学生在以后的人生路上，感恩母爱，感恩亲情，热爱生活。

于老师严谨的教学态度启示我们：课堂上的每个细节，都应该是提升语文素养，增进文化熏陶，历练精神品格的宝贵时间。

我们看到于老师无处不在的语文心！

【总评】

除上述评析以外，补充一点思考：语文教学，要配合学生，针对学生学习的生长点组织教学。

于永正老师认为，授课是"老师配合学生，而不是学生配合老师"[①]，要"善待儿童"。教学中有这样的理念，就会处处为学生着想，关注学生的学习生长点，组织有效的语文学习活动。这节课，我们看到于老师处处践行他的"配合学生"学习的理念。

"配合学生"，做实实在在的学习指导。

本节课，进行了识字、朗读、批注、小练笔等方面的学习活动，每一项学习活动都做得很扎实。比如，朗读指导，没有花哨的地方，学生实实在在地体悟了课文细腻的情感。小学语文课，朗读是非常主要的学习活动，但是我们看到一些老师朗读指导，或者强调各种读的形式，或者笼统地告诉学生要声音洪亮，要读出重音，要读得有节奏，要读得有感情，给学生下达各种要求，教师是高高在上的指挥家。或者教师读得声情并茂，而不指导学生如何读，学生还是读不好。凡此种种，教师没有做到关注学生，关注学生怎么学的问题，教师没有"配合学生"的学习。于老师指导学生朗读，针对学生朗读的问题，做示范朗读，同时，指出学生的问题，并且告诉学生怎么读才能读出感情。比如"望着望着"，这种"ABAB"式的叠词，后一个词要轻读。于老师没有给学生讲朗读的技巧和原理，但是针对学生出现的问题，结合文本给了具体的指导，这里的指导是考虑学生认知能力，以儿童容易接受的方式，讲解给学生。学生很快就把握了朗读的要领。

"配合学生"，设计高质量的问题。

设计高质量的问题，是保障课堂教学效率的重要条件。问题设计质量不高，思维含量低，满堂追问，看似热闹，其实学生的收获并不大。究其原因就是，问题设计没有针对学生学习的增长点。于老师课的问题设计处处考虑"配合学生"学习，所以，总能围绕问题组织有效的学习活动。

比如研读形象，我们看到很多课，在研读写人叙事的课文时，对形象的研读，喜欢一种贴标签式的阅读。先概括形象的特点，然后从文本中找出材料做印证，或者是先言说文本的描写，然后再概括特点。问题设计往往比较笼统，学生往往是被老师一个又一个问题牵引着认识形象的特点，学生的思维是被动的。于永正老师是关注学生的生长点，设计出能够调动学生投入学习的问题。比如欣赏"母亲"形象，先是要求批注，然后根据批注要求的"言""行""色"读懂母亲形象，了解何处写"行"？哪里有"言"、有"色"？然后，用最简练的语言来描述什么是母爱。每个问题都是围绕逐步加深对"母亲"形象的理解而设计的，为学生获得真实的阅读体验而设计的，每个问题都关注学生的学习生成做具体要求，这样，学生就知道了应该怎样学习，怎样收获阅读体验。

[①] 孙世梅.于永正语文教育的一味"干草"[J].人民教育，2018（11）：77.

记住中国人的园

——于永正《圆明园的毁灭》课评

《圆明园的毁灭》是人教版小学五年级一篇精读课文。此文介绍了圆明园的结构，建筑风格，宏伟景观，收藏的珍贵的历史文物，以及圆明园被毁灭的经过。记载昔日圆明园的辉煌壮观提醒读者记住屈辱的历史。圆明园的毁灭不仅是中国文化的巨大损失，也是世界文化史的巨大损失。圆明园的毁灭，是中国人民不可磨灭的惨痛历史记忆。阅读此文，可激发学生的爱国主义热情，增强民族使命感。铭记历史，是炎黄子孙的必修课，此文是爱国主义教育的优秀篇章。

此文用语典雅、结构严谨、构思缜密，是一篇优秀的小品文，教学中既要重视语文素养的培养，同时又要重视爱国主义教育。教学中，须二者兼顾。

于永正老师的《圆明园的毁灭》[①]一共用了两课时。语文素养培养和爱国主义教育兼顾，值得认真学习借鉴。

第一课时

一、导入，师生书写课题，识字与融情一箭双雕

师：师生问好后就不要再站了，现在上课。知道学哪篇课文吗？

生：（齐）《圆明园的毁灭》。

师：书读了几遍？

生：两遍。

师：有看三遍的吗？

生：我。（三五个举手）

师：好，请坐。有超过她的吗？你看了四遍，很好。看一遍是预习，看两遍就不错了。看四遍更不得了。这叫自学，自觉地学习。请同学们把右手抬起来，咱们一起写课题好不好？圆，写得潇洒一点；的，上齐下不齐；毁，注意笔顺；灭，上面一横长一点。请大家读一读。（生齐读课题）

---

① 于永正.于永正课堂实录[DB/OL].https://wk.baidu.com/view/bf1706313968011ca300912c.

评 析

于老师导入干净利落，从书写题目开始，直接入题，似乎平淡，但是有其侧重，思考缜密。

询问预习，对提前预习过的同学给予表扬。好的习惯是反复督促养成的，每次上课提问预习情况，可以激励学生养成自学习惯。

师生板书课题尤其有意义。教师黑板板书课题，学生也书写一次课题。师生认真书写课题，并强调两个字"毁"和"灭"的写法。书写课题的环节进行的识字写字练习，相对课文过程中的识字写字练习会多一重意义，因为课文题目往往能交代课文的主要内容、作者的写作目的和思想情感，所以，这个环节的识字写字练习，可体验课文的情感，或者暗示、启发理解课文情感。本节课于老师强调的"毁"和"灭"两个字，正是课文思想情感的产生原因，凝结着作者的愤怒、痛恨之情。于老师抓住这两个凝结作者情感的重要的字，进行识字写字教学。如同讲《秋天的怀念》一课，要讲"怀"字的写法，因为学生经常把"怀"字的笔顺写错，也因为"怀念"是全文主要情感，所以，讲课题中的关键字，有一箭双雕的意义。

但识字写字教学渗透情感教育，可以做得更细致更深入一些。比如王崧舟老师讲"圆明园"三个字的时候，通过讲解每个字的意思，对"圆明园"词的含义做了解释。"圆"就是"圆满无缺"的"圆"；"明"是"光明普照"的"明"；"园"是"皇家园林"的"园"，讲完三个字的意思，引出题目的内涵："圆明园本是完美无缺、光明普照的皇家园林，但在历史上却被英法两个国家的强盗给毁灭了。"如果识字教学中结合字义，体会语境的情感，那么识字教学的内容可能就丰富了，情感教育可能会更顺势。比如，讲"毁"字，如果从字理来讲，学生更容易记忆，并会有更深刻的认识。"毁"是意思与瓦器有关，"毁"的本意是瓦器缺损，所以偏旁有个"土"字旁，"毁"的意思是有价值的东西被损坏了。如此，则情感教育可能会更顺势。

更有特点的是，于老师的课，总能通过书写课题，让课堂的气氛瞬间就沉静下来，全班同学屏气凝神，高度集中，全情投入学习活动中。师生书写课题过程中进行的识字写字教学，用意是，带动学生凝神于教学情境之中，是一种不动声色的造势。

导入，看似普通，凝结着教师的教育智慧，展示着教师的教学艺术。

由此，我们得到一个启示：热闹的开始，不一定意义丰富。而平淡中，蕴含丰富的教学生成，应是教师追求的语文教育境界。

二、批注，记录原初体验

师：请大家打开书本。读书要学会做记号。请拿出笔。别人做记号是留下他思考的痕迹。读书做记号是留下你思考的痕迹。请你默读一遍，留下你思考的痕迹。写得特别好的地方，作者感受特别深的地方做记号。（教师巡视）我发现大多数同学把第三段最后一句画下来了，我知道你为什么画这一段。对，加上批注，为什么画这一段，这叫会读书。（教师巡视）

评 析

研读课文之前，于老师指导学生批注阅读课文。批注阅读指导，提出了三个层次的要求：一是要记下自己的思考；二是要对自己认为写得特别好的地方做批注；三是要对自己留意的句子，画线并思考为什么要画下。批注指导，关注了学生的原初阅读体验，及时捕捉阅读的灵思，为后续深入阅读做了准备。于老师提示学生对自己认为重点处、感受深的语段、认为美的语段做批注。对批注阅读做了具体要求，以免批注式阅读流于形式，流于简单勾画阅读原初体验，要思考产生体验的原因。这个教学环节，于老师每一句提示，都是有其教学的思考。

批注式教学是当下小学教学普遍运用的阅读教学方法，是对古代阅读方法的传承。金圣叹评《水浒》、脂砚斋评《红楼梦》、毛宗岗父子评《三国演义》都用了批注法。众所周知，毛泽东非常喜欢批注式阅读，一本《红楼梦》反复阅读，反复批注。孙立权老师认为"意（批注）随文（文本）生"。[1]这种阅读方式在西方也广为运用，称为"marking up a book"[2]，认为画线和笔记是一种阅读方法。

批注式阅读教学是非常有益的传统阅读范式，但当下小学语文教学批注式阅读不乏流于形式的现象，于永正老师的批注阅读指导提供有益的启示。

也许是因为，批注式阅读并非本节课的教学重点，所以于老师并未展开。特级教师孙立权对批注式阅读，做了非常有益的尝试，可给予小学语文教师很多有益的启示。

三、研读，抓住核心情感"恨"，激发情感共鸣

师：读了两遍课文，现在我发现每位同学脸上的表情与刚才（上课前）完全

---

① 孙立权."语文教育民族化"的一个尝试——批注式阅读[J].东疆学刊，2005（1）：103.

② 倪燕，朱婷.批注式阅读教学反思研究[J].语文建设，2014（16）：20.

不一样了，咱们把读了这篇课文的感情统统写在每位同学的脸上。现在我问大家，你读了这篇课文，你心里是什么滋味？

生：我觉得英法联军是无耻的强盗！

生：我痛恨英法联军！

师：他读出一个英法联军无耻，他读出一个痛恨。

生：我觉得英法联军简直毫无人性！

生：圆明园的毁灭是当时清政府的腐败无能！

生：对于圆明园的毁灭我很难过，因为这是中国历史上的耻辱！

师：他读出一个难过、痛心、恨。（板书"恨"字）注意"恨"这个字的写法，竖心，先两边后中间。这位同学说了，他一恨英法联军，二恨腐败无能的满清政府。同学们，你读到课文哪一段最恨？

生：第五自然段。

师：读到第五自然段最恨，请同学们再把第五自然段读一读，把你的恨读出来。

（学生自由读课文第五自然段）

师：请你读第五自然段。

（一生站起来读）

师：请坐。看黑板，（板书掠、搬、毁、放火）价值连城的国宝统统掠走，这个"掠"活化了侵略者的嘴脸，这是第一可恨。二可恨，人拿不动的就用牲口搬。三可恨，实在运不走的就任意破坏。同学们，任意破坏的是无价之宝呀！最可恨，他们企图放火烧毁罪证，罪行是活的东西，销毁了吗？同学们再看书，这是帝国主义的嘴脸，一齐把最后一段读一读，1860年10月6日——读

（生齐读）

评析

研读课文的情感，分以下几个步骤：

第一步，整体把握全文情感：读了两遍课文后讨论阅读情感体验。教师问题引路："我发现每位同学脸上的表情与刚才（上课前）完全不一样了，现在我问大家，你读了这篇课文，你心里是什么滋味？"讨论明确如下：一恨英法联军，二恨腐败无能的满清政府。

这个环节，教师及时发现学生的阅读表现，同学读完课文之后的表情与课前不一样了，说明学生被课文的内容深深打动，教师及时鼓励学生加深阅读体验，讨论初读课文的心理感受：对英法联军的无耻行径，以及腐败无能的清政府的

"恨"。接下来，教师继续创设生成学习体验的活动，以拓展学生的思维，激发学生深入地、有意义地思考。这个环节体现了于老师娴熟的课堂调控艺术。

第二步，具体研读英法联军的可恨。师生品读最能让人产生"恨"的第五自然段。这段是全文的最后一部分，写的是英法联军烧毁圆明园的情状，研读时抓住四个动词：掠、搬、毁、放火。理解八国联军的可"恨"：一可恨，价值连城的国宝统统掠走；二可恨，人拿不动的就用牲口搬；三可恨，运不走的就任意毁坏。四可恨，放火，让圆明园变成了灰烬。为了进一步理解解读可"恨"，齐读课文最后一段。

于永正老师显然打破了习惯的文本解读思路。研读从最后一段开始，从触发读者情感最为强烈的语段开始读起。这样倒推式阅读教学，其用意是承接学生初读的阅读体验"恨"展开阅读，按照"恨"的逻辑内容解读文本，利于激发学生的爱国情感，激发学生的情绪投入。于老师，围绕一个"恨"字，将"恨"这一核心情感放大，让爱国主义情感，在学生心里激荡，在心里扎下坚定不移的根。于老师在语言层面带领学生建构了情感意义，通过文本进行的爱国主义教育始终走在了语文的路上。这样的文本，很容易重视情感意义的落实，而忽视语文思维的提升、语文能力的培养，于老师的教学给了我们有益的启发。

这个环节师生研读生成了真实的阅读体验。但是稍显遗憾，有一个细节未做强调，那就是两个时间点："1860年10月6日，英法联军侵入北京，闯进圆明园。""10月18日和19日，三千多名侵略者奉命在园里放火。"具体交代时间，并且反复强调，意味颇深。"1860年10月6日"放在结尾的段首，"10月18日和19日"段中郑重提出，这两组数字是有其语言张力的。

特定语境中强调具体的时间，其用意往往是凝重而深厚的。比如，恩格斯的《在马克思墓前的讲话》的开头，就强调了马克思逝世的时间："3月14日下午两点三刻，当代最伟大的思想家停止思想了。让他一个人留在房间里不过两分钟，等我们再进去的时候，便发现他在安乐椅上安静地睡着了——但已经是永远地睡着了。"强调具体时间，"3月14日下午两点三刻"，这一刻似乎定格在人们心中，其中压抑凝重的感情，蕴藉悠远。这里的时间交代，显然有其特别的意味，应该引起重视。文中的两处具体的时间，似乎不经意，其实情感浓烈，是怒不可遏、是控诉、是呐喊、是沉痛的告诫，告诫我们牢牢记住这个耻辱的时刻，告诫我们要激发我们的民族自尊心，要肩负起爱国的使命和责任。情到浓时，无以言表，作者用这样一个沉痛的数字告诉我们，这是每个中国人都应牢牢记住的数字。这两个时间点意义深厚，教学时应做细致的解读，且带着学生反复朗读，学生就能体会到作者的用意。

师：请告诉我，为什么英法联军毁了一座圆明园，就激起我们那么大的恨，那么大的怒？读课文2、3、4自然段，用一句话回答问题，边读边做记号。要会读书，会读书的人能把三段话读成一句。如果你发现了请做记号。这三个自然段，总起来写了什么？

师：一边读，一边思考，"读书切忌在慌忙，潜于功夫兴味长"，要静心、专心读书。（教师指导）

师：为什么英法联军毁了一座圆明园，就激起我们那么大的恨？

生：因为它是当时世界上最大的博物馆、艺术馆。

师：书读了一半。

生：因为圆明园不但建筑宏伟，而且收藏着最珍贵的历史文物。（板书：不但……而且……）

师：看黑板，这就是2、3、4自然段告诉我们的。它不但建筑宏伟而且是最大的博物馆、艺术馆，收藏着最珍贵的历史文物。所以它毁灭了，使每一个中国人痛心，使每一个中国人都会对英法联军、对当时腐败无能的满清政府痛恨，读一读，这叫会读书，告诉我，课文哪几个部分写的是建筑宏伟？谁来读，请你读。

师：停，大家想象一下，它由三个大圆组成。大家一起读，它由哪三个大圆组成？

（生齐读）

师：停，想象这三个大圆周围有许多小圆，这就叫什么？

生：众星拱月。

师：这一段主要写圆明园的什么？

生：圆明园的地理位置。

师：还可以怎么说？

生：圆明园由三个大圆和三个小圆组成。

师：继续读。

师：这两节重点介绍了圆明园的建筑宏伟，里面用了两个"有……也有……"，谁站起来把第三自然段读一读。

（一学生读这一节）。

师：停，蓬莱瑶台，有知道的吗？

生：我在电视上看的，说蓬莱岛上住着许多神仙。

师：书上这样说的，海上有三座神山，其中一座叫蓬莱，一座叫方丈，还有一座叫瀛洲，神话传说中说的，海上三座神仙住的山，其中一座叫蓬莱。瑶台你懂了吗？就是山上的建筑，神仙住的地方。这是根据古代诗人的文章，神话传说中的景物来建造的，这是想象。

师：武陵春色，有懂的吗？我看谁书读得多。

师：张家界的武陵源是根据陶渊明的一篇文章《桃花源记》来命名的。这一部分是根据古代诗人的诗情画意建造的，是想象。继续读。

师：流连其间——，读。

师：你再读一遍，不要着急，第三遍读不好还有第四遍，再读一遍。

师：我给你拿着，读——

师：不是很好，看来人与人需要互相帮助。读了五遍终于读好了。掌声鼓励一下。（掌声）请坐，读不好是正常，一遍读好了是超常。三遍读不好是正常。

师：同学们，如果圆明园现在还完好地保存着，你会以一种怎样的心情去读2、3段？

（学生自由读）

生：我会以十分自豪、十分高兴的语气去读。

师：请你以自豪的语气把第3自然段读一读，注意把自豪的语气读出来。开始读。

师：我发现这位同学的表情非常好，真是非常自豪。请你站起来读，表现跟刚才一样。

师：真好。可惜圆明园被英法联军毁灭了，让我们记住这一天——1860年10月6日，把书拿起来，再次读这一段，把我们的恨、怒读出来，读——

师：我发现每位同学的表情都在告诉我，你们心中燃烧着恨。如果圆明园的文物还完好无损地放在那儿，我们应该以怎么样的心情读第4自然段？

师：最后一句再读一遍。

师：如果它完好无损地保存着，我们每个中国人现在看了该是多么自豪。可惜，它被英法联军掠走了，搬走了，毁掉了。让我们记住这一天，1860年10月6日，这是中华人民的国耻，拿好书读。1860年，读——

师：记住中华民族的奇耻大辱。

评 析

第三步，研读"恨"的原因。读2、3、4自然段，明确了"恨"之痛的原因。因为圆明园是当时世界上最大的博物馆、艺术馆，收藏着最珍贵的历史文物，它毁灭了，每一个中国人都会对深切痛恨英法联军，痛恨腐败无能的满清政府。这个教学环节，师生细读了圆明园的地理位置，圆明园的建筑宏伟。研读完之后，再次朗读课文的2、3段，启发学生："如果圆明园现在还完好地保存着，你会以一种怎样的心情去读2、3段？"以自豪的语气把第3自然段读一读，然后再次朗读最后一段，英法联军火烧圆明园的段落。

这段的教学设计丝丝入扣的。围绕"恨"的情感脉络，呈现出来逻辑上的层递的关系，利于儿童语文思维的培养。以"恨"为解读文本的脉络，解读了课文的主体部分。从产生"恨"的原因的角度，认识圆明园的建筑特点，结构布局、珍贵的收藏、宏伟瑰丽的风格。美到极致而惨遭毒手，"恨"必油然而生，产生了更为强烈的情感体验。为了加深情感认识，又进行了对比朗读，想象圆明园没有被毁灭自豪地朗读这段描写圆明园宏伟建筑的语段，然后再朗读英法联军火烧圆明园的段落。这种朗读，造成对比情绪，学生的情感体验就更上一层了。

这部分应该是教学的重点，就教学设计来讲的确有其匠心。体现了于永正老师对语文学科核心素养教学的坚守。但从教学实录师生互动的环节来看，还存在一些遗憾。

本文是一篇小品文，有清楚的说明逻辑，同时也有准确典雅的语言，这些都是教学的重点。就说明逻辑来说，于老师用倒推的方式研读文本。这种讲法，把课文的说明逻辑阐述清楚了，但是小品文准确典雅的语言尚品味不够。前面的教学环节，对课文的结尾段的语言品味较为充分，但是这部分显然不够。与课文内容相关的知识纠缠较多，语言层面的研读不够细。比如：关于"蓬莱瑶台"教师做了详细的解释，且延展到古代传说中的三座神山；还有"武陵春色"的地理位置，及其相关的传说。这些内容都不是理解课文的重点，不过是介绍圆明园的众多景观中的两个，可以让学生自己课下查阅，或者课前发学案的时候介绍，不必耗时讲解，即使讲解也应是一语带过。很多老师习惯于这种就课文内容做知识化讲解，比如讲史铁生的《秋天的怀念》，就要认真地讲讲肝癌的知识。无可否认，这些有关于生活知识、文化现象的拓展，有益于理解课文内容的理解，但是呈现的方式应该有策略，毕竟这不是学习的重点。

第三自然段，细腻地描绘了昔日里圆明园的辉煌。第三段用语非常精炼优美，余映潮老师认为这段"堪称绝妙的描述之笔"，"作者运用生动的句式、精致的语言、例说的手法，多角度地将圆明园的瑰丽辉煌带到了读者的面前"，"富于情感，不论是描述还是议论，都充满着抒情色彩，情感深沉，爱恨交织，感人至深"[①]。但教学中，对这段"堪称绝妙"的语言品读不够，这段语言有多处可为学习的典范，可用来做模仿训练。比如于老师提到的描写圆明园建筑宏伟用的两组句式，"有……也有……"（有金碧辉煌的殿堂，也有玲珑剔透的亭台楼阁；有象征着热闹街市的"买卖街"，也有象征着田园风光的山乡村野），这句式就可以用来模仿做语言训练，在假设"如果圆明园现在还完好地保存着"，以自豪的语气朗读之后，将品读的自豪的情感用这种句式表现出来，学生既学习了复杂而典雅的语言表达方式，也可以将阅读体验述诸书面语言，进一步提升认识。

---

① 余映潮.说说《圆明园的毁灭》的教学[J].语文教学通讯小学版，2018（12）：50.

第二课时

一、渲染召唤情感，进行读写训练

师：我发现同学们有两大优点。第一，读书非常投入，越读越好，越读越懂，感情越真挚。第二优点，读书会做记号。有许多同学把第2、3、5段画了许多波浪线，而且有人在旁边写了一句话。喜欢第三自然段的能不能把原因告诉我。

生：因为这一段主要讲了我们中国各个地方的美丽景色。

生：圆明园很美丽，它是中国劳动人民艺术、智慧的结晶，是中国人民的骄傲。

师：好，这是他说的几句话。这就是会读书。这一点给我留下深刻的印象。我还知道为什么有的同学在第五段做了记号，因为你读了两恨：一恨，英法联军；二恨，满清政府。这两点给我留下深刻的印象。继续上课。

师：课文2、3、4、5段都读了，唯独第一自然段没读，谁站起来读给大家听一听？

师：一齐把这一节读一读。

师：圆明园的毁灭仅仅是个损失吗？（板书"？"）你对作者对这一部分的议论有意见吗？同学们，听我说，英法联军，还有后来的八国联军，他们用中国人发明的指南针指引着他们的舰队不远万里驶入中国领海，用中国人发明的火药制成的枪弹、炮弹屠杀中国人，然后，逼迫满清政府在中国人发明的纸上签订不平等条约——割地赔款。这仅仅是损失吗？我想每一个中国人读了这篇课文一定有很多话要说。对自己，对别人，甚至对至今还在搞霸权主义的国家说。把此时此刻要说的话写下来，待会儿交流交流。愿意对自己说的对自己说，愿意对别人说的对别人说。（师巡回看）

师：看了课文的插图，那样好的皇家园林变成残垣断壁，你难道不想说什么吗？

师：（边走边问）有写诗的吗，咱们班有诗人吗？

师：把自己写的意思读出来，读出你的情。再读一遍，发现问题自己改。（请坐端正）我们交流一下各人的感受。

评析

第二课时，主要完成小练笔和背诵训练。两项训练都紧紧围绕情感认识来训练。

下达写作任务之前，先调动写作的情感投入。做了三次铺垫，每一次铺垫都是写作训练的情感召唤。

第一次情感召唤，总结课文主体部分，让学生再次感受圆明园作为皇家园林众星拱月式建筑的恢宏之美。金碧辉煌的殿堂，玲珑剔透的亭台楼阁，还有仿照各地名胜的建筑，以及最珍贵的历史文物、奇珍异品，唤起学生对中华文化的自豪感。然后再阅读第五自然段，再次激发对圆明园化成了一片灰烬的"恨"。强调两恨，一恨，英法联军；二恨，满清政府。爱与恨，自豪和愤怒，对立的情感，激发学生欲罢不能的情感体验。

第二次情感召唤。朗读第一自然段，启发深思。第一自然段只有一句话："圆明园的毁灭是祖国文化史上不可估量的损失，也是世界文化史上不可估量的损失！"这句话，是全文的总起，凝结着不可遏抑的强烈情感。于老师将这句话的解读放在文本解读的最后，读写训练之前，用意显然是召唤学生的情感。由此，进一步启发学生：英法联军，还有后来的八国联军，用中国人发明的指南针指引着他们的舰队不远万里驶入中国领海，用中国人发明的火药制成的枪弹、炮弹屠杀中国人，这仅仅是损失吗？对惨痛的历史追问，让学生深入思考历史，激发学生的爱国情感。"每一个中国人读了这篇课文一定有很多话要说！"于老师召唤学生：有热血的中国人都必有一腔愤怒要控诉！

第三次情感召唤。利用插图，渲染情感。"那样好的皇家园林变成残垣断壁，你难道不想说什么吗？"学生自由写作。

写作训练是否能够顺利开展，关键在于学生是否有"写我心"的主观意愿。有了迫切表达的需要，写作就会灵感迸发，就会一蹴而就，所以，激发写作的主观情感，是不可小觑的环节，如潘新和教授所说："激情是驱使学生写作的酵母，教师必须设法激起学生的写作激情……教师除了应该教给他们摄取生活素材的本领外，还应该在他们的前写作阶段或者写作当中，设计一些环节来调动他们的情绪。"[①]这节课，前面的教学环节围绕"恨"做了充分的解读，这个环节层层铺垫激发"恨"，再做三次情感召唤，学生群情激奋，教师这才布置写作任务。所以我们看到学生的小练笔，感情充沛，语言铿锵有力。

圆明园的毁灭不仅仅是中国及世界文化史上的一种伤害，一种深刻的教训。帝国主义，罢手吧，这是世界每个渴望和平、渴望平等之人的呼唤。我最想对自己说的是：落后就要挨打，朋友们，站起来吧，让我们的祖国更加强大起来吧！

我恨，他们凭什么在中国的领土上烧杀抢掠；我恨，当时的满清政府为什么那么无能。团结起来吧，用我们的行动告诉那些狂妄自大的人们：今天的中国很强大，明天的中国更强大，让帝国主义在我们面前发抖吧！

① 潘新和.新课程语文教学论[M].北京：人民教育出版社，2005：292-295.

从学生写作的内容看，学生情绪被充分调动起来了，表达了对帝国主义的愤慨，洋溢着强烈的爱国热情。但是议论的角度，还是比较单一，如果小练笔的任务情境设置再具体一些，学生写作的内容会更丰富。

二、背诵，将圆明园刻在心中

师：同学们说的话，表达了所有中国人共同的心声，英法联军可以把圆明园从中国的版图上抹掉，但是，圆明园将留在每个中国人的心中。我建议每个人把第三自然段背诵下来，让这举世闻名的皇家园林永远留在我们心里。我给大家四分钟的时间，背的时候注意这些关联词。先记住有什么也有什么，下面依照什么，根据什么，概括不仅有什么还怎么样，最后写游览的感受。记住这些关联词，记住层次有助于你背诵。

师：提问背诵（环节略）。

师：英法联军可以把圆明园从中国的版图上抹掉，却不能从中国人民的心中抹掉。

评析

要求学生把第三自然段背诵下来，让这举世闻名的皇家园林永远留在我们心里。背诵环节的教学，教师做了学法指导。背的时候注意关联词，记住关联词，就是记住了抒情的层次，遵循语言的逻辑顺序，有助于提高背诵的效率。

课文第三自然段：

圆明园中，有金碧辉煌的殿堂，也有玲珑剔透的亭台楼阁；有象征着热闹街市的"买卖街"，也有象征着田园风光的山乡村野。园中许多景物都是仿照各地名胜建造的，如，海宁安澜园，苏州的狮子林，杭州西湖的平湖秋月、雷峰夕照；还有很多景物是根据古代诗人的诗情画意建造的，如蓬莱瑶台，武陵春色。园中不仅有民族建筑，还有西洋景观。漫步园内，有如漫游在天南地北，饱览着中外风景名胜；流连其间，仿佛置身在幻想的境界里。

评析

这个教学环节设计得非常有意义。背诵重点段落，是语文教学的传统做法。很多教师，都会把这样的训练，放在课后作业环节。于永正老师要求课内完成，并且做了具体的指导。

首先课文的第三自然段，集中描写圆明园建筑的一段，整句散句错落有致。有整齐有致的句式："有金碧辉煌的殿堂，也有玲珑剔透的亭台楼阁；有象征着热闹街市的'买卖街'，也有象征着田园风光的山乡村野"；有清晰的逻辑：有序地列举了圆明园的风格迥异的殿堂和亭阁、街市山乡风光；有精当的抒情："流连其间，仿佛置身在幻想的境界里"；有缜密的复句："有……也有……有……也有……"这段语言，整散结合、逻辑缜密、抒情精当、语言典雅，是学习的典范。多背诵这样典范的语言，可以逐步培养学生的语言能力。

课程改革初期被诟病的"无效语文"，最为突出的表现就是，课堂热热闹闹，课后什么都没记住。如何判断"有效"还是"无效"？最简单的一点，看学生收获了多少有效信息。背诵，虽然常被一些教育专家诟病为机械记忆，但是，无可否认，背诵是收获有效信息的一种传统学习方法。在公开课上，能够坚守传统学习方法，我们对于永正老师务实踏实的教学态度肃然起敬。

三、结课：堂堂正正写字，堂堂正正做人

师：今天，我又发现大家很会背书，很会写文章。下面请大家认真读、看课文后面的生字，这就是字帖。什么叫读帖，就是认真观察，每一笔的笔顺，起笔、落笔。边观察边书写。不出声，看在眼里记在心中。读完了，请观察这四个字：苏、艺、奉、唐。现在推荐四个小书法家上来分别写这四个字。

师：字写得好得红圈。

师：这个字哪里圈红的？要圈就圈这里吧。（在"艺"字的折处圈了一下）

师：下面看于老师写一个苏，江苏人要把"苏"写好；艺，上面小一点，下面大一点；奉，一撇一捺要写得夸张一点。请大家坐好，我送大家一句话："堂堂正正地写字，做堂堂正正的中国人。"（师生交流）

师：下课。

评析

结课，指导学生完成课后写字习题。写字教学不忘方法指导，指导学生写字要"读帖"，介绍读帖的方法。将学书的方法介绍给学生，对写字教学非常有意义。写字和学书法一样，都需要理解字，观察、揣摩是学书之道，自然也是学写字之道。

"堂堂正正写字，堂堂正正做人"，由写字的要求升华到做人的道理，寄托了教师的厚重期待。

【总评】

执着地行走在语文路上

通过这节课，可以管窥于永正老师对语文教育的热情。这节课，我们看不到当下小学语文存在的一些浮华的形式问题，每一个教学环节，都是以语文知识传授，语文能力培养，语文思维提升，语文情感培养为目标而设计教学活动，是一节踏踏实实落实语文教学目标的课。

教学中的一句话都是为语文而言，为学生而言。潜心学习于永正老师的课例，肃然起敬，深深感动。

每个教学步骤都行走在语文路上

每一个细节，都是植根于学生的语文素养的培养。当下，小学语文教学，总是会有这样那样，无意识地游离语文教育、游离学生学习的教学内容、教学设计，或者教学行为。在于老师的课堂上，我们看不到任何游离学生学习的教学活动，这是最为宝贵的启示。尤其是一些常被教师们忽视了的教学细节，或者教学内容，于老师总是细心发现其中的教育契机。如前面分析过的写字辅导中的"读帖"细节，批注阅读的要求等等，每个环节都要设计能力培养的活动，即使是三两句话的指导，教师也要关注学生的学习，遵循学生思维发展、能力形成的规律，引导启发。所以，几乎每个教学环节，都可以发现于永正老师缜密的思考。

在语文学习活动中进行情感教育

本课教学内容，洋溢着爱国主义情感。于老师时时关注情感目标的落实，但是情感教育始终不离开文本，不离开语文学习。将情感教育融入语文学习活动中，且贯穿始终。

文本理解抓住"恨"这一核心情感，理解文本内容，体会课文中包含的情感意义。识字写字教学不失时机地进行情感教育，启发学生堂堂正正地做人；背诵课文要做到让圆明园刻在心里；读写训练，多角度召唤情感。通过各种学习活动落实情感教育目标，没有教化色彩，没有脱离文本、脱离语文学习活动。情感教育是润物无声的，渗入心灵深处的情感教育。

学习方法指导贯穿教学始终

课程改革强调学会多种学习方法，课程标准要使学生"了解多样的学习方法，掌握基本的学习方法，根据需要有针对性地采用适当的学习方法"。教会学生学习方法，才能做到"教是为了达到不需要教"的目的。但语文学习的学习方法指导，一直不被重视，其主要原因是，语文学习的方法不像自然学科往往有规律可循，语文的学习方法往往比较模糊。语文学习方法的不确定性，导致了语文学习方法指导的缺失，出现教与学的脱轨的问题。

于永正老师非常重视学习方法的指导。比如研读文本，学生自读课文时要求学生批注，做了如下指导："边读边做记号。要会读书，会读书的人能把三段话读成一句。如果你发现了请做记号。"这三个自然段，总起来写了什么？"一边读，一边思考，'读书切忌在慌忙，潜于功夫兴味长'，要静心、专心读书。"课堂背诵环节，做了背诵指导："背的时候注意这些关联词。先记住有什么也有什么，下面依照什么，根据什么，概括不仅有什么还怎么样，最后写游览的感受。记住这些关联词，记住层次有助于你背诵。"做课后生字练习题，介绍"读帖"的要求，"认真观察，每一笔的笔顺，起笔、落笔。边观察边书写。不出声，看在眼里记在心中。"

这些指导看似简单，但学生掌握了这些学习方法，对以后的学习会有很大的帮助。于老师启示我们：教学中要不断总结语文学习的方法，教给学生多种学习方法。学生掌握了多种学习方法，才能形成自己有个性的学习方法，进而学会创新。

但是，学法指导要细，要重视语文认知规律和思维规律，要讲得透，尽量不要说道理，要说具体操作的策略或者方法。比如于老师，指导学生快速记忆，提示学生关注关联词，其实就是提示学生背课文的时候要关注句子间的逻辑关系。这样的指导就是具体的。

学法指导贯穿始终，是于老师的教学特点。

学法指导，还须语文教师不断提升专业素养，方能保障学习效率。

做个会讲故事的人

——蒋军晶《文成公主进藏》教学评析

《文成公主进藏》是人教版小学四年级的课文，是一篇民间故事。民间故事的教学要把握民间故事的文体特点。

首先，每一个民间故事都是不同时期的社会生活的折射。如孟姜女哭倒长城，反映了秦始皇时期，劳役繁重，百姓苦不堪言的背景下，一个贫民女子的爱情悲剧，表现了百姓的怨恨和抗争的心理。木兰从军这个民间故事反映的是南北朝时期北方民族，尚武爱国的精神，花木兰是人民的理想化身，集中了人民崇尚的淳朴、高洁、勤劳、善良、机智、勇敢、刚毅和淳朴的优秀品质。《文成公主进藏》是以历史为依据的民间故事。李世民的统治时期，出现了"贞观之治"的盛世。松赞干布仰慕盛唐，奉表求婚。唐太宗将宗室女文成公主下嫁给松赞干布。这次联姻表现了盛唐经济繁荣，民族融合形势，反映了各民族人民向往和平生活的美好愿望，也反映了百姓对文成公主的崇拜和爱戴。

其次，民间故事渗透着民间信仰。民间故事得以代代流传，其中蕴含着民间信仰。"故事中超脱时空的曲折奇幻情节，往往与民间信仰有关"[1]，中国经历过漫长的封建社会，阶级的压榨，官商的凌压，战争的烽火，自然灾害的侵袭，诸多磨难，在民间故事中都会有直接或者间接的表现。但民间故事总会以各种形式寄托着百姓对美好生活的向往和追求，使故事所表达的积极乐观精神更为深厚有力，"善人善报，恶人恶报"的因果报应、"好事多磨"的乐观心态，往往是民间故事表现的精神品格。文成公主进藏，一路遇到的艰难险阻，在民间故事中，化作了浪漫的情节，文成公主美好形象深深植根于汉藏人民的心里，甚至成为一种文化崇拜，与布达拉宫一起屹立成为风景。

再次，民间故事蕴含着民间审美情趣。我国民间故事情节性强，受古代"叙事文学传统悠远深厚，除口头故事之外，魏晋时期的志怪小说、唐代变文、宋人的说话及话本、明清时期的短篇及长篇小说"，"还有面向大众的说唱和戏曲艺术"的影响，崇尚"一唱三叹""一波三折"的曲折之美，在多重起伏中强化叙述效果。《文成公主进藏》这个民间故事虽不长，但是亦波澜迭起，先是唐朝皇帝两次考验吐蕃的使臣，然后才同意答应了松赞干布的请求。文成公主带上很多铁匠、木匠、石匠还有种子等浩浩荡荡出发，路上磨难纵生，无法涉过的河，乌

---

[1] 刘守华.中国民间故事结构形态论析[J].广西民族学院学报，2002（5）：47-49.

鹅的阻挠，横亘的山等。困难重重，文成公主用她不同寻常的智慧，还有神鸟天鹅的相助和鼓励，最终到了西藏。

了解文本体裁特点，才能准确把握教学的重点。就民间故事来说，教学要考虑故事的内容，故事的情节结构设置，故事的文化意义，故事的审美意识等诸多内容。教师须将文本解释透彻，才能恰当地将文本解读的内容合理地转换为教学解读。蒋军晶老师教学被赞誉为"极简主义"阅读教学，如果这个"极简"的说法成立，那么我们可以理解为，教师举重若轻，将《文成公主进藏》的阅读价值，以儿童容易接受，儿童喜欢学习的方式，能够启发儿童的语文思维的形式，简约地呈现给学生。

下面就教学具体环节，分析蒋军晶老师如何在教学过程中将教师的透彻的文本解读合理转化为教学解读，并渗透于有效的学习活动之中。

一、记住，这是一个民间故事①

师：很高兴来四（3）班上课，今天我们一起来读一个故事。这个故事的名字叫——

生：文成公主进藏。

师：这个故事的作者是（手指板书）——

生：蒋军晶

师：各位，蒋军晶是我（笑），我可不是这个故事的作者。但是，我还是要追问你们，这个故事的作者是谁？

生：（低头看注释）《藏族民间故事选集》。（笑）

师：这是一本书，作者是人。

生：上海文艺出版社。（笑）

师：那是出版社。你知道？

生：是文成公主。（大笑）

师：胡说，还松赞干布呢。（笑）

生：是老百姓。

师：对啊，这是一个民间故事（板书：民间故事），民间故事是没有具体的作者的，所以你们在注释里也找不到的。如果一定要作者，那就是当时的老百姓，民间故事是口口相传的故事，是我讲给你听，你讲给他听。是爷爷讲给爸爸听，爸爸讲给儿子听，就这样越来越多的人知道这个故事，传了一代又一代。

---

① 蒋军晶.《文成公主进藏》课堂实录[DB/OL]. https://xiaoyu.pep.com.cn/xxsx_176835/xxsxwd/201406/t20140619_1330909.html.

评析

导入课，通过和学生聊课题让学生明确民间文学的一个特点：民间创作。导入用了"曲问"的提问方法，绕了个圈子问学生"故事的作者是谁？"学生习惯性地到课文下面的注释里去找作者，然后回答：《藏族民间故事选集》。教师进一步启发学生：这是书名，作者应该是人。学生有点摸不到头脑了，就回答：上海文艺出版社。这时候教师才明确：这是一个民间故事。民间故事是没有具体的作者的。如果一定要作者，那就是当时的老百姓，民间故事是口口相传的故事，是我讲给你听，你讲给他听。是爷爷讲给爸爸听，爸爸讲给儿子听，就这样越来越多的人知道这个故事，传了一代又一代。看是闲话课题，却是强调民间文学的文体知识：民间创作。是一代一代人口口相传的故事，是一代一代人的情感和智慧的结晶。蒋老师以轻松愉快的对话方式，于无疑处设疑，加深了学生的认识。

将文体知识以对话的方式讲给学生，"曲问"加深了学生对文体的认识。这种无丝毫设计感的教学艺术，是专业沉淀后的常态呈现。

二、这是一个藏族的民间故事

师：这个民间故事还有一个特点，这是一个少数民族的民间故事。是哪个民族的故事呢？

生：是藏族的故事。

师：你们怎么知道？

生：我是从《文成公主进藏》的"藏"字推测的。

师：真聪明，这个藏就是"西藏"的"藏"，是"藏族"的"藏"。所以在这个故事里面有好多藏族的人名、地名，下面请快速浏览课文，只要看到藏族的人名地名就把它圈出来。

（学生圈画）

师：藏族的人名有一个，地名有好多。画好的自己在座位上把词语读一读。

（生读词语）

师：谁来读这个人名？

生：松赞干布。

师：跟他一起读，那一个字儿念"干"，读得很准确。

（生跟读）。

师：地名呢？每人说一个，最好从前往后说。

生：青藏高原。（这是世界上最高的高原）

生：吐蕃。（"蕃"字念得非常准确）

生：路纳。

生：达尤龙真。（四个字的地名读的时候要连贯一点）

生：乃巴山。

生：拉萨。

师：来，我们把这些词语连起来读一读。这个故事讲的是文成公主经路纳，过达尤龙真，翻过乃巴山，走了一程又一程，最后来到吐蕃的中心城市拉萨，见到了松赞干布，从此，他们幸福地生活在一起。（笑）

师：这是一个"困难型"的民间故事，这类故事就是讲主人公遇到困难、解决困难的过程。来，你们也像蒋老师这样，把这个故事的梗概说一说。

生：（一孩子讲，讲得挺连贯）

评析

这个教学环节教师设计的教学活动，让学生轻松把握故事的叙事脉络和结构。

首先明确这是藏族的民间故事。既然是藏族的民间故事，故事里面就有很多藏族的人名、地名，要求学生浏览课文，圈出课文中的藏族人名和地名，然后把这些词语连起来读。把这些词语连起来，文成公主进藏的路线图就能理清了。

理清课文的思路，是深入研读课文的基础。传统的语文阅读教学，总是难以摆脱划分段落结构的教学活动。但是学生从三年级开始就划分段落结构，到了小学毕业也搞不清楚如何划分段落结构。这是因为文章的结构体现着作者的思路，而每个作家写作的思路是不一样的；即使同一作家，所表现的内容不同、情感不同，写作的思路也不会一样。所以文章脉络结构无确定的规律可循。反复训练，划分段落结构，最后就成为面目可憎的语文学习活动。那么如何理清课文的思路，把握文章的结构？这就要根据不同的文本内容和结构设计教学活动。蒋军晶老师带领学生理清文章思路的方法显然很巧妙。蒋军晶老师以几个地名和人名为切入点，设计教学活动，让学生轻松地完成学习任务。摈弃了概括段落结构，将文本风干成抽象的几条概念化的结论的教法。

教学设计的任何一个灵动之处，都应有深厚的专业背景的支持。这是源于教师对文本透彻的理解，"没有对文本的深入解读，根本不会有课堂上的'浅出'，没有对文本的深入解读，教师能带领学生在语文的外围兜圈子"①。教师的解读

① 蒋军晶.老师，让我们学会解读文本[J].小学语文教学参考，2007(7):18.

要努力响应学生解读视角的召唤，预设儿童的心理体验、思维方式设计教学活动。这就是蒋军晶老师的"极简主义"的教学追求。

三、这是一个"困难型"的藏族民间故事

师：民间故事有一个特点，容易讲，也容易记住，否则就没法流传啊。这个故事有没有这个特点呢？我们来检验一下。

师：来，我们先看其中一个情节，自己先读。(PPT打出一个自然段)。

文成公主过河以后，一只小鸟飞来，说："公主，公主，这儿是片沼泽地，不好走。"文成公主听了，剪了一把羊毛撒在地上，就走过去了。大家说，因为文成公主撒了这把羊毛，所以路纳这个地方的牛羊一直都长得又肥又壮。

生：(生读)

师：哇，每个同学都读得那么认真，奖励你们再读一遍。（笑）

生：(再读一遍)

师：你们现在读了两遍了，请看幻灯片，上面什么字也没有了(打出一张空白PPT)，你们能把这段故事讲出来吗？举手的同学寥寥无几啊。这样吧，老师来试试看，如果待会我讲不出来你们帮助我好吗？

生：(纷纷点头，表示乐意)

师：文成公主过河以后，一只小鸟飞来（停顿）……这只小鸟好像说了一句话，说了什么呢，我忘了，谁能帮我。（板书：小鸟说——）

生：一只小鸟飞过来说——"公主，公主，那儿是片沼泽地，不好走。"

生：一只小鸟飞过来说——"公主，公主，那儿是片沼泽地，不好走，你回去吧。"

师：哎？两只小鸟都连叫两声"公主，公主"，为什么？

生：连叫两声是表示小鸟很着急，小鸟希望公主安全。

师：所以啊，你们在说的时候，小鸟着急的语气还是要说出来的。继续……

生：一只小鸟飞过来说——"公主，公主，这里是片沼泽地，不好走。"

生：一只小鸟飞过来说——"公主，公主，这里是沼泽地，你走不过去的。"

……

师：哎？刚才很多小鸟说话了，意思都差不多，但具体字词也不是一模一样，这样可以吗？

生：可以。

师：我们背李白的《静夜思》都要求要背得一模一样——床前明月光，疑是地上霜。为什么讲故事的时候就可以有点不一样呢？

生：读诗的时候每个字包含很多意思，但是讲故事的时候有些词语可以用另

外的词语代替，只要大致意思一样就可以了。

生：讲故事只要把大致意思讲清楚就可以了。

师：哪怕同一个人讲，今天讲和明天讲也不可能一样。所以，讲故事，只要意思对就可以了。好，我们继续往下讲。遇到这么大的困难，公主有没有退缩？（没有）是的，她没有退缩，只见她——（板书：只见她——）

生：只见她——从她衣服上剪了一把羊毛就过去了。

师：文成公主衣服上哪来羊毛？（笑）

生：只见她——剪了一把羊毛撒在沼泽地上就过去了。

生：只见她——剪了一把羊毛撒在地上，就轻轻松松过去了。

生：只见她——剪了一把羊毛撒在沼泽地上，过去了。

师：后来这个地方还发生了很大的变化，一直影响到现在，（板书：从那以后——）那个地方到底发生了什么变化呢？

生：从那以后——那里的牛羊长得又肥又壮。

生：从那以后——路纳这个地方的牛羊长得又肥又壮。

生：从那以后——那里的牛羊长得又肥又壮。

……

师：我们一起来配合完成讲这个情节。在半路中，文成公主和她的随从遇到了一片沼泽，一只小鸟飞过来，它对文成公主说——

生：公主，公主，这里是片沼泽地，飞不过去的。

师：但是文成公主并不退缩，只见—她—

生：从羊身上剪下来撒一把羊毛就过去了。

师：从那以后——

生：从那以后，那里的牛羊就长得又肥又壮。

师：刚才我们是合作把这段故事讲完的。你一个人能不能把这个情节讲下来？

生：（认真练习，然后请一个孩子单独来讲，因为前面练习得比较充分，学生顺利讲完）

师：难道在进藏之路上，阻挡他们脚步的只有这一片沼泽吗？（板书：一片沼泽）还有什么？

生：还有一条河。（板书：一条大河）

生：路上一座乃巴山挡住了他们。（板书：一座高山）

生：还有一只可恶的乌鸦说了坏话。（板书：一只恶鸟）

师：你们"一片沼泽"这个片段已经会讲了，其他情节会讲吗？这样好不好，你自己再去读读相关的段落，练习讲一讲好不好？

生：（学生读书练习，大概准备了5分钟）

师：蒋老师讲"一片沼泽"这个片段时，怎么也记不住，是你们帮助我。但是现在蒋老师进步了，其他情节我读了一遍就能讲了，你相不相信？

生：相信！

师：这么信任我？要不要检验一下？你们随便点，你喜欢听哪一个，我就讲哪一个。

生：一条大河。

师：请听我讲——文成公主和她的随从在半路上遇到一条河，这时候一只小鸟飞过来，小鸟飞过来对公主说："公主，公主，这条河很宽，过不去的，你还是回去吧。"文成公主可没有退缩，只见她找了一截树干横在河上，结果树干就变成了一座桥，从此那座桥就叫作内地桥。（掌声）

师：还想听哪一段呢？

生：我还想听"一座高山"这一段。

师：请听我讲——半路上文成公主和她的随从遇到了一座高山，这时候一只小鸟飞过来说："公主，公主，这座山太高了，你还是回去吧。"只见文成公主把山往身上一背，竟然把山背在了一边，他们就过去了。从此以后那座山脚下就有公主的脚印。（掌声）

生：老师，你讲遇到恶鸟那一段吧。

师：那我就开始讲了。半路上他们来到一个叫达尤龙真的地方，这时候飞过来一只恶鸟，那是一只怪乌鸦，它说："公主，公主，松赞干布已经死了，你回去吧，见不着他。"文成公主听了那个伤心啊，只见她在一个地方住了下来，咬破自己的手指，写了血书来纪念松赞干布，右边的头发散下来也没有去梳理，从此这个地方北边的树木稀，南边的树木密。（掌声）

师：怎么样？为什么我现在读一遍这些都能基本上讲下来？我为什么进步那么快？

生：因为蒋老师你记住了关键词。

师：你所说的关键词就是"小鸟说""只见她""从那以后"这几个关键词。

生：因为你记住了这个格式，实际遇到了什么困难，然后是做法和结果。

师：民间故事就是这样，很多情节其实是有"格式"的，是有规律的。这个民间故事是克服困难型的民间故事，它的格式就是"动物来说话，公主来出手，神奇延续久"。通俗地讲，就是遇到困难，动物来说话，小鸟不说，小鱼说，小鱼不说小鸡说（笑），遇到困难以后，主人公肯定会解决困难，很多时候一个动作、一个道具就把困难解决了。解决以后，总会发生奇迹，奇迹还能延续到现在。所以这几个词跟我读一读。小鸟说——，只见她——，从此以后——，直到现在——

一条大河　　小鸟说——
一片沼泽　　只见她——
一只恶鸟　　从此以后——
一座大山

师：下面请你们自己根据这个"结构"自己练习说一说自己最喜欢的那个情节。

生：（学生练习）

师：下面请你们四人一小组合作，一人说一处"困难"，把文成公主进藏的过程连起来说一说。

生：（学生连起来讲，获得掌声）

师：既然这四段情节是差不多的，那么我们索性把其他三个困难去掉，只留下一个行不行？

生：不行，因为文成公主进藏真的遇到很多困难的。

生：这样的话，好像文成公主进藏好像很简单似的。

生：如果写一个感觉很单调，不知道文成公主在进藏的时候有多辛苦了。

生：虽然意思都是差不多的，如果不写几个，就不能体现文成公主进藏时的艰辛。必须要多些疑点，不然这个故事太单调，不丰富。

师：说得有道理。是啊，文成公主进藏遇到了很多很多困难。《文成公主进藏》的民间故事其实有很多版本。其中有一个版本提到了这"日月山"（PPT出示日月山图片、文字）。

师：从此那里的人就把这座山叫作日月山，山上的土都是火红色的，为什么会这样呢？下面请你们讨论创编。开始。

师：真的，你只要知道这个民间故事的特点，不但马上会讲，而且马上就会创编了。

生：走着走着，文成公主又遇到日月山，但是她并没有退缩，她一只手把整个山撑了起来，把它给抱到日月之中去，但是她太累了，手都磨出血来了。从此以后，日月山的土就变成红色的了。

师：讲得不错哦。但蒋老师看过的民间故事比你们多，大多数困难型民间故事的主人公克服困难不用流血，不用牺牲（笑）。

生：文成公主和她的随从们走啊走啊，遇到了非常高的一座山，小鸟飞过来说，这里这个山又高又冷你还是回去吧。只见文成公主生了一把火放在地上，从此这里的地方就被火给烤成了红色，月亮和之前一样冷，所以就叫日月山。

师：太棒了，掌声鼓励。不过蒋老师又有问题了，你们既然都认为要丰富一点、多一点，我们就多讲几个文成公主遇到困难、克服困难的情节，说8个、10个，行不行？

生：如果编8个太啰唆了，那么多艰辛，公主也撑不下来的呀。

生：虽然遇到了可能也是10个、8个，写出来会非常啰唆，后面人也记不住。

师：讲了非常重要一句话，给他掌声。因为民间故事是要流传的，如果太长记不住就没法流传起来了。真棒。

生：文成公主是有可能遇到了10个、8个很大的困难，都写出来后人会觉得很烦，记不住，传下去也没有意思了。

师：所以这么多困难，一般说故事的人会选择代表性的3个或者4个，而且3个居多。但是老百姓很聪明的，为了表明文成公主遇到的困难很多很多，他们往往会在故事里说一句话，请你把它找出来。

生：我找到的是——就这样，文成公主和她的随从们，跨过一条条大河，翻过一座座高山，走了一程又一程，终于来到了西藏。

师：是的，民间故事里这样的句子很多的。跟我来读。就这样，跨过——（生接）一条条大河，翻过——（生接）一座座高山，走了——（生接）一程又一程，走啊走，走啊走，走啊走……

评 析

这个教学环节，师生复述课文故事，讲述新故事。复述故事，是在小学叙事类文本教学中常用的方法。但是蒋老师这个教学环节，有其不同寻常的方面。复述过程融入了复述的方法的学习和民间故事的文体特点的学习，学习了"困难型"民间故事的"困难"讲述的特点，以及组织故事的方法等；并练习创编"困难"故事。

其一，复述"困难"故事，理解民间故事的文本特点。复述，是课程标准对第二学段阅读学习提出的要求："通过复述培养学生抓住课文的主要内容，脉络清晰地表述"。复述有益于培养学生信息提取能力和语言组织与表达能力。对第二学段的学生来说，培养复述能力要给予一定的帮助，比如，帮助学生列提纲，绘制思维导图，情节图、提供必要的提示等等。蒋老师带领学生做复述训练的时候，所给的提示是民间故事的叙事规律，这样，在复述过程中就完成了对民间故事的文体特点的理解。复述，这一常见的学习活动，在蒋军晶老师的教学中赋予了多维目标，给予学生丰富的有效信息。

复述，始终扣住民间故事的特点来做训练，教师首先介绍这是"困难型"的民间故事，民间故事有一个特点：容易讲、容易记住，这样才便于流传的。然后通过复述检验这个特点。复述完第一个故事，过沼泽的故事讲完之后，教师启发："难道在进藏之路上，阻挡他们脚步的只有这一片沼泽吗?"始终围绕"困难型"民间故事的特点来讲。介绍复述方法中也结合民间故事的特点讲，当教师做了两个故事的复述示范以后，总结复述规律时结合民间故事的特点讲：民间故事就是这样，很多情节其实是有"格式"的，是有规律的；这个民间故事是克服困难型的民间故事，它的格式就是"动物来说话，公主来出手，神奇延续久"。在带领学生创编新情节的过程中，在指导学生创编内容的时候，教师通过点评反复强调民间故事各方面特点，比如困难型的故事的叙事内容"大多数困难型民间故事的主人公克服困难不用流血，不用牺牲"。民间故事的叙事往往要简洁，因为"民间故事是要流传的，如果太长记不住就没法流传起来了。"民间故事的详略安排要得当："这么多困难，一般说故事的人会选择代表性的3个或者4个……为了表明文成公主遇到的困难很多很多，他们往往会在故事里说一句话"。通过复述学习活动，渗透了民间故事的文体知识。

其二，创编故事。

故事的学习由信息输入到信息输出，从认知理解到反思创新，思维由简单到复杂。教师提供材料布置创编"困难故事"的任务：文成公主进藏遇到了很多很多困难。《文成公主进藏》的民间故事其实有很多版本，其中有一个版本提到了这"日月山"，从此那里的人就把这座山叫作日月山，山上的土都是火红色的，为什么会这样呢？创编，要根据"困难型民间故事"的书写规律来写作。通过创编活动，学生加深了对困难型民间故事的理解。

四、这是一个历史上真有其人的"困难型"的藏族民间故事

师：同学们，这个民间故事还有一个特点，那就是文成公主历史上真有其人。历史上真有其人的民间故事一般是两种情况。一种情况是那个人做了很多很多坏事，当时的老百姓恨他啊，把他做的事编成故事，骂他百年千年。还有一种情况是那个人做了很多很多好事，当时的老百姓喜欢他啊，把他做的事编成故事，传颂他百年千年。《文成公主进藏》是哪一种情况？

生：是后面这种情况。

师：嗯，尽管这只是一个故事，但是，如果我们仔细读的话，还是能找到当时老百姓喜欢她的原因。请你默读，找一找，划一划。

（生默读）

生：故事里写到文成公主，既漂亮又聪明。

师：是啊，这样一个漂亮聪明、身份高贵的公主不远千里到西藏，和藏族人民在一起，藏族人民当然喜欢她。

生：故事里写到文成公主从京城带上青稞、豌豆、油菜、小麦、荞麦等种子和各种耕种技术，还有许多铁匠、木匠、石匠进藏。

师：文成公主改善了藏族人民的生活，怪不得藏族人民这么喜欢她。

生：从此，西藏和内地的往来更加密切了！也就是从那时候起，西藏有了五谷，老百姓学会了耕种和其他技艺。

生：怪不得藏族人民这么喜欢她。

> **评 析**

这个教学环节，完成两个教学任务：第一个任务是梳理和归纳《文成公主进藏》的故事类型，有真实的历史原型的"困难型"的民间故事。历史故事成为民间故事的原因有两种可能，一是历史人物做了太多的坏事，百姓恨；还有一种情况就是历史人物做了太多好事，百姓怀念他。这种梳理和归纳意识，是教师的理性认识对学生的思维启发，把高阶思维培养有意识地渗透教学环节中。

第二个任务是理解《文成公主进藏》蕴含的民间情感。民间故事的民间情感是民间故事得以代代流传的原因，是民间故事蕴含的滋养民族心理、民族情怀的土壤。也是民间故事的文化价值所在。教师在这个环节通过问题情境，完成了民间故事的情感鉴赏。教师启发学生："如果我们仔细读的话，还是能找到当时老百姓喜欢她的原因。"学生阅读发现：漂亮聪明、身份高贵的公主不远千里到西藏，带上青稞、豌豆、油菜、小麦、荞麦等种子和各种耕种技术。公主改善了藏族人民的生活。西藏和内地的往来更加密切了！等等。如此学生就理解了民间故事的思想情感。这个部分教学因问题设计合理，情感目标落实自然，不生硬，而无训诫色彩。

但是这个教学环节，如果时间充分，还可以做点拓展，比如和《昭君出塞》做互文性的解读。

五、民间故事和历史故事

师：同学们，你们刚才读的句子是真实发生过的，但是要了解更多真实发生过的事，可能要读另一类故事，那就是历史故事。想听历史故事《文成公主进藏》吗？

生：想。

师：好，我读你听。民间故事适合讲，历史故事适合读。

（《文成公主进藏》故事略）

师：听了这个历史故事以后，你问一下你自己，你是更喜欢历史故事呢，还是更喜欢民间故事。为什么？

师：请喜欢民间故事的同学起立，说说你们的理由。

生：我觉得民间故事有一点神秘的感觉，公主可以把山背到一旁，鸟也会说话。

生：我喜欢民间故事是因为民间故事的结尾是非常美好的，结尾总是男女主人公幸福地生活在一起。

生：历史故事有些细节太残忍了，我不喜欢。民间故事都是很美好的。

生：民间故事容易记住，今天这节课我基本上整个故事会讲了。（掌声）

师：这么多人喜欢民间故事，但是也有很多人喜欢历史故事啊。说说你们的原因。

生：历史故事非常真实，有更多的细节。

生：民间故事确实很有想象力，但是我们总不能老是沉浸在幻想中吧。（大笑）

生：要了解真相，还是读历史故事。

师：嗯，同学们说得很好，说了自己真实的想法，其实也说出了民间故事和历史故事的特点。平时生活中，有时我们可以读读民间故事，有时可以读读历史故事。下课。

评析

这个教学环节，将民间故事《文成公主进藏》与历史故事《文成公主进藏》做比较阅读，加深了对民间故事的叙事风格的理解，同时也了解了历史故事的叙事风格。

通过比较，学生认识到民间故事叙事模式："公主可以把山背到一旁，鸟也会说话"；"结尾是非常美好的，总是男女主人公幸福地生活在一起"。认识到民间故事的叙事风格："民间故事容易记住"。民间故事的浪漫主义色彩："有想象力"；"老是沉浸在幻想中"。历史故事叙事特点："有些细节太残忍了"；"历史故事非常真实"；"要了解真相，还是要读历史故事"。这个环节，学生已经萌生了审美意识，并尝试审美批判。这部分的阅读意义的生成，显然远远超过课程标准对第二学段学生阅读能力培养的目标。

教师课程的高度，决定教育的高度。教师的专业自觉，决定学生的学科能力的提升的高度。

20世纪60年代法国后结构主义批评家、符号家茱莉亚·克里斯蒂娃在《符号学》一书中提到："任何作品的文本都像许多行文的镶嵌品那样构成的，任何文本都是其他文本的吸收和转化。"[①]。任何一个单独的文本都是不自足的，每一文本都与其他文本相互牵连、吸收与转化。比较阅读也是遵从这种互文理论，以一种比较的视角，在互文文本的对照中领悟各自的特点，加深对文本的认识，收获更多的阅读体验，收获更多的阅读乐趣。比较阅读法是初中和高中语文阅读教学倡导的阅读方法。但是，本节课，教师带领学生做了非常有意义的比较阅读。

① 朱丽娅·克里斯蒂娃.符号学:意义分析研究[C]//.朱立元.现代西方美学史.上海:上海文艺出版社，1993:947.

【总评】

民间故事的课程意义，有多少？如何从浅显的内容中发现课程意义，这取决于教师的课程高度和教师的专业自觉。本节课是小学四年级的民间故事教学，讲的是一篇略读课文，我们看到，学生的学习收获是满满的，甚至可以说，学生所收获的学习体验，阅读收获，言语实践，远远超过课程标准对第二学段阅读教学的课程目标。

所以我们有必要认真反思蒋军晶老师的教学的启示。从一节课看教师的课程意识。

一、文本解读遵从儿童视界

当下，小学语文教学最为关注的问题是教师文本解读能力的缺失的问题，教师的文本解读能力是保证语文走在语文路上的重要条件之一。教师具备了文本解读能力，还需考虑如何引领学生走进文本、认识文本。教师不是通过教学活动的设计，将自己对文本的认识倒给学生。教师对文本的解读化作教学行为，就应该遵从儿童的视界，引导学生建构阅读收获。所谓的儿童视界，蒋军晶老师这样界定："我们成人从成人世界、成人逻辑出发，赋予故事的价值或追求，而孩子却有他自己特有的关注点，这就是儿童视界。"[①]也就是说要防止文本解读脱离儿童视界。

关注儿童的视界，教师须将自己对文本的解读，以儿童的视角，关注儿童的学习积累、学习兴趣，引导学生发现文本的意义。蒋军晶老师从儿童视角解读文本，对文本结构，由地名的推进，来发现文成公主进藏的顺序，发现故事的秩序；对"困难型"民间故事的叙事的安排，解释为：故事一般会写三个或者四个，但是"困难"的故事很多，还想写的就放在后边，用一句话交代一下……这些解读，把成人世界的文章学和鉴赏理论的术语全部过滤掉，用儿童喜欢的简洁的语言表述，将教师的深刻的解读，化作了儿童视界的解读内容，学生接受起来自然轻松愉快。

二、将学理思考转化为学习活动

本节课的成功之处是设计了系列有效的学习活动，而诸多学习活动后面都有对民间故事的学理思考为支撑。从学习任务的设置，到学习活动展开，再到学习

---

① 蒋军晶.老师，让我们学会解读文本[J].小学语文教学参考，2007（7）：21-22.

活动的总结，都包含着对民间故事的学理考察。也就是说，教师对文本的解读，不止于正确深刻地解读，还有对文本类性的追问。因为"贴紧类性的教学则是从内部防止各种文类教学的同质化。这是语文教育中的科学精神使然，也是语文教育审美天性的必然要求"。①从文本类性出发，探寻学习的规律，用学习规律指导学习活动，才能走出文本解读"同质化"的混沌教学状态。我们看到蒋军晶老师对民间故事的类性有诸多深入的思考，并从文本类型的理性思考出发，组织学生开展学习活动，让学生有法可依，有径可探。正如蒋老师所说："深入解读了文本，我们才有可能想出办法在语文教学中将知识与能力、过程与方法、情感态度与价值观三者和谐地统一起来。"②

比如，蒋老师将《文成公主进藏》这个故事定性为"困难型"的民间故事，解释为：这类故事就是讲主人公遇到困难、解决困难的过程。学习活动都是围绕"困难型"故事的特点展开。这些活动的设计，是源于对民间故事的理性认识。民间故事"困难型"故事的特点：就是动物来说话，公主来出手，神奇延续久……遇到困难以后，主人公肯定会解决困难，很多时候一个动作、一个道具就把困难解决了。解决以后，总会发生奇迹，奇迹还能延续到现在。这是对"困难型"民间故事的学理认识的通俗阐释，并以此为根据设计学习活动，有了对民间故事的类性的学理思考后，对民间故事的教学内容的择定、学习活动的推进，就有了内在的学理逻辑，学生的学习收获自然就丰盈了。

有了学理思考，蒋军晶老师"从课堂走向课程，带领孩子过一种持续的语文生活。"③这应是每个有理想的语文教师的追求。

---

① 汲安庆.捍卫语文体性的三种教育策略[J].教育发展研究，2016（10）：71.

② 蒋军晶.我的专业成长来自困惑[J].小学语文教学通讯，2016（6）：45.

③ 蒋军晶.从课堂走向课程——我的语文之路[M].长春：长春出版社，2012.

情诗在最后一句放飞

——蒋军晶儿童诗群文阅读教学案例评析

儿童诗歌是儿童文学的重要组成部分。如儿童作家樊发稼所说，"诗歌天然地和儿童有着契合关系，他们的想象方式、表达习惯和认知渠道，都有着诗的品质。"[①]儿童诗歌的教学在发展学生想象力，培养学生的审美感知力，语言运用能力方面有其独特的意义。

儿童诗作为诗歌的一种，自然要遵循诗歌鉴赏的一般规律，理解诗歌意象、体会诗歌意境美、欣赏诗歌灵动含蓄的语言。但是儿童诗歌与成人诗歌有着显著的区别，儿童诗以儿童视角抒写儿童的内心体验，往往以单纯的情感抒写儿童眼中的世界；儿童诗歌以大胆的想象，充满动感的意境，简洁的语言，明快的节奏，表现的童真童趣，给儿童美的享受。因而，儿童诗歌教学，要遵从儿童接受的心理，善于运用能够调动儿童学习兴趣的方式，调动儿童的想象，启迪学生感受美、创造美。

但是，儿童诗歌教学中，各种肢解语言，分析抽绎的形式还是存在着，儿童的情意、儿童的灵性，没有得到充分的调动。

本节课是儿童诗群文阅读课[②]，所讲诗歌有三首：台湾作家林武宪的《阳光》，台湾作家七星潭的《花一把》，蒋军晶老师自创的《我是一枝黑色的笔》。群文阅读的议题是：有意味的结尾。围绕儿童诗歌结尾的意味，发现儿童诗结尾的特点，模仿填写诗歌结尾，创作诗歌的最后一句结尾。这是一节很有创意的儿童诗歌读写课。

教学本着呵护童心，启发童思，鼓励书写的原则，培养了儿童的诗心。

一、诗的最后一句总是很特别

阳光
林武宪

阳光   在窗上   爬着

阳光   在花上   笑着

---

① 陆红霞.以童诗润泽童心[J].小学语文教学研究，2015（9）：26-27.

② 蒋军晶.最后一句诗[DB/OL].https://v.youku.com/v_show/id_XMzk0NDM0NzAxMg%3D%3D.html.

阳光　　在溪上　　流着
阳光　　在妈妈的眼里　　亮着

师：先来读一首诗，热热身。这首诗最后一句是哪一句？（生笑）是不是觉得问题有些简单，那你说。

生：最后一句诗是"阳光在妈妈的眼里亮着"。（师反复确定）

师：这最后一句诗一定要放在最后吗？我把最后一句诗放在第二句行不行？

生：不行。（纷纷喊）

师：为什么？理由说来听听。

生：我觉得前三句都有共同点，前三句都讲阳光在哪里干什么，最后一句表示妈妈的眼里是一派慈祥，把妈妈眼里的慈祥比喻成阳光。

师：我明白了，她的意思是前面三句和最后一句好像一样又好像有点不一样。我想请教大家：最后一句与前面几句有什么不一样的地方呢？（生抢着举手）举手太快，我建议再想想。（生思考）

生：前三句讲的是我们的眼睛都能看到的，最后一句讲的是妈妈的爱里有阳光，阳光同时也是妈妈的爱，最后一句是点睛之笔，如果把它换到前面的话，整个顺序就乱了。（师生鼓掌）

师：你讲得太深刻，太了不起了！她都讲成这样了，还有人举手吗？（生举手，全场笑声一片）

生：窗上、花上、溪上都是实在的事物，但妈妈的眼里是不一样的。

师：她说到这点，你也强调这点。可见，这点已经到大家心里去了。

生：前面三个是眼睛所能看到的，后面的阳光里你要用心才能体会得到。（全场鼓掌）

师：这只是个热身，我们继续读下一首诗。

评析

"诗的最后一句总是很特别"这个教学环节，是通过鉴赏儿童诗《阳光》，关注儿童诗歌的最后一句，发现儿童诗歌写作的一个特点：儿童诗歌的结尾的句子往往意味深长。

第一个教学环节，欣赏台湾诗人林武宪的《阳光》。蒋老师没有带领学生逐句欣赏，也没有带领学生分析诗歌的情感，而是直接就本节课的学习的议题提问，问题如下：

1.这首诗最后一句是哪一句？

2.这最后一句诗一定要放在最后吗？

3.我把最后一句诗放在第二句行不行？

4.最后一句与前面几句有什么不一样的地方呢?

教师追问了四个问题,学生回答如下:

*我觉得前三句都有共同点,前三句都讲阳光在那里干什么,最后一句表示妈妈的眼里是一派慈祥,把妈妈眼里的慈祥比喻成阳光。

*前三句讲的是我们的眼睛都能看到的,最后一句讲的是妈妈的爱里有阳光,阳光同时也是妈妈的爱,最后一句是点睛之笔,如果把它换到前面的话,整个顺序就乱了。

*前面三个阳光是眼睛所能看到的,后面的阳光里你要用心才能体会得到。

这个环节,亮出了本节课教学的目标——欣赏儿童诗的最后一句,讨论诗歌的结尾与其他诗句的不同。教师未做讲解,通过讨论,学生发现了诗歌的最后一句的特点。这个教学环节,教学简洁明快,是师生智慧的碰撞,生成了较为深刻的认识。这个环节的教学有两点突出之处。

第一,以新颖的问题向儿童提出了学习召唤。

本节课,没有为了吸引学生的注意力而做的别开生面的导入。上课伊始就开始读诗、鉴赏诗歌,不在形式问题上纠结,浪费时间。教学的设计也是一样,抓住学习的内容设计问题,不走约定俗成的诗歌教学套路:抓意象,理解诗歌内容,体会诗歌情感,明确诗歌写作手法。直接就诗歌最后一句发问,没有问诗歌的最后一句写的是什么,用了什么修辞等学生熟悉的问题,而是问是否可以将诗歌的最后一句位置调换一下。具有挑战性的问题,调动了学生的好奇心。

教学的第一个环节,就展示出蒋军晶老师课堂问题设计的与众不同。我们知道,课堂教学问题的设计体现的是教师对教材理解,及其教学理念与教学艺术。课堂问题的设计的质量,直接影响着课堂教学的效果。很长一段时间小学语文教学课堂提问存在问题质量不高,"群体无意识的问题众多,很多问题与教学目标不甚相关,过于浅显,缺乏思维过程,不具备探索性"[1],课堂教学问题设计不当,则难以调动学生积极的情绪投入,导致教学活动的效率低下。

"问题本身就是一条道路"。因为"我们在提出问题的同时便面临着解决问题的内在要求与动力","提问形成了思维活动的张力"[2]。好的提问,是教师给学生指明学习的道路。这节课聚焦"诗歌的最后一句",发现了诗歌欣赏的崭新的角度,围绕"诗歌的最后一句"分解的几个小问题,每个小问题都是新鲜的,又都是针对学生学习经验而设疑的,具有思辨性、挑战性。这样的问题,对儿童来说,像是魔幻色彩的糖果,有着很强的吸引力,召唤学生的学习投入。有了这种召唤力的问题,教师只需点拨启发,学生就会积极投入来完成任务。所生成的学

---

① 具春林.在不确定中创生智慧[J].教学月刊(中学版),2010(8):26.

② 郑敏希.提问的张力:对儿童哲学提问的解释学思考[J].教育发展研究,2019(2):83-84.

习意义，显然是由于问题所带给学生的思维张力，让学生惊讶，驱动发现，理解与表达。因此，学生往往会有优秀的表现，学生认为："最后一句是点睛之笔，如果把它换到前面的话，整个顺序就乱了。""前面三个阳光是眼睛所能看到的，后面的阳光里你要用心才能体会得到"……学生的这些认识，其实是对诗歌的结构与主题的认识，如果不是有新颖的有思维张力的问题召唤，四年级的小朋友是很难做出这样的解读的。

第二，以儿童视角呈现教师的专业思考。

本节课教学内容，是着眼于诗歌书写的规律，或者说诗歌鉴赏规律，是教师将儿童诗歌这种文本类性的认识，转换成学生学习的活动。是教师将其专业智慧，以儿童的视角、儿童的学习经验的角度设计的教学活动。

美国诗人弗罗斯特曾说："一首完美的诗，应该是情感找到了思想，思想又找到了文字……始于喜悦，终于智慧。"[①]儿童诗要抒写儿童纯真、美好、无邪的生活状态与情感世界，表现形式要符合儿童阅读心理，须短小、明快、节奏鲜明、表现儿童充满了奇幻、纯洁的领域，展现童心、童趣、童真。儿童诗歌的"卒章显志"须是没有斧痕的抒情和议论，往往看似简单却有绵长的意味，显然，蒋老师发现了"最后一句"的意味，发现这个规律，然后付诸儿童视角组织教学，一定是教师经过深入的专业思考后的总结。

"诗歌的最后一句总是很特别"，这种表述，是教师将诗歌鉴赏的规律做了形象化的表述，是将成人的阅读经验转换成了儿童视角的解读，是儿童视角化的诗歌鉴赏，这样的解读，利于儿童认识诗歌鉴赏的规律。

小学语文课要坚守儿童本位的原则，忌讳的是教者喋喋不休地向学生倾倒自己的经验和认识，蒋老师的做法是选择典型的文本，启发学生自己发现规律。

第一个文本，台湾儿童诗作家林武宪的《阳光》一首诗。这首儿童诗用了三个儿童生活中常见的意象：窗，花，溪，用三个儿童世界里活跃的动词：爬着、笑着、流着，来表现在儿童渴望：生活遍布"阳光"。结尾一句将遍布生活中的"阳光"轻轻地转到妈妈的眼睛里："阳光/在妈妈的眼里/亮着"。妈妈的眼睛"亮着"是阳光，那"亮着"的是阳光一样的爱，温暖了童年。读这首诗，读到结句，会心里一暖。儿童读了，会想到母亲的呵护，暖到心里；成年人读了，童年的美好的记忆就涌上心头，心里也会温暖如春。这首儿童诗的结尾是隽永的，有理趣美。

教师的专业智慧，不止于发现规律，重要的是要将自己的专业认识，以儿童化呈现方式转化为有效的学习活动，这才是专业的智慧。

---

① 钱万成.中国当代儿童诗歌的审美流变[D].长春：东北师范大学，2018：66.

二、我们在"预测"中感受最后一句的特别

花一把

七星潭

花一朵好看。

花一山好看。

花一盆还好。

花一把就笨了！除非

你拿它去送人。

师：我不会把一首诗一下子全部给你们看，我要一句一句地出示，这首诗题目是《花一把》。（出示第一句诗）你看第一句：花一朵好看。跟我一起读。（生读）好看不好看？（生答好看）你看到啦？（生笑）我们再读一遍。（生齐读）好看不好看？

生：好看。

师：这不是塑料花，这不是我们摘下来的花，这朵花是你在路边、山上、公园里看到的一朵花。可惜蒋老师对花没有研究，很多花的名字都叫不出来，你叫得出来吗？你喜欢哪种花？说出名字来。

生：百合花。

师：百合花什么样子，你知道吗？

生：白色的，花瓣像月亮的形状。

师：我喜欢你这句"花瓣像月亮的形状"。

生：我喜欢梅花。

师：你知道梅花的样子吗？（生迟疑，边上的同学说知道知道，众笑）

生：梅花开在冬天，我们这边很少见到，但是我们可以在书上见到。

师：你说了半天还没有说到梅花的样子。（众笑）

生：粉红色的，一朵一朵。

师：看到样子了！你真正去看的话，你会看到山上、路边一朵一朵很美的花，但是我们写成诗的时候不需要加很多的形容词，就那么简单一句话——花一朵，好看。好看吧？

生：好看。（笑）

师：你觉得这句诗是不是这首诗的最后一句？（生摇头）为什么？

生：题目是《花一把》，可是这里只写到了花一朵，我想诗人应该还要接下去写。

师：有道理吧？（生赞同）她根据题目来推测，花一把还没出现呢，我们接着往下看。（出示第二句）

生(读)：花一山好看。

师：没看到过这样景象的举手。（少数学生举手）你看到过满山的什么花？

生：满山的野花。（众笑）

生：满山的野花星星点点，就像夜空里的小星星。

生：我看到过漫山遍野的杜鹃花，在鹤顶山上。

师：（出示图片）你看这漫山遍野的杜鹃花，你看这油菜花多得把山都染黄了，你再看这满山一树一树的樱花。花一山好看吗？

生：好看。（生再读前两句，出示第三句）

生（读）：花一盆还好。

师：你发现有不同的地方了吗？

生：前面是"好看"，这句是"还好"。

师：你从"还好"感觉出什么？

生：比花一山、花一朵要差一点。

师：我觉得花一盆也挺好的，为什么你们觉得会差那么一点点呢？

生：因为花一朵、花一山都是在大自然中长大，有大自然的芬芳，汲取了大自然的雨露，而花一盆是种植的。它们生长的地方不同，所以没有花一朵、花一山好看。

生：虽然花一朵、花一山、花一盆都是有生命的，但是花一朵、花一山是在很广阔的土地生长的，它有足够的空间，而花一盆是在有限的空间里生长的。

师：你看作者想表达你的意思，也想表达她的意思，但是他不说那么多话，他就是这样简单地写——花一盆还好。这是最后一句吗？（生摇头，出示第四句）

生（读）：花一把就笨了！（众笑）

师：你怎么体会的？

生：花摘下来一把，就感觉没有生命了。

生：花一朵、花一山是最好的，他们不仅有自己生存的空间，自己吸收大自然的精华，感觉他们是自由的。花一盆被人类所饲养，但是它们仍有生命。而花一把只能保持几天的美丽，过后就没有生命了，花一把仅仅是欣赏现在的美丽，而没有考虑到后面，所以就笨了！（掌声热烈）

师：你觉得这是最后一句吗？（生迟疑）

生：我觉得是最后一句了，因为它从有生命有自由到有生命没自由，最后到没生命没自由。

师：认为写完的请举手？（少数学生举手）其实真的没写完——

花一把

七星潭

花一朵好看。

花一山好看。

花一盆还好。

花一把就笨了！除非

师：除非什么呢？（生跃跃欲试）赶紧把本子拿出来，写下最后一句诗。（生书写）

师：全体起立！（生起立）尽管你们只写了一句诗，但是很重要。我把话筒递到一位同学面前念这句诗，其他人要判断，如果你觉得自己比他写得好，你就继续站着；如果你觉得他比你写得好，你就坐下。但是，蒋老师很怕很怕，一位同学读完，全部同学都坐下了，我会很尴尬。（众笑）

生：除非——赠人，手有余香。

生：除非——它能无私地奉献出自己的香气，让一个病重的人露出微笑。

师：你们想的方向是一样的，一个引用了成语，一个写得更具体点。

生：除非——让它归到大自然的怀抱。

师：方向不一样了。

生：除非——花一把是奉献。

师：我的理解能力有限，是不是送人呀？

生：不是。有可能是把花奉献给春天，让春天有了美丽；又或者把花送给亲友，让亲友感到温暖。

师：有那么多的想法，所以用"奉献"一词来表达。

生：除非——再扎一把花。（生笑）

师：这位同学走幽默路线。（笑声不绝）

师：有送人的，有回到大自然的，还有重新再扎一把花的，还有——

生：除非——这是能给人带来快乐、美丽的一把假花。（全场爆笑）

生：除非——送给妈妈。

师：短却有味道，来点掌声。（生鼓掌）

生：除非——你可以赋予它美丽的含义。

师：想不想看诗人怎么写的？

生：想。

师：除非——你拿它去送人。（笑）

师：因为你等待了半天，所以你笑了。如果你整首诗读完，你不会笑的，不相信我读给大家听。（师读诗）有味道吗？（生自由读）

评析

这个教学环节学习台湾诗人七星潭的儿童诗《花一把》，欣赏诗歌最后一句的特别意味。教师带领学生详细地解读了诗歌的意境。学习过程中，教师没有诠释，而是通过引领学生展开想象体验诗歌的意境美，感受最后一句的特别。

《花一把》与前一首《阳光》的结尾都是余韵绵绵的儿童诗。这首儿童诗虽短小，但是情感跌宕有致，意味深长。先是写"一山花"的美，然后再写"一盆花"的美，比较之下，"花一盆"比"花一山"的美感差了很多；再写"一把花"，"一把花"的美和"一山花"比，少了灵动之美，所以美得"笨"。但是，诗歌的结尾，陡然一转，"除非/你把它送人"，"送人"的美就意味深长了。这首诗，虽然短小，起伏的情感中蕴含了理趣，对小学生来说，理解诗歌的理趣是有一定的难度的。从教师教学的过程来看，教师深入细腻地把握了诗歌的情感起伏和意味，并做了巧妙的教学设计。特点如下。

其一，设置想象的情境，理解诗歌精微的情感。

蒋老师没有把自己的解读灌输给学生，而是调动学生联系生活展开想象，理解诗歌内容与情感。欣赏诗歌的第一句："花一朵好看"，老师启发学生："这朵花是你在路边、山上、公园里看到的一朵花……你喜欢哪种花？说出名字来。""什么样子，你知道吗？"教师假设情境，提出问题，让学生想象"花一朵"的美好的姿态。同学们沿着老师的启发的思维，纷纷言说一朵一朵的花的形态，于是，一朵一朵形态各异的花展现在孩子们的脑海里。然后，教师又启发学生："看到（花的）样子了！你真正去看的话，你会看到山上、路边一朵一朵很美的花，但是我们写成诗的时候不需要加很多的形容词，就那么简单一句话——花一朵，好看。好看吧？"教师的用意是，诗歌中写花，不需做描写具体，简简单单的"花一朵，好看"，这样写没有修饰，却给我们很多想象的空间，让我们补充其中的审美，这样写简洁，却蕴含了更多的美。教师用儿童视角化的言语诠释诗歌的含蓄的美，并把鉴赏诗歌的形象的方法诠释了给了学生。

欣赏"花一山，好看"。这一句是理解诗歌情感的重要的一句，也是铺垫诗歌主旨的重要一句。教师启发学生想象"花一山"的美，问"你看到过满山的什么花？"学生言说完自己看到的"花一山"之后，教师出示"花一山"图片，带领学生观看投影上的各色的"花一山"，充分欣赏了"花一山"的美丽之后，再品味"花一盆还好"，学生就能较为轻松地理解"还好"的意味了。这样也就能理解诗歌的最后一句"除非/你把它送人"的含义。

诗歌的语言是跳舞，虽然儿童诗歌浅显、明快，儿童理解诗歌相对其他文体难度还是大一些的。因而，教师调动儿童的生活积累，在想象中理解诗歌的内容，把握了诗歌精微的情感。

其二，逐句推出诗歌内容，理解"最后一句"的意义。

欣赏这首诗，是逐句欣赏，并且是一句一句地推出诗歌内容的。这种诗歌鉴赏的方法显然有创意，这样的欣赏是为了特定教学目标而设计，为的是让学生"预测"结尾，同时可以体会诗歌情感变化，把握诗歌"最后一句"表达的主旨和情感的意义。

逐句推出诗歌内容，边欣赏诗句边推测诗歌的结尾，推测过程中，学生对诗歌的理解渐次深刻。

花一朵、花一山都是在大自然中长大，有大自然的芬芳，汲取了大自然的雨露，而花一盆是种植的。它们生长的地方不同，所以没有花一朵、花一山好看。

虽然花一朵、花一山、花一盆都是有生命的，但是花一朵、花一山是在很广阔的土地生长的，它有足够的空间，而花一盆是在有限的空间里生长。

生花一朵、花一山是最好的，他们不仅有自己生存的空间，自己吸收大自然的精华，感觉他们是自由的。花一盆被人类所饲养，但是它们仍有生命。而花一把只能保持几天的美丽，过后就没有生命了，花一把仅仅是欣赏现在的美丽，而没有考虑到后面，所以就笨了！

长的，它有足够的空间，而花一盆是在有限的空间里生长。

猜想结尾是否是"这一句"？学生须思考"这一句"表达什么意思，什么情感？诗歌题目是什么，题目中包含什么情感？诗歌的结尾应该表达什么情感？推测结尾，实际上要考虑全诗的内容，要考虑诗歌的情感，也要考虑诗歌的主旨和结构。所以，推测结尾句的过程，是学生对诗歌逐步加深认识的过程，是由感性到理性认识生成的过程。

师："花一把，好看"，可以做结尾吗？

题目是《花一把》，可是这里只写到了花一朵，我想诗人应该还要接下去写。

师："花一把就笨了！除非"，可以做结尾吗？

我觉得是最后一句了，因为它从有生命有自由到有生命没自由，最后到没生命没自由。

由学生的回答可以看出，学生推测诗歌的结尾过程，也是对主旨的把握过程。在理解诗意和主旨之后，学生写出了很多能结合诗歌内容，表现理性色彩的诗句。

除非——赠人，手有余香。

除非——它能无私地奉献出自己的香气，让一个病重的人露出微笑

除非——让它归到大自然的怀抱。

除非——送给妈妈。

……

从学生的猜测来看，学生理解了这首诗歌的结尾含义。

通过对两首诗歌"最后一句"特别之处的讨论，学生对诗歌最后一句卒章显志，意味深长的特点有了较为清晰的认识。

三、我们模仿着写出最后一句的特别

师：刚才我们感受的都是诗人写的，你们总觉得诗人写得比我们好，蒋老师也豁出去了，写了一首类似于把最后一句写得很有创意的诗，但是我不会给你看，我们一起来写一写好不好？

出示课件

颜色

（   ）好看。

（   ）好看。

（   ）还好。

（ ）就（ ）了！除非

（   ）。

（生写诗）

生：红色好看。黄色好看。蓝色还好。白色就差了！除非，它代表纯洁与高雅，不表示有人去天堂。（众笑，掌声不断）

生：红色好看。绿色好看。灰色还好。黑色就差了！除非，在静谧的夜晚。（全场鼓掌）

生：黑色好看。白色好看。灰色还好。红色就假了！除非，它是妈妈给你的温暖。（掌声热烈）

评析

这个环节完成模仿写作训练，模仿《花一把》，以"颜色"为题材，给学生搭建了一个框架，让学生模仿写作。

因为前一个教学环节，学生对诗歌的"最后一句特别"有了较为深刻的认识，对《花一把》的抒情结构也有了较清楚的认识，学生的灵性的思维就容易激发起来了。学生就有了诗意的书写了。

颜色

红色好看。

黄色好看。

蓝色还好。

白色就差了！除非，

它代表纯洁与高雅，

不表示有人去天堂。

颜色

红色好看。

绿色好看。

灰色还好。

黑色就差了！除非，

在静谧的夜晚。

颜色

黑色好看。

白色好看。

灰色还好。

红色就差了！除非，

它是妈妈给你的温暖。

叶圣陶说："实际上写作基于阅读。老师教得好，学生读得好，才写得好。"[1]阅读是获得写作思绪与技巧的途径，对小学生来说，基于阅读的模仿写作，是一个必不可少的过程。如作家莫言说过："对于一个初学写作的人来讲，模仿不是耻辱，而是一个捷径，或者说是一个窍门。"[2]对儿童写作来说是降低写作难度，学习他人思维的路径。而结合群文阅读的模仿写作，是以群文阅读为前提，能生成更多的感性的认知，易于理解写作规律，触发生活经验，既有益于习得写作知识，也益于模仿基础上的创新写作。

四、我们来创作"最后一句诗"

师：时间关系，我要出示我写的那首诗了。这是你们真正的创作，因为前面的三首诗都是名家作品，最后一句已经很经典了，很难超越。但这首诗是老师写的，也没发表过。只要你写得确实有诗的味道，你的"最后一句"就是这首诗的"最后一句"。

出示课件

我是一支黑色的笔

我是一支黑色的笔。

---

① 叶至善，叶至美，叶至诚.叶圣陶集（第15卷）[M].南京：江苏教育出版社，1993：150.

② 邱桂云.群文阅读视域下"模仿写作"的两个维度[J].福建教育学院学报，2020（5）：52.

我要把小妹妹的牙齿涂黑，

让她变成笑掉牙的老奶奶；

我要把红玫瑰涂成黑色，

让它以为自己中了剧毒；

我要把白天鹅的羽毛涂黑，

让它以为醒来变成了乌鸦。

但是但是，这些都算不了什么。

我最伟大的杰作，

是——？

师：我最伟大的杰作，是——？是——？（声音拖长，生按捺不住）

生：是——把雪花涂成黑色，让人以为它生病了。

生：是——把雨水涂成黑色，让人类意识到自己的错误。（掌声）

生：是——把青蛙的皮肤涂黑，让小蝌蚪能尽快找到妈妈。（掌声）

师：这就是真正的诗啊！

生：是——在夜晚给星星提供一个闪耀的舞台。

师：太棒了！这么好的创意我一下子没反应过来。

生：是——把办公室电脑涂成黑色，让人以为这电脑坏了，黑屏了。（生笑）

师：很有现代感的一首诗。

生：是——把夏日的太阳涂成黑色，让大家以为凉爽来了。

师：这是说出了我的心声。老师怎么写的呢？

师：是——把天空涂成黑色，让爸爸妈妈老师们以为天还没亮，还可以继续安睡。（众笑）

生：好希望这样哦！（笑）

师：下课！

评析

最后一个教学环节，创作"最后一句诗"。蒋军晶老师出示自己创作的一首儿童诗，省去结尾，要学生补充。

蒋军晶老师写的儿童诗《我是一支黑色的笔》，从儿童视角出发，写出了儿童的顽皮的天性，以及天真、童稚的情思。幻想变成一支黑色的笔，把生活涂黑，这是儿童在呼唤生活少一些"白昼"给予的压力，多一点黑夜酣眠的快乐。这是儿童的天性，也是"懒床"的诗意写作。

有了群文阅读的基础，有了模仿练习的热身，学生的"最后一句诗句"的创作，有了不俗的表现。

> 把雪花涂成黑色，让人以为它生病了。
> 把雨水涂成黑色，让人类意识到自己的错误。
> 把青蛙的皮肤涂黑，让小蝌蚪能尽快找到妈妈。
> 在夜晚给星星提供一个闪耀的舞台。
> 把办公室电脑涂成黑色，让人以为这电脑坏了。
> 把夏日的太阳涂成黑色，让大家以为凉爽来了。

"最后一句诗句"写作训练，出示的写作材料，是教师的下水诗歌。教师的下水诗歌，虽然写得不如诗人的作品，语言凝练，简洁，生动，个别意象的选择似乎不是很恰切地表现儿童心理，但其情感召唤力却是强烈的。所以学生的投入更为积极，教学画上了一个较为圆满的句号。

【总评】

这节儿童诗歌群文阅读教学，学习了三首儿童诗，做了三次"最后一句诗句"的写作训练，学生收获了丰富的阅读体验和写作体验，是一节建构了丰富学习意义的儿童诗群文读写训练课。

蒋军晶老师是课程改革以来，积极实践群文阅读，并且有着丰富的群文阅读教学经验的优秀的语文教师。关于本节课的教学，除前文分析之外，尚有两点须补充。

其一，议题集中，目标明确。

群文阅读教学是指"在单位时间内，围绕一个议题，选择多个文本进行教与学的活动"，[①]是"同一个议题、多个文本、探索性教学"。[②]群文阅读因教学目标不同，议题选择的角度，选择的范围不同。可以以作家作品为议题，以文本体裁为议题，以语文知识为议题，以写作知识为议题，以人文话题为议题……关于群文阅读的议题，还有多议题和单议题的争议。

蒋军晶老师认为群文阅读只需围绕一个议题展开教学。议题集中，利于教学目标的落实。议题过大或者多议题的群文阅读课，涉及的问题多，问题间的逻辑关系要澄清，教学的结构层次要设计清晰，需要课时要多，教学操作起来困难较大，问题解决可能不够彻底，知识把握可能就不够透彻，能力训练就不够到位。所以说，"议题创设需要系统思维和结构框架。教师需要从单一议题的设计转向核心问题、主干问题和辅助问题层级化问题群的设计，这是群文阅读教学的关

① 刘大伟，蒋军晶.群文阅读教学：概念、价值及实践路径[J].南京晓庄学院学报，2016（1）：33.
② 赵镜中.从"教课文"到"教阅读"[J].小学语文教师，2010（5）：17.

键。"①尤其是小学语文群文阅读，聚焦一核心问题而设计议题，学习的效率会更高。

议题集中，有利于教学确立严谨的教学秩序。本节课的议题集中于"诗歌的最后一句"，群文文本的选择具有典型性。儿童诗歌《阳光》《花一朵》的"最后一句诗句"都含义隽永，意味深长，是儿童学习的典范。蒋老师的下水作文，儿童诗《我是一支黑色的笔》也突出了"最后一句诗句"的特点。议题突出，利于以议题为中心选择阅读范本，展开儿童诗"最后一句诗句"的读写训练。议题集中，教学组织就会紧紧围绕议题组织学习活动，教学中就不会由于议题不够集中，兼顾的问题多，导致教学失去合理的秩序。

议题集中，利于学生目标明确地学习。议题集中，学生的思维就会紧紧围绕一个核心任务，在老师恰当地引领下，顺利完成各项学习任务。本节课学生围绕"诗歌最后一句"，先是认识了"诗歌的最后一句"特点，然后欣赏"诗歌的最后一句"，进而模仿"诗歌最后一句"写作，最后创编"诗歌的最后一句"，环环相扣。围绕一个议题，学生对儿童诗歌的认识，由感性认识发展到理性的认识；由模仿写作到了自主创编，调动学生有层次地展开言语实践活动。

因而，议题集中，利于吃透议题，可以减轻学习的压力，保证学习的效率。

其二，提供写作训练的支架。

本节课挑战了小学语文教学的难点，儿童诗歌写作。诗歌写作难度大。但是本节课的写作训练因提供了写作支架。所以，学生顺利完成了学习任务，并有出色的表现。

写作训练，分为两个层次，第一个层次是模仿"最后一句诗句"写作训练。先是"感受最后一句的特别"，猜测《花一把》的结尾，是模仿《阳光》一诗的结尾的写作方式，补充结尾，是口头模仿。然后模仿《花一把》，以"颜色"为题目写最后一句诗句，这个环节教师提供了模仿的支架。因为有了模仿支架，学生模仿写作最后一句诗句，有了出色的表现。第二个层次为创编"最后一句诗句"，因为前面有了支架，并且是补写，所以，创编很顺利，学生有出色的表现。

不同于普通写作课提供的写作支架。本节课的写作支架的提供，是在群文阅读基础上，"通过教师精心择拣的群文，涵盖了更多的内容，涉及了生活的更多方面，拓宽阅读视野，更大限度地点醒学生的生活体验。"②然后提供写作支架，反复进行模仿式的训练。群文阅读写作支架的提出更为慎重，基础更为扎实，加之反复训练，所以，诗歌的最后一句写作，有很多精彩的表现。

① 姚姝兰，叶黎明.群文阅读教学的关键：创设结构化议题——以蒋军晶群文阅读教学为例[J].语文建设，2019（20）：23.

② 邱桂云.群文阅读视域下"模仿写作"的两个维度[J].福建教育学院报，2020（5）：53-54.

　　本节课，还有很多可借鉴之处，如教师对儿童诗歌的学理思考转化为有效学习活动的策略，教学设计的科学之处，教学语言的精炼集中等。因在《文成公主进藏》案例评析中有所论及，加之篇幅问题，在这里就不再赘述。

思维导向的全过程指导

——吴勇《一个特点鲜明的人》案例评析

【目标预设】

（1）学习如何捕捉一个人的"鲜明特点"[①]。

（2）学习表达一个人"鲜明特点"的具体写作方法。

评 析

目标一，如何捕捉一个人的"鲜明特点"，是围绕"写什么"设计目标的；目标二，学习表达一个人的"鲜明特点"的具体方法，是从"怎么写"设计目标的。设计思路清晰，目标明确。

但是教学的重点和难点都未交代。学生习作过程一定会遇到问题，应予充分的预设。

【教学过程】

一、何为"特点鲜明"

（1）孩子们，在你的生活中，印象最深刻的人有哪些？请写下三位。

（2）你写的是谁？请你再比较一下，这三个人中，哪一个你最熟悉，一闭上眼睛，满脑子都是他？请划掉另外两位。

（3）假如你留下的是妈妈，留下她有三个原因，你觉得哪一个原因是她最显著、最独特的？这就是"特点鲜明"（板书）。请用一个词语写出你留下的那个人最鲜明的特点。

（4）这是一个什么样的谁？这就是一个特点鲜明的人！你留下一个什么样的谁？这就是一个特点鲜明的人！

[①] 吴勇.一个特点鲜明的人[J].小学语文教学通讯，2018（3）：53-54.

评 析

　　教师没有告诉学生何为"特点鲜明"，也没有告诉学生写什么，而是希望通过头脑风暴，解决"写什么"的问题。头脑风暴的过程是让学生搜索印象最深的人，选择熟悉的三个人，然后筛选一个最熟悉的人，再思考其显著的、独特的地方，由此完成筛选。教师摈弃了知识化的讲解，希望通过"头脑风暴"，经由思维引领，让学生自主发现写作的内容，理解何为"特点鲜明"。

　　"头脑风暴"是指"运用人的智慧去冲击问题。通过现实或创设的问题情境来刺激学生探讨问题发展的多种可能性"。[1]头脑风暴是要求学生在规定的时间，通过"让学生的大脑拘束地就某一个主题进行密集的想象和思考"提高思维品质，"激发学生持续不断地创造意念，鼓励儿童将个人的意见和想法大胆地清楚表述出来"。头脑风暴"要重数量不重质量，即为了追求最大数量的灵感，任何一种构想都可被接纳"[2]头脑风暴用于写作教学，有益于开启学生的写作思路。

　　这个教学环节，教师设计思路很清晰。但是如果我们知道了头脑风暴的原则，会发现这里存在一些问题。首先思维做了限定："印象最深刻的人"，未给学生"无拘无束的"安全的思考空间，"头脑风暴追求最大数量的灵感"然后再组合、筛选有价值的信息。因此，我们有理由质疑，学生头脑中的"印象最深刻的人"是不是"最有特点的人"？因为印象最深刻的人，可能寥寥无几，在寥寥无几的人中选三个人，是不是一定会是"特点鲜明的人"？

　　所以，头脑风暴，其实要有过程的，要有原则的。这个环节，匆匆走了个过场，并没有进行实质性的"头脑风暴"，教师的用意是解决"写什么"的问题，因为"头脑风暴"并未做到"最大数量的灵感"中筛选有价值的信息，恐怕学生择定的写作对象并不一定是"特点鲜明的人"。

二、如何"特点鲜明"

　　（1）我们用"排除法"找到了"特点鲜明"的人，那么该怎样将这一个个"特点鲜明"的人介绍给广大的读者呢？（出示）

　　"当我还没有拿起笔来的时候，已经清楚地看见了主人公，已经可以数清他衣服上的皱褶（zhě），他额上犁刻出来热情和痛苦的皱纹，比熟悉他的父亲、兄弟、朋友、妹妹、爱人看得更清楚些。"

——别林斯基（俄罗斯）

---

① 方相成."头脑风暴"与"题型作文"训练[J].现代语文，2007（10）：111.
② 张祖庆.头脑风暴：引爆儿童创意写作思维[J].江西教育，2014（11）：9-11.

（2）这个重要的方法是——"看得更清楚"！怎样将你眼中看到的"清楚"用文字告诉别人呢？有两位小作者为我们作出了表率，想去读读吗？

评析

如何"特点鲜明"？是怎么写的问题。

引用别林斯基的话的目的是解释如何做到写出人物鲜明的特点，要"看得更清楚"，看得清楚就是落笔前脑子里清晰地浮现要书写的人的"鲜明的特点"，想象到他"衣服上的皱褶"，"他额上犁刻出来热情和痛苦的皱纹"。教师引用别林斯基的话形象地诠释了"特点鲜明"的要义，就是写出人物的个性特征。

教师没有直接讲写作理论，用别林斯基的比喻来解释"特点鲜明"，将抽象的写作理论做形象化的阐释，是吴勇老师一贯的做法。这种形象化的阐释方式显然易于学生接受，同时会产生更深刻的印象。

吴勇老师提示我们，小学习作教学，要避免写作知识的灌输，要将写作知识形象化呈现给学生。

（3）重点讨论。

第一层次：扫描式。

奶奶就是《西游记》中的唠叨大师——唐僧，她每天都会念"紧箍咒"来管住我。一大早，她像定时器一样，准时进入"唠叨模式"："小懒鬼，该起床啦，像你这么大的时候，我已经将全家人的早饭做好……"话匣子一旦打开，我还怎么睡，赶紧起床；一坐到餐桌上，她又念经了："多吃点，你就是挑食，瘦得像根竹竿似的，你看隔壁的马晓，家长做什么就吃什么，瞧瞧人家的个头……"我实在听不下去了，抓了个包子，拎起书包就走，还没有走到门口，奶奶的声音就追了出来："作业带了没？语文书带了没？红领巾戴了没？……"她一直不依不饶地跟了出来，坚持将我送到公交站台。"上课要听讲，小孩子要听老师的话，有同学欺负你，赶紧报告老师……"天哪，我天不怕地不怕，就怕奶奶的"紧箍咒"。

——濮静怡《爱唠叨的奶奶》

1）濮奶奶最鲜明的特点是什么？（图示：爱唠叨）

2）小作者从平时生活中的哪些地方，写出了奶奶这个特点呢？（板书：平时生活）

3）交流：起床、吃饭、出门、坐车时奶奶是怎样唠叨的。

4）小结：因为平日生活中这些点点滴滴（图示），让濮奶奶"唠叨"的特点鲜明起来！我们可以将这种表现一个"鲜明特点"的写法称之为"散点扫描"（板书）。这是一种概括性的描述（板书：概述），扫描的点越多，这个人的特点就会越鲜明。

5）过渡：当然，读者将主人公"看得更清楚"，不仅是通过平时生活中的点点滴滴，还可以借助主人公在关键时刻的表现。（板书：关键时刻）

评 析

怎么写？要学习写作技法。写作技法是习作教学绕不过去的坎。学习写作技法，吴勇老师似乎没有什么特别之处，无外乎给学生写作示例，由示例总结写作技法。如若仔细思考，会发现吴勇老师的用意，有与众不同之处。

"爱唠叨的奶奶"这个片段，小作者以奶奶唠叨这个特点组织材料，写了奶奶日常生活"唠叨"的种种表现，起床、吃饭、出门、坐车时都有不同的唠叨语言。吴勇老师把这种围绕一个中心点多角度反复描写的方法归纳为"散点扫描"法，然后提出这种写作技法的技术关键，就是从不同的时间点去写人物的行为，即抓住"关键时刻"描写人物个性特点。

"散点扫描"，将"写什么"的技巧指导巧妙地转化为思维指导。围绕一个中心点"唠叨"，向生活辐射寻找素材。"散点"思维的运用，其实就是发散思维的运用，教师提供了发散的路径，以时间为"散点"发散。"关键时刻"这个发散点是学生熟悉的角度，以学生熟悉的角度训练写作手法，学生较为容易内化写作方法为写作能力。发散思维是创新思维的一个常用路径，教师周密的考虑，使得学生能较为轻松地掌握这种思维方法，打开了写作的思路。

寻找"关键时间"法，是指导学生发散思维的一个巧妙的角度。只是遗憾，何谓"关键"教师没有给解释清楚。

看似简单的归纳，凝聚着教师的教育智慧。帮助学生在纷繁的生活现象中快速筛选出有价值的素材，凭借的是思维训练。作文训练，说到底是思维与语言的训练。思维活跃开放，则内容生动、形象鲜活、语言活泼；思维呆板，则内容干瘪、形象呆滞、语言混乱。吴勇老师不着斧痕地将写作技巧训练化作了思维训练，给学生洞开了写作的天空。扎扎实实地做语言思维训练，这是习作训练应该追求的境界。

第二层次：聚焦式。

妈妈走到了我的面前，她脸色铁青，青筋暴跳，眉毛拧成麻花，嘴里大口地呼气和吸气，眼睛里早已燃起了两团熊熊大火。她大声质问："为什么留堂？""因为我被老师罚抄公式50遍。"我轻声回答。妈妈更火了，她怒目圆睁："有几个人留？"我低垂脑袋，不敢直视，以蚊子般的声音轻轻哼道："就我一个人……""为什么总是你留，一定是课堂上不听讲！一定是作业又偷懒了！"妈妈一把将我拖进房间，扯掉裤子，将身体按在她的腿上，另一只手挥舞竹条。一打就发狠了，忘情了，没命了。像跳蛙一样，是上下翻飞的竹条；像火花一样，是她眼中的怒火；像斗虎一样，是她强健的风姿。在我的屁股上，正上演着一场壮阔、火烈、豪放的大戏！——刘锐《暴躁的老妈》

　　1）刘妈妈的"鲜明特点"是——（图示）暴躁。

　　2）她的"暴躁"弥漫在字里行间，你可以从哪些地方感受到？

　　3）交流（图示）神情、语言、动作、他人表现。

　　4）小结：这是刘妈妈"暴躁"的一次集中爆发，在这段文字的字里行间，神态、动作、语言、他人表现等细节无不聚焦"暴躁"，我们将这种表现一个人"鲜明特点"的方法称之为——"细节聚焦"（板书）。

　　这是一种详写（板书：详写），选择的细节越多，这个人的特点就会越鲜明。

　　4.有了平日生活中的"散点扫描"和关键时刻的"细节聚焦"，一个"特点鲜明"的人就会活灵活现地出现在读者面前，让读者"看得更清楚"！

评析

　　第二个示例"暴躁的老妈"，集中写了因"我"犯错误，妈妈对我发火的片段，动用了各种描写方法描写妈妈的"暴躁"。这样的细腻的描写，我们称之为"综合运用多种描写方法"，但吴勇老师没有运用这样的写作术语诠释写作技巧，而是归纳为"细节聚焦"法，并指出技术关键：选择的细节越多，特点表现越鲜明。"聚焦"法，又是从思维角度诠释写作技巧。聚焦思维，是集中、反复、专注于任务的思维方式，聚焦思维是定点深入研究的思维方式，往往能高质量完成思维任务，是一种高阶思维。

　　"细节聚焦"依然是从思维的角度训练写作技能，引导学生专注地描写人的一个鲜明特点。

三、写出"特点鲜明"

　　1.设置语境。

　　《少年文学报》举行一次小学生"文字画人"的习作大赛，知道什么叫"文字画人"吗？

　　2.明确要求。

　　（1）选择一个特点鲜明的人写一段话。

　　（2）围绕"鲜明的特点"，可以对这个人平时的生活进行"散点扫描"；也可以集中一件事，对这个人进行"细节聚焦"，无论哪一种方法，都要让读者"看得更清楚"。

（3）时间为 8 分钟。

3. 学生当场写作。

4. 习作评点。

（1）出示评价

（2）互相评点。

5. 指向全篇。孩子们，其实写好一个特点鲜明的人，我们不仅要对其在平时生活中的表现进行"散点扫描"式的概述，还需要借助对这个人在关键时刻"细节聚焦"式的详写，这样，才能将这个人看得真切，"看得更清楚"。

散点扫描

评价内容	星级	自我评价
散点一	★	
散点二	★	
散点三	★	
散点四	★	

细节聚焦

评价内容	星级	自我评价
神情	★	
语言	★	
动作	★	
他人反应	★	

评析

作文训练环节设计了有梯度的学习活动。

首先，设计拟真情境做片段训练，为写篇打基础。

吴勇老师的习作训练，每次写整篇作文，教学过程都是不断蓄势、造势，从一个台阶登上另一个台阶地走向篇章的写作。在学习了"散点扫描"和"细节聚焦"写作手法之后，设置情境，运用这两种写作手法进行人物描写训练，重点训练"写出人物的鲜明的特征"。设置情境为：《少年文学报》举行一次小学生"文字画人"的习作大赛，要求学生运用"聚焦法"或"散点扫描"方法描写人物。

语言的学习是需要语言情境的支持的，情境设置越真实，越能激发学生的语言灵感，同时越能真实表现语言能力。因而，近年来高考情境作文考试成了一种热点。情境作文，又叫任务情境作文。任务就是人们在生活、工作和学习中的各种有目的的活动，情境是任务所处的具体背景。恰当的写作任务情境能够激发学生的写作兴趣，利于学生主动地基于表达需要去完成写作任务。情境作文分成真实的情境作文和拟真的情境作文，"真实情境作文更多要依靠学生的生活经验，直述其事来完成；而拟真情境作文更多要依靠学生的阅读经验，通过想象来完成。"[1]吴勇老师设计的这个作文训练，是拟真情境作文，需要学生调动想象完

---

[1] 胡根林.情境作文：走向真实的写作和写作的真实[J].语文学习，2014（5）：60.

成训练。虽然是模拟情境，但是贴近小学生的学习生活，同时设计模拟竞争机制，努力创设拟真情境，激发学生语言灵感。

其次，设计自我评估单，激发学生学习动机。

在指导学生写了情境作文片段之后，通过讲评进一步巩固了所学写作知识，然后布置篇的写作。

作文评价，设计两个自我评价的表格，"散点描写自我评估单"和"细节聚焦自我评估单"。学生根据自己习作所用的描写方法，对号入座自我检测描写效果。"散点描写自我评估单"评估是否达到了四个以上的"散点"的辐射，扫描点不够，说明所写之人，特点还不鲜明，可以及时补充辐射点。"细节聚焦自我评估单"要检测习作中是否对所描写的人做了神态描写、动作描写、语言描写以及是否写出了他人的反应；其中神态描写、动作描写、语言描写检测的是正面描写，"是否写出他人的反应"检测的是侧面描写，如果描写的项目不够，可以及时做适当的补充。通过自我评估单的填写，自我评估学习的收获和存在的问题，以及时修正不足之处。自我评估单，让学生体会到习作学习过程的自我发展的快乐，可以持续激发学生学习动机。这种自我评价，在美国等发达国家的写作教学中是非常常见的写作训练的内容，是比较容易操作的评价方式，但是，我国中小学写作课，作文评价重视不够，自我评价指导较为匮乏。

吴勇老师设计的"自我评估单"依据本节课学习的重点设计评价内容，简单明了，易于操作，利于学生自我检测、自我调控学习。但是也可以设计同侪评价单，让同学们在互评中碰撞、学习。

再次，习作中培养读者意识。

在片段训练和篇的写作训练中都重视了读者意识的培养，反复强调习作"要让读者'看得更清楚'"。树立读者意识，就是习作前要预设读者，习作中要始终想着读者，考虑到读者阅读需求、阅读兴趣、阅读心理、思维习惯和审美接受能力等问题。具备读者意识的学生，习作表达的目的就会明确，就能调整习作"认知偏差，逐渐意识到写作是一个表达自己真情实感的创造性活动，为了更好地表达自己，学生也会不断提高自己在语言运用上的能力"[1]。"要让读者'看得更清楚'"，是提醒学生在习作中预想阅读对象，努力把自己描写的人物"鲜明的特点"和自己对所要描写的人物的想法准确地传达出来，要让预想的阅读对象"看清楚"自己描写的人物的特点，则须借助所学的习作方法认真描写。这样习作的意图才能表达明确，描写生动，表述有逻辑。

---

① 郑湘雅.中学作文教学中读者意识的培养[J].文学教育，2018（1）：116.

【总评】

本节习作课教学设计，突出之处有二。

其一，形象化诠释作文知识。吴勇老师的习作课鲜见作文知识的直接讲解，总是通过形象贴切的语言示例、写作示例，将写作知识做形象化的解释。由此我们得到启示，小学习作教学中，要用典型的例子诠释写作知识，以儿童喜闻乐见的形式讲解写作知识，学生在习作训练中，才能较为轻松地将写作知识转化为言语表现。

其二，思维角度切入语言训练。不做机械的语言训练和技能训练，而是借助思维规律进行言语实践训练。操作过程中要尊重学生的心理接受能力，调动学生的思维把握习作知识和技巧。最为突出的就是多种描写方法的综合运用和围绕一个核心组织素材的写作技法，从思维的角度概括为"聚焦描写"和"散点扫描"，思维角度的切入，让枯燥难以操作的写作技法轻松了起来。由此我们得到的启发是：小学习作教学要致力于帮助学生打开思维的窗子，化解写作的难度。

其三，根据思维规律设计层级的习作训练的活动。写前指导，写中指导，写后指导，每个环节都认真设计活动。由此我们得到的启示是，习作教学是复杂的过程，每个环节都有其特定的任务，任何一个环节都不能忽视，教师要精细设计每个指导环节，学生的学习兴趣才会不断被激发起来，才能保证持续的积极的学习投入。

【不足】

重视了习作教学的各个环节，但课时有限，有的环节就会训练不充分，比如两种描写策略"散点扫描"法和"细节聚焦"法，两种写作技法讲解，各用一个示例来做诠释，显得有些单薄。要让学生有清晰而深刻的认识，一种写作策略或者写作技巧，不是一两个示例就能确立起来的。所以这个环节讲解和训练不够充分，其他环节也存在这种问题。

比较中发现习作规律

——吴勇《学写新闻报道》评析

《学写新闻报道》是苏教版小学语文第五册第三单元的教学内容。本单元的课文有:《海伦·凯勒》《二泉映月》《郑和远航》《司马迁愤写史记》,是本单元习作学习板块之任务三:新闻报道写作,教材安排如下:

第一部分是范文,某市一家报纸有这样一则报道:《我市第9届小学生篮球比赛结束——东城小学男篮获得冠军》。

第二部分是介绍新闻报道的特点:第一,题目突出了报道的最重要的内容;第二,报道的开头,就交代事情的结果,接下来才写事情的经过。

第三部分是写作要求:按照写"新闻报道"的方法,写一次体育比赛(跳绳、踢毽子、拔河等)或学习竞赛(写字、朗读、习作、辩论等)。

新闻报道是了解社会的窗口,阅读与写作新闻报道是培养学生适应社会、融入社会所必要的语文学习内容。但新闻在语文教材中安排并不多,所以新闻的教学问题多一些,新闻写作教学成熟的经验相对其他类文本写作的教学相比则是少之又少。

目标预设[①]:

(1)让儿童了解新闻报道的言语特点。

(2)引导儿童掌握新闻报道基本知识,能尝试写作简单的新闻报道。

评析

扼要介绍了教学目标,交代了学习内容。但目标交代过于简单,有如下问题可以商榷:

其一,从内容安排来看,逻辑失当。此前,学生在课堂上很少学习新闻报道,新闻的文体特点,在学习新闻阅读课中应该已经强调过的,但是新闻写作的知识在阅读教学中应该是没有交代过,或者没有系统地讲解过,所以,第一条目标应该是了解新闻报道的文体知识及其写作要求。教学目标设定的第一点"让儿童了解新闻报道的言语特点"显然不符合逻辑,因为从写作过程来看,学生应该

---

① 吴勇.《学写新闻报道》课堂优秀教学实录[DB/OL]. https://max.book118.com/html/2019/0304/6025233051002013.shtm.

先了解新闻文体的选材、结构等内容，然后再考虑语言特点，这也是认识文体的基本逻辑。

其二，学情未做分析，学生首次进行新闻报道写作训练，对学情应做预设。学生的先备知识中哪些知识可以调动，学习的切入点是什么，学习中会遇到哪些问题？应做考虑。预设充分，才能针对教学中出现的问题，及时调整预案，切实落实教学目标。

其三，目标设计与教学实施有违和之处。从下面的教学实施来看，本节课教学目标的第一条"新闻报道的言语特点"未展开训练，这个目标并未落实清楚，教学目标和教学设计游离。说明教师教学设计过程中，目标设计缺少缜密的考虑。教学目标和教学实施违和，这种问题在教学设计中经常看到。

其四，未确立教学的难点和重点。学生未做过新闻报道写作训练，本节习作课的难点一定不少，重点的突破一定有难度。有哪些难点需要突破，重点如何落实清楚，应该考虑周全。从新闻文体特点和本节课教学活动开展的情况来看，本节课教学重点应该包括：新闻标题的写作、导语的写作、新闻的选材、新闻语言的运用等方面。难点应该包括新闻标题的写作、导语的写作。

第一板块：认识"新闻报道"

师：孩子们，知道什么是新闻吗？

生1：讲的是南京发生的事情。

生2：讲的是我们夫子庙小学里举办的活动。

师：说得不错，还差一个关键要素。

生：说的是最新发生的事情。

师：说得好，"最新"是新闻的生命力。知道吗？将这些新闻用文字记录下来，发表在报纸上，发布在电视和广播里，这就是新闻报道。知道新闻报道都是什么人写的吗？

生：记者写的。

师：想当记者吗？那可是无冕之王哦！这节课，我们就来当当小记者，学习写新闻报道！（出示PPT）

　　评 析

教师不兜圈子，直奔主题，"什么是新闻？"写作之前介绍新闻的文体概念，是有必要的，这是教学得以展开的必要环节。通过讨论的方式诠释了新闻的概念："新闻是新近发生的事情用书面语记录，发表在报纸上，发表于电视和广播里的文章。"虽然概念解释不够全面，但是教师能把抽象的概念，用儿童易于接受的语言扼要地表达出来，是教师关注儿童接受心理的教学表现。

但是这个环节还应该简略交代学习新闻报道的意义。教师有阐释学习新闻的意义的意识，教学中启发学生"想当记者吗？那可是无冕之王哦！"通过对新闻工作者的赞誉，调动学生的学习热情。这样的启发具有一定的鼓动性，但是，这样的启发对学习新闻报道的意义解释还不够，学生的认识可能会局限于"无冕之王"，也即新闻工作者频频出现在媒体上的形象，而对学习新闻的意义并没有实质性的认识。新闻的特点是及时、真实地反映时代、反映社会生活的文本，新闻是个体了解时代，融入时代的阅读文本。因此，在新修订的高中语文课程标准（2017版）单独设立了一个学习任务群，要求"学习当代社会生活中的实用性文本，包括实用性文本的独立阅读与理解，日常社会生活需要的口头与书面的表达交流。通过本任务群的学习，丰富学生的生活经历和情感体验，提高阅读与表达交流的水平，增强适应社会、服务社会的能力"。全球化时代的到来，各国母语教育都认识到，多媒介获取信息的能力，尤其是新闻阅读能力，是必不可缺的语文素养。所以，教师应适当提示新闻学习的意义，以引起学生学习的重视，理性认识学习的意义。

第二板块：了解"新闻报道"

第二个板块"了解新闻报道"设计的第一个活动，将课文《天火之谜》与同题材的新闻《"上帝的怒火"纯属无稽之谈》一文比较阅读，以加深对新闻报道文体特点的了解。

师：新闻报道是文章，我们的课文也是文章，这文章与文章之间到底有什么区别呢？

（出示课文《天火之谜》的图片，略）学过这篇课文吗？主要讲的是——

生：讲的是科学家富兰克林利用"风筝实验"证明雷暴只是普通的放电现象的故事。

师：正确，课文是作家写的！可是到了新闻记者笔下，会怎么来写这件事？（出示PPT）

"上帝的怒火"纯属无稽之谈
——富兰克林用风筝实验揭开天火之谜

7月23日下午4时，被视为"上帝怒火"的雷暴，被科学家富兰克林在波士顿大教堂顶上通过"风筝实验"证明只是普通的放电现象。

当天下午，暴雨将至，富兰克林在教堂顶上将一只拴着细铁丝的风筝放上天空。风筝线是由麻绳做的。他还在麻绳下端结上一段丝带，在它们的接头处系上一把铜钥匙。当风筝掠过一片乌云时，麻绳上面的纤维都竖了起来，这是麻绳带电的信号。风筝掠过一片乌云，电闪雷鸣，大雨倾盆。富兰克林不顾生命危险，用手指靠近铜钥匙，骤然闪现一道蓝色的火花。

"风筝实验"向世人宣告，雷暴就是人们熟知的放电现象。当天见证"风筝实验"的有美国科学协会的科学家、富林克林的儿子威廉、波士顿大教堂主教以及当地数百名科学爱好者。

评析

这个教学环节，将同题材的叙事文与新闻比较阅读，有以下几个优点：

其一，角度好。将新闻报道与常见的文体作比较，尤其是同题材的文本比较，就能凸显新闻的文体特点，学生就会形成明晰的深刻的认识。通常，新闻报道的写作，要介绍新闻的文体形式、选材特点、写作要求，然后看范文。这种讲解，流于新闻知识的诠释，是将文体知识讲解作为写作知识灌输给学生，这样的习作知识教学，会让学生觉得写作面目可憎。

新闻写作，对学生来说是陌生的，这样处理写作知识，教师无异于自己给自己挖陷阱。因为即使把文体知识介绍得很清楚，学生也难以在短时间内将文体知识与写作理论内化为写作能力。吴勇老师显然认识到这个问题，将学过的课文《天火之谜》与同题材的新闻报道《"上帝的怒火"纯属无稽之谈——富兰克林用风筝实验揭开天火之谜》做比较，通过比较阅读的方式让学生对新闻报道产生真实的感性的认识，有了真实的体验和认识，就易于将文体知识的认识转化为写作能力。这个教学设计，关注了学生的学情，先备知识的积累和学生思维理解能力。

其二，内容实。逐一理解新闻报道的重要知识。下面具体看各个环节是如何通过比较阅读突破难点的。

对比标题

师：新闻标题和课文标题有什么不同？

生：新闻报道有两个标题。

师：对，上面的叫正标题，下面的叫副标题。如果你是读者，看了正标题，你有什么想法？

生：我感到好奇怪，"上帝的怒火"是什么？

师：对呀，正标题就是让你产生疑惑，就是为了吸引读者的眼球！（出示：正标题吸引眼球）如果你是读者，看了副标题，你有什么想法？

生1：天火之谜的谜底是什么？

生2：富兰克林是怎样用"风筝实验"揭开天火之谜的？

师：对呀，这就是本篇新闻报道的看点！（出示：副标题揭示看点）孩子们，这就是——新闻标题（出示）有了好的标题，新闻报道就成功了一半！

评析

将课文《天火之谜》和新闻报道《"上帝的怒火"纯属无稽之谈——富兰克林用风筝实验揭开天火之谜》的标题进行比较，明确了新闻题目的特点：有正标题和副标题，正标题要抓住眼球，副标题要揭示看点。

任何文章都须有好的标题，但是新闻的标题有其特殊之处。因为新闻阅读和其他类文本阅读的目的有别，文学作品阅读可能是为了提高审美能力，哲学文章的阅读可能为了提高哲学修养，因而可以慢阅读；但是新闻阅读的主要目的是了解当下社会的时事，一般都是工作学习之余挤出时间来阅读，相比之下，要"快阅读"，所以新闻的标题要能瞬间抓住读者的眼球，正如汤姆森在其编撰的《新闻写作基础知识》一书中所说："你可以把马牵到水边，但是你无法强迫它饮水。当你把你的报纸送到读者手中的时候，你会遇到类似的问题，无法强迫他阅读，不过有一个办法可以使他阅读你的报道，那就是精彩的标题。"[①]信息社会，繁复的信息让人们应接不暇，所以，新闻的标题要抓人的眼球。

因为新闻的阅读更重视时效性，所以比较其他类文本，新闻的题目表意要更加明确，用语要更加简明。因此，新闻报道写作，要重视拟题目训练，"吸引读者的眼球！"这点形象地阐明了新闻标题的特点。

但是，讲解尚有不足。

新闻标题的特点和意义没有解释清楚。新闻标题是揭示新闻内容的简明而醒目的文字，是对新闻内容的高度概括和浓缩。新闻标题具有揭示主题、组织新闻内容和吸引读者阅读的作用。新闻的"标题一般很短，要在极少的文字里寻求最大的表现力，这实在是一个很艰难的过程，非得下功夫精雕细琢不可"[②]，因此新闻标题是新闻写作的难点。

其次，比较没有区别文体。比较要明确对象，教师没有指明课文《天火之谜》的文体，比较的对象没有认识清楚，比较如何有结果？即便得出结果，这个结果是否有依据？汲安庆教授曾非常痛心地说：当下语文教育一个症结，教学不明"类性"，各种文体一锅煮。其原因在于"语文教材对类性认识的一片混沌，如将记叙文、议论文、说明文、小说、诗歌、散文、寓言、童话、书信、演讲稿一锅煮"，导致一些教师"类性"意识薄弱。"正因为没有类性的意识，不辨文体，所以语文'一锅烩'的教学比比皆是，但是，到了关键处，一锅烩，就会出问题。"[③]就《天火之谜》课文来说，写的是美国科学家富兰克林为了揭秘雷

① 赵静.报纸新闻标题的作用与特点[J].新闻窗，2012（4）：47.

② 赵兴荣.试论新闻报道文章标题的撰写[J].新闻研究导刊，2016（7）：239.

③ 汲安庆.捍卫语文体性的三种教育策略[J].教育发展研究，2016（10）：71-73.

暴的秘密，在1752年7月的一天，一个天空乌云密布、雷电交加的日子，富兰克林在儿子的帮助下，冒着生命危险进行"风筝吸电实验"获得成功的故事。课文的主体部分是叙事，叙事中用了环境描写、细节描写和语言描写，可以视作叙事型文本，准确地讲应该是叙事散文，因为新闻报道《"上帝的怒火"纯属无稽之谈》也是叙事型文本，所以《天火之谜》应进一步明确为叙事散文为宜，这样，思路就能比较清晰，比较的结果也就能明确了。

再次，新闻标题的格式讲解不够准确。通过比较得出的结论是：新闻标题有正标题和副标题，"上面的是正标题，下面的是副标题"，而课文（教师没有明确文体）是只有单标题。这个结论的意思是说：新闻有的标题由正标题和副标题组成，而课文（新闻之外的文章）只有一个标题。这个结论显然不当，我们知道无论是散文、小说，还是其他文体，标题都可以有主标题和副标题，而新闻报道的标题要复杂得多，完全式的新闻报道标题包括引题、主标题与副标题。例如：

中国共产党第十七次全国代表大会在京开幕（引题）
胡锦涛代表第十六届中央委员会向大会作报告（主标题）
吴邦国主持大会 2237名代表和特邀代表出席大会（副标题）
（新华社 2007-10-15）

当然，小学生新闻报道习作训练，要求把引题、正标题、副标题全都写出来，是强为其难，有违小学生的认知能力。所以，训练中完全可以如吴勇老师的设计，让学生写出正标题和副标题即可。但是，知识还是要讲清楚的，知识不能模糊，为了突出学习任务而出现纰漏，则会导致学生错误的认识。

最后，应交代新闻拟题的注意事项。既然本节课是习作课，学习重点是尝试写作新闻报道，那么写作的策略应该是教学的重点，标题的写作技巧和注意的事项应该介绍清楚。标题的写作要注意，"凸显最具新闻价值的要素。新闻标题要呈现出事实动态，让受众在一瞥之间就能了解新闻的主题、内容和方向，只有凸显最具新闻价值的要素，才能达到通过标题迅速传播信息的目的。"[1]标题表达要精确，"要素必须精确、恰当，切忌模棱两可或存在歧义，以免误导受众"。一般来说标题最简洁，往往不需要交代时间，只要求两个必备要素——人物和事件，句中不停顿，句末无标点；语言要平实等。新闻要关注广大媒体受众，所以标题要易懂。

当然，无论是标题的意义，还是写标题的注意事项，都要用通俗的语言，或者用形象化的表达解释给学生，不能将专业术语一股脑地倒给学生。用简洁易懂、生动形象的语言解释给学生，需教师有着清晰的专业认识。

---

① 赵兴荣.试论新闻报道文章标题的撰写[J].新闻研究导刊，2016（7）：239.

对比导语

师：这是课文的开头，（出示课文一二自然段，略）可是写成新闻报道，开头变成了这样——（出示）。

7月23日下午4时，被视为"上帝怒火"的雷暴，被科学家富兰克林在波士顿大教堂顶上通过"风筝实验"实验证明只是普通的放电现象。

师：作为读者，从这短短的开头读出了什么？

生1：我读出了时间——7月23日下午4时。

生2：我发现了事情发生的地点——波士顿大教堂顶上。

生3：我知道了新闻人物是富兰克林。

师：时间、地点、人物——这是新闻的三要素。

生：我读出了富兰克林通过"风筝实验"来证明雷暴只是普通的放电现象。

师：这是在概括事件。

生：我知道了雷暴只是普通的放电现象。

师：这是在揭晓结果。孩子们，新闻报道的开头虽然短小，但是必须——（出示）交代要素，概括事件，摊出结果，这一段就是——（出示）新闻导语。

【评述】

新闻的导语，是理解新闻内容的关键。导语是消息的开头，是消息中最有价值的部分。国外新闻界有人将导语比作是"抓心的手"，也就是说导语要有吸引力。通过比较阅读，学生对导语写作的要求有了明确的认识，这个教学环节设计是用意明显，但是也存在"辨体"不清，导致教学目标交代不够明晰的问题。

比较课文的第一段和新闻的导语内容，因"辨体"不清，教学阐释就出现了模糊的问题。课文的第一段内容如下：

地球上空每年都要发生几十亿次雷暴，它能把人击倒，将高大的树木劈成两半。古时候西方人把雷暴看作是"上帝的怒火"，中国人则把它称为"雷神"。长期以来，雷暴在人们的心目中一直是种可怕的东西。

课文的第一段交代"上帝的怒火"的可怕，主要是为下文富兰克林冒着生命危险做实验的描写做铺垫，未交代时间等与叙事有关的要素。

而新闻的导语就不一样了。导语是新闻开头的第一段或第一句话，须简明扼要地介绍新闻的主要内容，被称为新闻的窗口。因此，导语部分至少包括时间、地点、人物、事件等要素。而教师的解释："新闻报道的开头虽然短小，但是必须交代要素，概括事件，摊出结果"，显然对导语的特点解释不够全面。所给的新闻导语里，有时间：7月23日下午4时；地点：在波士顿大教堂顶上；人物：科学家富兰克林；事件："风筝实验"；结果：证明是普通的放电现象。这样一比较，导语的要素和导语写作的要求就清楚了。

此外，既然导语在新闻报道中意义重要，那么习作训练就应该多给学生几个示例，让学生有深刻的印象，通过示例的学习掌握导语撰写的原则和策略。

对比主体

师：同样是写"风筝实验"，课文和新闻报道有什么不同？（出示，略）

生：课文要比新闻报道详细得多！

师：不错，我们再将这两个片段中关于"风筝"的文字抽出来比一比：这是课文中的描写——（出示），谁来读一读？

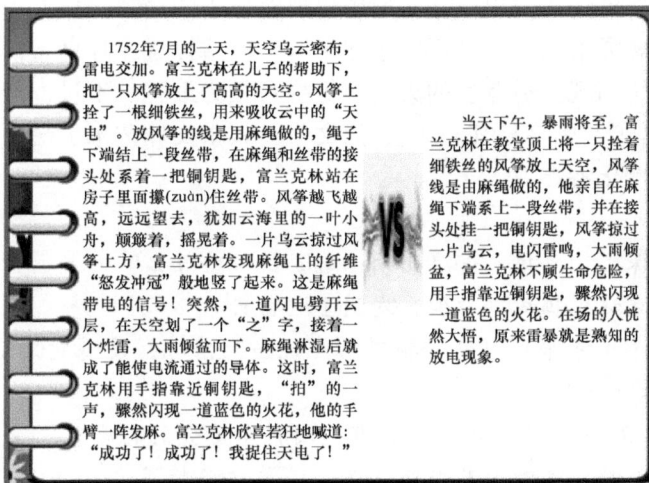

> 1752年7月的一天，天空乌云密布，雷电交加。富兰克林在儿子的帮助下，把一只风筝放上了高高的天空。风筝上拴了一根细铁丝，用来吸收云中的"天电"。放风筝的线是用麻绳做的，绳子下端结上一段丝带，在麻绳和丝带的接头处系着一把铜钥匙，富兰克林站在房子里面攥(zuàn)住丝带。风筝越飞越高，远远望去，犹如云海里的一叶小舟，颠簸着，摇晃着。一片乌云掠过风筝上方，富兰克林发现麻绳上的纤维"怒发冲冠"般地竖了起来。这是麻绳带电的信号！突然，一道闪电劈开云层，在天空划了一个"之"字，接着一个炸雷，大雨倾盆而下。麻绳淋湿后就成了能使电流通过的导体。这时，富兰克林用手指靠近铜钥匙，"啪"的一声，骤然闪现一道蓝色的火花，他的手臂一阵发麻。富兰克林欣喜若狂地喊道："成功了！成功了！我捉住天电了！"

VS

> 当天下午，暴雨将至，富兰克林在教堂顶上将一只拴着细铁丝的风筝放上天空，风筝线是由麻绳做的，他亲自在麻绳下端系上一段丝带，并在接头处挂一把铜钥匙，风筝掠过一片乌云，电闪雷鸣，大雨倾盆，富兰克林不顾生命危险，用手指靠近铜钥匙，骤然闪现一道蓝色的火花。在场的人恍然大悟，原来雷暴就是熟知的放电现象。

生："风筝越飞越高，远远望去，犹如云海里的一叶小舟，颠簸着，摇晃着。一片乌云掠过风筝上方，富兰克林发现麻绳上的纤维'怒发冲冠'般地竖了起来。这是麻绳带电的信号！突然，一道闪电劈开云层，在天空划了一个'之'字，接着一个炸雷，大雨倾盆而下。这时，富兰克林用手指靠近铜钥匙，'啪'的一声，骤然闪现一道蓝色的火花，他的手臂一阵发麻。"

师：这是新闻报道中的片段——（出示），谁再来读一读？

生："风筝掠过一片乌云，电闪雷鸣，大雨倾盆，富兰克林不顾生命危险，用手指靠近铜钥匙，骤然闪现一道蓝色的火花。"

师：对比这两个片段，你又发现了什么？

生：我发现了新闻报道叙述事情非常简洁，没有生动的描写。

师：在新闻报道中，应该将笔墨集中在主角身上，同时叙述又不能太冗长，必须做到简练清楚。（出示）瞄准主角，叙述简练。这就是一篇新闻报道的主体部分！

评析

新闻报道的叙事与文学作品的叙事有相似之处也有不同之处，但经常被人们混为一谈。这部分的教学通过比较区分了两类文本的主体部分叙事手法。

但是这个教学环节也有没讲解透彻之处。

关于文学性叙事文本和新闻报道的叙事文本的主体部分叙事的区别，吴勇老师认为：新闻报道的主体部分应"瞄准主角，叙述简练"，这样诠释显然没有讲清楚消息的特点。

新闻为了保证传播效果，在叙事中也要有适当的描写，如上午"当风筝掠过一片乌云时，麻绳上面的纤维都竖了起来"，"风筝掠过一片乌云，电闪雷鸣，大雨倾盆"，"骤然闪现一道蓝色的火花"等描写颇为细腻。不过，新闻报道中的描写要注意："真实性始终是其底线"，而文学类叙事文体艺术手法更为灵活、更为自由、更具个性化特点。

对比结语

师：这是课文的结尾——（出示，略）讲了些什么？

生：富兰克林根据放电原理，发明了避雷针。

师：说的都是未来！可新闻报道只能说当时情况，看看它又是如何收尾的？（出示）谁来读一读？

生："当天见证'风筝实验'的有美国科学协会的科学家、富林克林的儿子威廉、波士顿大教堂主教以及当地数百名科学爱好者。"

师：同样是结尾，有什么不同？

生：课文说的是事件的未来进展，而新闻报道却在补充交代当时的情况。

师：对呀，新闻报道的结尾总是在——补充说明相关情况，这就是一篇新闻报道的——结语。孩子们，一下子学了这么多知识，是不是有些乱了？我们不妨来梳理一下——（出示，学生齐读）

> 新闻标题要抢眼，直指看点引读者。
>
> 导语说事要总揽，三言两语结果摊。
>
> 主体对准主角写，叙述表现不枝蔓。
>
> 结语再把相关补，读者一定把你赞。

评析

对比结尾，这部分讨论较为简单。讨论的结果是"新闻报道的结尾总是在——补充说明相关情况"，这个结论似乎不够严谨。

首先比较的目的是让学生了解新闻报道的结尾和文学性文本或者其他类文本写作有什么不同，但是并未强调不同之处。

其次，新闻报道的结尾不只是"补充说明"，这种概括显然以偏概全了。新闻报道的结尾和其他类文本的结尾有很多共性的特点，比如照应开头、收束提升主旨等。新闻报道的结尾还有其独特之处，比如"结束语预示新闻事实发展的前景，以便引起读者的注意"[①]，那些有潜在危险或者突发性的新闻事件，要预示未来发展的事件，特别是群众普遍关注事件，要帮助读者分析发展的趋向，释疑解惑，引起读者关心时事、阅读报纸的兴趣。所以新闻报道结尾经常用"预示式"；此外结束语中还有提出建议的"建议式"，为引起读者关注明知故问的"反问式"等等。当然，这些都不是本节课教学重点，一节课不可能关照这么多内容，如果没有时间给学生介绍结束语的类型，教师在教学中就要说明新闻报道结束语种类很多，我们只练习常见第一种结束语，即本节课要讲的"补充说明式"结束语。以偏概全，会给学生误导。

编写童谣，总结学习内容，是小学语文教学常用的手法，可以扼要概括学习重点。借助灵活简洁、朗朗上口的语言，增加学生学习的兴趣，快速记忆学习内容。但是因为童谣的概括性强，所以难免有遗漏的内容。

第三板块：实践"新闻报道"

师：新闻报道怎么写，了解了吗？我们来现场测试一下：

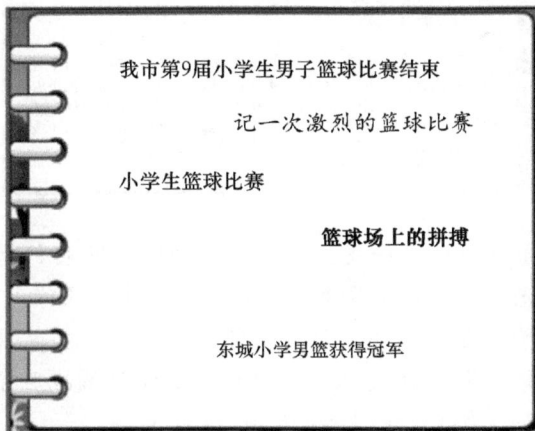

> 我市第9届小学生男子篮球比赛结束
>
> 记一次激烈的篮球比赛
>
> 小学生篮球比赛
>
> **篮球场上的拼搏**
>
> 东城小学男篮获得冠军

生：我觉得正标题应该是"篮球场上的拼搏"！

师：有不同意见的吗？

生1：哪一场篮球赛没有拼搏？我觉得这个标题不能吸引眼球！

[①] 高羽.精心写作新闻结束语——怎样写消息(十二)[J].新闻通讯，1996(12):31-32.

生2：我觉得"我市第9届小学生男子篮球比赛结束"可以做正标题。

师：说说原因吧。

生：结果怎样，大家都想知道！一看题目，就想接着往下读！

师：真厉害！我赞同你的意见！那么副标题呢？

生1：记一次激烈的篮球比赛！

生2：我觉得不对，作为普通的作文题目还可以，但作为新闻报道的副标题，一点看点都没有。

师：那最有看点的副标题是哪个？

生：东城小学男篮获得冠军。

师：同意吗？那我们的这篇新闻报道就有标题了！

（出示，学生齐读）

我市第9届小学生男子篮球比赛结束
——东城小学男篮获得冠军

师：这是这篇新闻报道的四个部分，看看哪是导语部分，哪是主体部分，哪是结语部分。（出示）

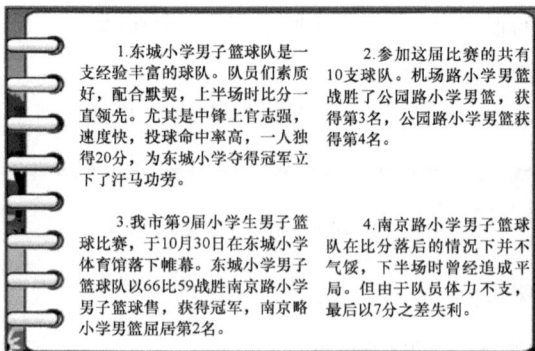

1.东城小学男子篮球队是一支经验丰富的球队。队员们素质好，配合默契，上半时比分一直领先。尤其是中锋上官志强，速度快，投球命中率高，一人独得20分，为东城小学夺得冠军立下了汗马功劳。

2.参加这届比赛的共有10支球队。机场路小学男篮战胜了公园路小学男篮，获得第3名，公园路小学男篮获得第4名。

3.我市第9届小学生男子篮球比赛，于10月30日在东城小学体育馆落下帷幕。东城小学男子篮球队以66比59战胜南京路小学男子篮球队，获得冠军，南京路小学男篮屈居第2名。

4.南京路小学男子篮球队在比分落后的情况下并不气馁，下半场时曾经追成平局。但由于队员体力不支，最后以7分之差失利。

生：第三部分是导语！

师：愿闻其详。

生：第三部分交代的时间、地点、人物、时间、新闻事件以及事件结果，符合导语的要求。

生：第一部分是主体，东城小学是冠军，应该成为新闻主角，这一段就是写东城小学男子篮球队在比赛中的表现的。

师：说得好！

生：我觉得第四部分也应该是主体，这部分写的是南京路小学男子篮球队的表现，尽管是亚军，也应该是新闻主角。

师：我同意！不过，第一部分和第四部分都是新闻报道的"主体"。那么谁先谁后呢？

生：我觉得东城小学男子篮球队获得冠军，应该排在前面，南京路小学男子篮球队作为亚军，就得排在后面！

师：不错！剩下的第二部分自然就是新闻报道的——

生：结语！

师：看看，这结语补充说明了什么？

生：补充交代了这场球赛参赛球队数量，还有第三名和第四名的获奖球队。

师：看看，这一篇新闻报道就出炉了！（出示下图）

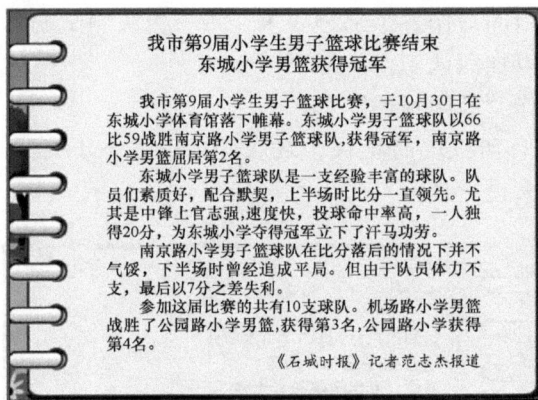

> **我市第9届小学生男子篮球比赛结束**
> **东城小学男篮获得冠军**
>
> 　我市第9届小学生男子篮球比赛，于10月30日在东城小学体育馆落下帷幕。东城小学男子篮球队以66比59战胜南京路小学男子篮球队，获得冠军，南京路小学男篮屈居第2名。
>
> 　东城小学男子篮球队是一支经验丰富的球队。队员们素质好，配合默契，上半场时比分一直领先。尤其是中锋上官志强，速度快，投球命中率高，一人独得20分，为东城小学夺得冠军立下了汗马功劳。
>
> 　南京路小学男子篮球队在比分落后的情况下并不气馁，下半场时曾经追成平局。但由于队员体力不支，最后以7分之差失利。
>
> 　参加这届比赛的共有10支球队。机场路小学男篮战胜了公园路小学男篮，获得第3名，公园路小学获得第4名。
>
> 　　　　　　　　　　　《石城时报》记者范志杰报道

孩子们学得真不错！看来写好新闻报道的要诀已经熟烂于心了！我们再来巩固一下——（出示，学生齐读）

> 新闻标题要抢眼，直指看点引读者。
>
> 导语说事要总揽，三言两语结果摊。
>
> 主体对准主角写，叙述表现不枝蔓。
>
> 结语再把相关补，读者一定把你赞。

评析

这部分训练是写作新闻的预演。是非常有意义的写中指导。

欧美和日本等国家作文教学指导要比我国详细，作文指导要包括写前指导、写中指导和写后指导三个阶段，每个环节都要认真对待。在美国小学完成一次作文，常常要经过一个月的时间，每个学生的草稿、修改稿、成稿，加起来可以订成厚厚的一本。我国的写作过程指导相对比较简单。

写前指导主要包括"创造情境、激发欲望、帮助审题、立意，指导内容组织素材、编写提纲"；写中指导指"指导内容学生在执笔行文中的具体问题"；写后指导包括"教师提出修改建议、学生的自我修改、生生互改、教师讲评"①。

我国的作文教学，一向重视写前指导和写后指导，写中指导往往被忽视掉。写中指导是不应该被忽视的，因为即使教师写前指导很充分，也总有学生笔头咬烂不知道从何下笔，因而教师要针对具体情况做写中指导。

新闻写作，对五年级学生来说是全新的文体，第一次尝试写作，一些同学会有畏难情绪。所以，有必要经过"预演"，消化新学的新闻文体知识，化解难度，提高写作的自信。吴勇老师按照新闻写作的四个重要板块，标题、导语、主体、结尾，每项出示四个示例，要学生选择最佳的选项。通过测试进一步加深对新闻文体的认识和新闻写作各个部分要求。每一板块测试之后，都重复朗读新闻写作规律的顺口溜以加深认识。

第四板块：写作"新闻报道"

师：掌握写好新闻报道的要诀，现在就可以当个小记者了。瞧瞧，机会来了——（出示）谁来读一读？

★挑战一（☺ 难度系数1.1）

时间：12月22日下午3点15分
地点：夫子庙小学操场
事件：五年级跳长绳比赛
获奖情况：
男子第一名：五(7)206　　女子第一名：五(3)238
男子第二名：五(3)193　　女子第二名：五(5)220
男子第三名：五(1)164　　女子第三名：五(4)216

★挑战二（☺ 难度系数2.1）
将课文《艾滋病小斗士》改写成一篇新闻报道

---

① 叶璐瑶.关于写中指导的一点思考[J].语文学刊，2013(5):112.

生：最优秀的小记者们，你们在哪里？《金色校园》关注新鲜的校园活动信息，推介校园新人新作。只要你具有一定的写作能力，只要你会写新闻报道，我们就欢迎你加盟！

师：想成为小记者吗？

生：（异口同声）想！

师：我们就来现场考察一下吧？（出示）

请大家根据自己的需要，任选其中的一项来完成一篇新闻报道。

（学生独立写作）

评析

将写作任务设置成虚拟的校园记者选拔活动，任务设置情境化，可以增加学生写作的热情。

第五板块：讲评"新闻报道"

师：经过半个小时的写作，同学基本上完成了这篇新闻报道。下面我们就来比一比，看谁能够成为———小记者！（出示）这次比拼我们分成四个环节。

第一个环节：拼标题。

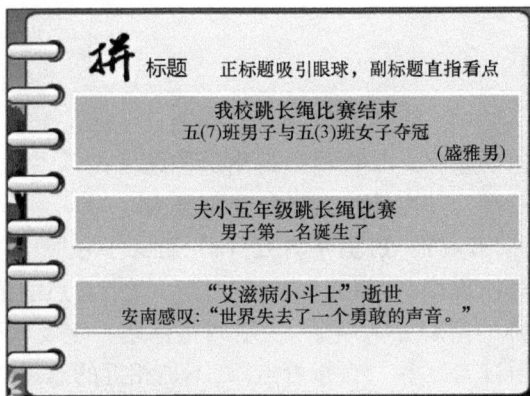

师：请回忆一下，对于标题，我们提出要求是——

生：正标题吸引读者，副标题直指看点。

师：（出示）谁是盛雅男？骄傲地读出你的新闻标题！（盛雅男读）说说看，你的标题为什么能够入选？

生：我觉得正标题能够吸引读者眼球，副标题能够展现出这篇报道的看点。

师：因为你理解了新闻标题的内涵，所以你的标题引人入胜！我们再看看下面两个标题，问题出在什么地方？

生：第二个标题中正标题没有问题，副标题只出现了"男子第一名诞生了"，没有提到男子第一名是哪个班级。

师：我们就是五（7）班的同学，都知道第一名是我们班，可是其他读者不知道呀。

生：而且女子第一名也是看点，却没在副标题中出现。

师：作为小记者，首先要客观，不能因为获胜者不是自己班级，就不去报道。我们再研究一下第三组标题。

生：我觉得正、副标题应该交换位置。

师：说出你的理由。

生：安南感叹："世界失去了一个勇敢的声音。"只要一读立马就会勾起读者的阅读欲望："勇敢的声音"是谁的声音？作为联合国秘书长，为什么要这么说？

师：所以副标题改成正标题是非常合适的。

生："艾滋病小斗士"逝世，就是这篇新闻报道的看点，做副标题恰到好处！

师：这样的修改让人心服口服，我想犯错的小作者心里也会非常感谢你。请大家切切记：新闻报道的正标题一定要——

生：吸引读者！

师：副标题必须——

生：直指看点！

评析

讲评第一部分比拼题目。师生讨论选出最佳题目：

我校跳长绳比赛结束
五（7）班男子与五（3）班女子夺冠

再次重申题目写作规律："新闻标题要抢眼，直指看点引读者"。这个概括似乎没有问题，但老师的解释令人费解："新闻正标题一定要吸引读者，副标题必须直指看点！""吸引读者"和"直指看点"，不是相近的意思吗？"直指看点"目的不是"吸引读者"吗？这样的解释并没有道明标题写作的策略，拟写正标题和拟写副标题各有什么要求。吸引读者，直指看点，都是写作的原则，而不是具体的要求。这部分的讲解显然犯了语文教学的忌，诠释模糊。

新闻题目正题的拟题原则是吸引读者，具体的要求是：主标题表现要有吸引力的内容，表达新闻报道的主题思想和核心内容，一般要写出两个要素：行为主体和做的事件。从这个意义来说，主标题应能表达主要事件和思想。副标题是对主标题的补充，形式比较灵活，可以是一句完整的话，也可以是用逗号隔开的几个分句。

第二个环节：拼导语。

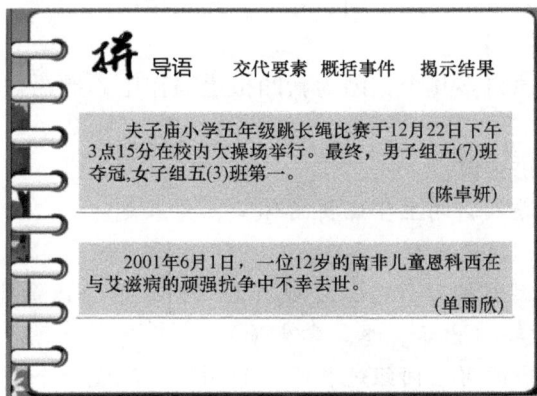

拼 导语　交代要素　概括事件　揭示结果

> 夫子庙小学五年级跳长绳比赛于12月22日下午3点15分在校内大操场举行。最终，男子组五(7)班夺冠,女子组五(3)班第一。
>
> （陈卓妍）

> 2001年6月1日，一位12岁的南非儿童恩科西在与艾滋病的顽强抗争中不幸去世。
>
> （单雨欣）

师：拼过标题，下面我们该拼什么？

生：拼导语。

师：新闻导语的要求是——（出示）

生：交代要素，概括事件，揭示结果。

师：优秀的导语在哪里？（出示）

夫子庙小学五年级跳长绳比赛于12月22日下午3点15分在校内大操场举行。最终，男子组五（7）班夺冠，女子组五（3）班第一。2001年6月1日，一位12岁的南非儿童恩科西在与艾滋病的顽强抗争中不幸去世。

请陈卓妍和单雨欣同学上台读读自己的导语！(两学生分别读）导语好在哪里？

生：两条导语将事情发生的时间、地点、人物都交代清楚了，而且导语中概括了新闻事件，并说出了事件的结果。

师：再看看一位同学的导语——（出示）有什么问题？

2001年6月1日，一位12岁的名叫恩科西的南非儿童去世了。他的死，引起了世界上许多人的关注，其中也包括联合国秘书长安南。

生：只有结果，没有事件过程。

师：能说得更清楚些吗？

生：恩科西为什么而死的？这才是这篇新闻报道最想让读者知道的！

师：掌声响起来！看来新闻导语虽然很短，但是一定要——

生：交代要素，概括事件，揭示结果！

评析

比拼导语，用了两个例子。一个是没有问题的导语，一个有问题的导语。通过比较强调导语的特点："交代要素，概括事件，揭示结果!"交代写作导语的要素，应该明确哪些要素。但是，问题导语，只是指出了问题，如果同学们能讨论修改，则意义会更明确。

这部分示例应该再多几个，因为新闻报道写作中，导语是非常重要的，也是非常见功夫的。

第三个环节：拼主体。

师：下面我们进入新闻主体比拼的环节，要求是——（出示）

生：瞄准主角，简述表现。

师：我在批阅大家的习作时，发现有两位同学的导语最能体现这样的特点。掌声有请周雨桐同学。（出示，略。学生读）

生："五（7）班的男生因经过长时间的训练，跳绳时个个精神饱满，能很快进入状态，虽然中间有有间隔，但间隔的时间较短，次数较少，最终一共跳了206个，位居全年级第一。五（3）班的女生们因在赛前做了许多准备，跳绳时能够保存体力，甩绳力度均匀，为此位居全年级第一。"

师：掌声有请李文茜同学——（出示，略。学生读）

生："因为患有艾滋病，9岁那年，小恩科西上学遭到大多数老师、学生和家长的反对。由于媒体的干预，他才顺利地背上书包走进学校。恩科西得知自己身体的病情后，不是悲观消沉，而是更努力地面对生活。他曾多次应邀到世界各地出席艾滋病研讨会。他反复呼吁：'我希望政府向携带艾滋病孕妇提供药物，并且人们不应该对艾滋病人另眼相看。他们需要被关爱，拥抱艾滋病儿童不会传染。'他的每次演讲都震撼人心。"

师：这两段文字，都有一个共同的特点，那就是——

生：瞄准主角，简述表现。

师：可是，在这一个环节，也有不尽如人意的习作，我们大家都来帮帮这位小作者吧！（出示）

拼 主体　瞄准主角，简述表现

> 男子中，排名第一的是五(7)班，总共跳数206个，他们以最快，最好的速度夺得了五年级男子第一名，但其他班也毫不示弱，五(3)班获得了男子第二名，总跳数193个，五(1)班获得男子第三名，总跳数164个。他们用自己的汗水换来了班级的出彩。女子中，获得第一名的是五(3)班，总跳数238个，获得第二名的是五(5)班，总跳数220个，五(4)班获得了第三名，总共跳数216个，她们接连不断，取得了好成绩。

男子中，排名第一的是五（7）班，总共跳数 206 个，他们以最快，最好的速度夺得了五年级男子第一名，但其他班也毫不示弱，五（3）班获得了男子第二名，总跳数 193 个，五（1）班获得男子第一名，总跳数 164 个。他们用自己的汗水换来了班级的出彩。女子中，获得第一名的是五（3）班，总跳数 238 个，获得第二名的是五（5）班，总跳数 220 个，五（4）班获得了第三名，总共跳数 216 个，她们接连不断，也取得了好成绩。

生1：我觉得作者没有瞄准主角来写，将第二名、第三名都写了，主角的地位没有凸显出来。

生2：因为写了其他获奖者，所以主角的赛场表现几乎没有描述。

师：这两位新闻评论员很专业，一下子发现了问题所在。在这篇新闻报道中，新闻主体的写作环节出的问题最多，希望大家在下面的修改中切记——

生：瞄准主角，简述表现。

评析

拼主体部分，讲评较为细致。师生做了较为充分的讨论。

讨论了两个优秀的示例，一个问题示例，集中对问题示例讨论，让同学们提出修改意见。通过讨论，理解教师提出总结："主体对准主角写，叙述表现不枝蔓。"但是这里有两个问题。

第一，新闻主体部分写作的重点交代不清楚。新闻的主体部分要把事件交代清楚，要根据主旨叙事，可以在尊重事实的前提下有适当的描写。第一个优秀示例如下：

"五（7）班的男生因经过长时间的训练，跳绳时个个精神饱满，能很快进入状态，虽然中间有间隔，但间隔的时间较短，次数较少，最终一共跳了 206 个，位居全年级第一。五（3）班的女生们因在赛前做了许多准备，跳绳时能够保存体力，甩绳力度均匀，为此位居全年级第一。"

这部分对事件交代并不详实。比如五（7）男生的表现没有交代清楚，重点应该写男生们如何跳绳的，跳的最多的是什么人，最少的跳多少，如何团结奋战的等等。五（3）班女生的表现也没有交代清楚，缺少事件的内容，应该抓住主要行为进行适当的描写，读者才能对新闻事件有所感知。而这段新闻的主要内容，就是简单介绍，谈不上叙事，因此教师应该发现问题，可以让学生做适当的补充。也就是说，这个示例不适合做优秀示例。而下面的关于"患有艾滋病小恩科西"的事件交代得就较为详实。

关于病文示例的补充。教师并没有启发学生把事件写完整，学生的语言是概述事件，而非叙述事件，缺少叙事的顺序，也缺少叙事应有的内容。问题的症结显然是教师对新闻主体的写作规律的概括失当造成的。当然，五年级的同学，第一次写新闻报道，出现问题多是很正常的。但是在修改部分，教师要正确引导，事件新闻报道也要叙事，只不过要真实，不要更多主观色彩的描写，但也要叙事完整，叙事条理清晰，也应该有适当的客观的描写。

第四个环节：拼结语。

师：现在到了最后的环节——

生：拼结语。

师：新闻报道的结语要求是——

生：相关情况，补充说明！

师：一篇新闻报道，相关的情况很多，到底应该"补充说明"些什么呢？看看这两篇——（出示）请熊英吉上场！

生："在恩科西去世后，联合国秘书长安南和南非前总统曼德拉都非常痛切。"

师：这样补充，对这篇新闻报道有什么作用？

生：两位名人的痛切，更说明了恩科西抗击艾滋病魔的榜样作用！

师：这样的补充必不可少，让这篇新闻增色不少，掌声鼓励他！再请寇明睿登场——（出示）

生："另外获男子第二名的是五（3）班，第三名的是五（1）班，女子第二、三名分别为五（5）、五（4）班，其差距很小，双方实力相当，值得一看。"

师：这样的补充有必要吗？

生：有必要！让读者了解到更多的相关信息，知道了比赛的整体情况。

师：有一位同学是这样补充说明的，大家看行吗？（出示）

当时，在场的还有各班的班主任，体育老师刘老师、金老师……

生：不行，因为读了这条新闻，不知道体育老师刘老师、金老师是谁。

生：我觉得也不行。这条补充说明，好像与跳绳比赛关系不大！

师：都是补充说明，为什么这个就不行呢？

生：因为没有考虑到读者的需要。

师：读者需要，说得太好了！新闻就是写给读者看的，读者才是新闻报道的上帝！孩子们，现在知道结语部分要"补充说明"些什么了吧？

生：明白了。

师：孩子们，在比拼中，自己赢了几局？全部通过的，为自己鼓鼓掌！还有环节没有通过的，再改一改，相信你也可以当一个出色的小记者！这堂课就要结束，让我们再一次回顾写好新闻报道的要诀——（齐读）

> 新闻标题要抢眼，直指看点引读者。
>
> 导语说事要总揽，三言两语结果摊。
>
> 主体对准主角写，叙述表现不枝蔓。
>
> 结语再把相关补，读者一定把你赞。

评 析

拼结尾，这个部分以教师的总结"结语再把相关补"为标准，评价学生的结尾，反复强调结尾要"补充说明"。通过评价，巩固前文的写作规律。

但是，这里有个问题，就是教师总结的写作规律是否恰当？即便重点训练"补充说明"的收束方法，在讲评的时候也不应只用唯一的标准要求，这样会扼杀创新思维和表达方式。

【总评】

这是一节全面过程指导的新闻报道习作课，写前、写中、写后全过程指导，标题、导语、主体部分、结尾全面指导。

这节课，教学容量很大，难度也很大。一节课内完成认识新闻特点，新闻写作，习作讲评、修改，显然对教师的专业素养是一种挑战。但是我们看到吴勇老师，恰当地找到教学的突破口，教学环节一环扣一环，教学节奏把握张弛有度，教学重点突出，表现出了非常深厚的专业功底。

其突出表现如下：

其一，踏实紧凑的教学设计，表现了开阔的课程意识。

本次习作课，每一个教学活动设计都很紧凑，没有丝毫的拖沓之处。小学习作课，为调动学生写作的积极性，为了让学生有话可说，很多教师动用各种方式把学生带到各种故事中，作文课大半时间成了讲故事的课。但是我们看到这个教学实录，每一步骤，每个环节都是实实在在的习作指导，每个环节都是讲求学习效率的学习活动。这要归根教师的开阔的课程意识，包括课程内容的恰当的择选，学生学习心理的准确把握、学生学习基础的正确评估、教学活动的有效展开等诸多方面。

教学内容的恰当选择，体现在同题材不同体裁比较文本的选择，以此为突破口化解了难点，落实了学习目标。恰当的训练示例的选择，是顺利展开写作训练的一个重要的条件，也是对教师课程视野的考验。学生学习心理的把握和学生学习基础准确的评估，体现在各个教学环节中，如将新闻写作知识的认识和训练，分解成标题—导语—主体—结语，一一比较，一一训练，是合理预设学生的学习基础和学习心理的前提下，组织的有针对性的教学活动。凡此种种，都表现了教师的开阔的课程视野。

其二，全过程指导，反复夯实文体知识。

课程改革以来，小学作文教学改革取得了长足的进步。但是有些教师，侧重作文指导的某一阶段，有的教师热衷写前指导，有的教师热衷写后指导，有的教师热衷写前和写后指导，有的教师重写前和写中指导。吴勇老师这个新闻报道教学设计显然做到了全过程指导。

按照认识新闻报道—了解新闻报道—实践新闻报道—写作新闻报道—讲评新闻报道的顺序展开教学，让儿童了解新闻报道文体特点，掌握写作新闻报道的基本规律，尝试写作简单的新闻报道，最后通过讲评进一步提升新闻报道的认识。其中认识新闻报道、了解新闻报道环节是写前指导，实践新闻报道是写中指导，写作新闻报道与讲评新闻报道是写后指导。写前指导、写中指导、写后指导都比较充分，体现了完整的习作指导观念。

教学设计的不足有：

（1）突出的问题在前面教学环节的点评中已经做评述，就是对新闻报道体裁知识阐释不够清晰。新闻报道的写作要求，包括新闻报道的各个环节的认识有其模糊性，导致教学指导存在失当的细节，前文有细致的分析，不再一一赘述。

（2）写作规律的总结不够科学。关于写作新闻报道的要诀，即教师总结的顺口溜，结论不科学，概括存在片面化、绝对化的问题。比如"主体对准主角写"，当新闻报道主体是集体的时候，"主角"如何理解？前面学生写的新闻"夫子庙小学五年级跳长绳比赛"的那则新闻，主角是"夫子庙小学五年级"全体学生，还是"五（7）班"学生，还是男生组，抑或是女生组？这样看来，所谓"要诀"有失片面了。"主角"的提法显然不科学。要诀本就是模糊的总结，用于指导写作实践，就会出现漏洞。

写作是复杂的心智活动，是综合能力的表现，不是一两句秘诀能解决问题的。教师的初衷是好的，希望用浅显易懂的顺口溜，化解写作的难度，给学生一个写作支架。但是写作的规律往往要涉及文章学、语言学、思维学等多方面的知识，绝不是几句顺口溜能解决的，写作也没有什么秘诀。

发力写后指导，作文快乐起来
——管建刚《〈一个快乐的人〉作后讲评》评析

写作教学首先要解决的是写作动机问题。潘新和教授认为："写作教学，在任何时候，唤起、激发与培育言语动机都是首要的。""写作教学法就是建立在对学生言说欲的唤醒、维护与激励之上的。其目的就是促成人的言语生命的成长、发展。"①唤醒学生的言语表现欲望，是作文教学的首要任务。因此，教学中，很多教师重视调动学生的情感投入，比如"我笔写我心"的各种措施，努力放开学生的束缚，以期唤醒学生的表现欲望。事实上，以情感投入为策略的唤醒，似乎还不能从根本上解决问题。

根本的问题，还是要"建立在人的言语"本体之上的唤醒。管建刚老师的"后作文时代"的教学策略，成功地落实了"言语本体之上"的唤醒。"后作文"教学策略，主要是指重视作文教学写后指导，《一个快乐的人》②作后讲评课，是管建刚老师"后作文"教学的经典案例，分析这节课，可了解"后作文"的理念与实践策略。

一、欣赏，让写作精彩起来

作文讲评的第一个环节，教师将学生作文中精彩的语言都选出来，然后一一投影到多媒体上，"读精彩的句子是享受一场语言的盛宴"，和学生一起欣赏。

评析

作文讲评，多数教师重视讲评优秀作文。管建刚老师的讲评方式不同，重视所有学生的优秀的言语表现。管建刚老师抓住学生习作中精彩的语言，大做文章，其目的在于唤醒学生语言表现欲望。

具体的做法是，找出学生习作的精彩的语言，投影到大大的屏幕上，并标注上作者名字，请同学们大声朗读，学生写出的精彩的句子和同学的名字一起朗读。然后师生一同欣赏优美的语言，师生一同享受"语言盛宴"，放大语言的光

---

① 潘新和，郑秉成.言语生命动力学写作教学法的思考[J].中学语文教学，2010（4）：4.

② 管建刚.《一个快乐的人》作后讲评[J].人民教育，2010（18）：46-48.

彩的同时，放大了学生的自信。这种讲评作文的策略，聚焦学生的语言表现，致力于语言本体上激励学生，学生有感于言语本身的美，由此产生写作的动机，是习作学习持久的动力。

不仅欣赏了学生们精彩的语句，还阐释了言语规律，让学生明白语言"精彩"的原因，明白如何才能让语言"精彩"起来。教师用极为简练的语言，深入浅出地做了恰当的诠释。示例如下：

好心情，会让阴雨连绵的日子出现阳光；好心情，会让枯萎的花朵开放；好心情，会让没路的地方踏出一条新路来。

师评：对称、排比的语言，往往是精彩的，有魅力的。我更欣赏其中的"分号"，一个连标点都注意的作者，我佩服。

——欣赏恰当标点的运用。

被一只马蜂蜇了，应该高兴，要想到不是一群马蜂蜇；一颗牙疼，应该高兴，要想到不是满嘴的牙疼；自己的家产丢了，应该高兴，要想到不是自己的快乐丢了……"

师评："写作要有自己的观点。有自己的观点的话，是精彩的。"

——欣赏学生习作中的灵性的思考。

爸爸问服务员："有没有大一号的？"服务员说了一句话，爸爸听后差点晕了。服务员说："这是女士的衣服，您穿错了！"……过了一会儿，爸爸笑了笑说："这才知道，我的身材这么好，还穿得上女士的衣服！"

师评：这些话语，给我们带来了笑声，能够让读者不由自主地露出微笑的语言，是精彩的。

——欣赏学生习作中幽默的语言风格。

快乐，每天爸爸陪着他玩，姐姐教他写作业，妈妈为他讲故事，而我呢，像一只关在笼里的小鸟，一点也不快乐，爸爸从不陪我玩，有个哥哥总和我吵，妈妈从不给我讲故事……

师评：写出自己的内心的话，带着自己真实情感的话，往往是精彩的；精彩的不一定是文字，却一定是你的真情。

——欣赏学生真情书写的言语。

评析

不似一些教师讲评作文的语言只是囿于比喻、拟人、排比，好词好句的运用，管建刚老师方方面面展示了学生精彩的语言，除了修辞、好词好句以外，对标点符号运用、幽默语气、灵性的闪现、真情的书写，都带领学生欣赏。告诉学生什么样的语言是美的，为什么是美的？这里包含的意义是：言语的生命力在于各种语言表达机制的恰当运用，常常被人忽视的标点、语气、修辞等等，都会蕴含言语的生命。这样的写作理论，需要向儿童形象化地表达，管建刚老师通过讲评，归纳精彩语言的类型，做了既理性又通俗的解释。

言语动机，是言语能力提高的必由之径。无疑，管建刚老师的习作语言欣赏是有其匠心的。但是，白璧微瑕，其中个别精彩句子的选择和点评似乎角度失当。

他很快乐，每天爸爸陪着他玩，姐姐教他写作业，妈妈为他讲故事，而我呢，像一只关在笼里的小鸟，一点也不快乐，爸爸从不陪我玩，有个哥哥总和我吵，妈妈从不给我讲故事……

——周凯

师评：写出自己的内心的话，带着自己真实情感的话 往往是精彩的；精彩的不一定是文字，却一定是你的真情。

老师的点评似乎火候还差一点，学生的语言是真情流露，但是，不是所有的真情表白都能感人，尤其是书面语言交际中，缺少真实交际语境，在虚拟的交际状态中，就要看借以表达情感的媒介，也即语言的运用是否有意义。这句话中，真实的情感表达借助了一个生动的比喻："我像一只关在笼子里的小鸟，一点也不快乐"，比喻把抽象的情感具象化，好的比喻一定是灵性的闪现、语言的妙用，所以应该认真玩味，可以从形式的美迁移到情感的真去鉴赏语言的意义。

写作是复杂的心智活动，写作教学自然也是复杂的教学活动，需要多学科知识的综合运用。就句子的讲评来说，看似轻松，其实包括语言学、文章学等多方面的专业知识的支持，对语文教师来说亦是综合素养的考察。

二、挑刺，让语言干净起来

"作文是改出来的"，怎么改？常见的"文病"有哪些？"挑刺儿"环节要解决的是这个问题。

管建刚老师认为，"挑刺儿"，以"挑"句病为主，"挑"段病为辅。一次作文，"病症"不能讲太多，每次讲两三个最典型的病就可以了；多了，学生也顾不过来，要把主要的毛病治好，然后再调理其他小毛病。不要期望一节课能包治百病，也不要期望一次就能把所有毛病都治好。这样下来，一学期、一学年、两学年，学生的语言自然就准确、顺畅、干净、利索起来。本节课"挑刺儿"如下：

1."不肯读"病。

师：好不容易留下的好印象，有时候，被你一个小小的缺陷，给搅了。就像一道好菜，吃着吃着，里面有一只苍蝇！你看——

大家都叫他幽默大王，他就是我姐姐。

一个商贩和一个路人吵了起来。

我的妈妈是个快的人。

我考试了 60 分。

……

师：写好作文，一定要仔细地读；读不出毛病，请你的伙伴读。我以一个出版了 4 本书的作者的经验告诉你们，我现在写的东西，还有很多笔误，还需要靠认真读，才能消灭类似的"苍蝇"！——这些同学，患了一种病，叫"不肯读"病。

2."关联"病。

师：消灭了这些"苍蝇"，你才能进入第二个层次的修改。能消灭"不肯读"病吗？

生答：能！

我虽然很胖，但是很热心，很爱帮助人。

爷爷以前是初中校长，现在已经退休了，天天坐在家里，很无聊。但我们经常打电话过去问好……

师：这两个句子得了什么病呢？得了"'关联'病"。请看——（幻灯片中，将第一句"虽然/但是"、第二句"但"删除）

这两个句子里，不存在这样的关联，偏要用"虽然/但"，这叫乱用关联词。

……

师：平时说话，会有很多不必要的"但是""所以"，写作文时，要琢磨，要使语言干净。

3."我"病。

我乐得手舞足蹈，我觉得自己创造了一个个小小的生命。

我六岁时，有许多人爱欺负我。

我高兴极了，我一路哼着小曲跑回了家，我觉得帮助别人，就是快乐自己。

……

师：发现了什么问题？

生：好像里面的"我"太多了。

师：对，这些是从你们作文里挑出来的句子，患了"'我'病"。

……

评 析

作文讲评，不仅要突出优点，还要指出问题。学生只有清楚问题所在，知道如何改正问题，才能不断进步。学生习作问题方方面面，批评什么？怎么批评？

这是要动一番脑筋的。面面俱到的批评，会让学生不知所措，所以，必须抓住重点评价。如张志公先生所说"有严重的缺点（包括思想认识上的问题），必须让学生认识清楚，自觉地去纠正的"[1]。管建刚老师显然做到了抓住重点讲评，并帮助学生找到治"病症"的"药"，使学生认识清楚，能够自觉纠正问题。有如下几点值得学习。

其一，归纳习作的问题。此次作文，主要归纳三个问题："不肯读"病；"关联"病；"我"病。三个问题，分别归属于写作中的语言态度问题；语言逻辑问题；人称问题。管建刚老师，将这些写作问题，用形象化的语言概括总结后呈现给学生，以学生喜闻乐见的方式讲解给学生，授课内容风趣生动，且能引起学生的重视。

其二，指出问题的症结。将同类错误一并出示给学生，和学生一起讨论问题，总结问题的症结。学生习作中频繁出现的丢字、落字，词语错位的问题，其原因是学生写完作文以后，没有检查的习惯，写后"读"的环节缺失造成的。很多不通顺的句子、费解的句子，症结在关联词语误用。第一人称"我"用得频繁，造成语言不简洁的问题，症结在于不会承前省略主语。问题症结找到了，学生就知道如何解决问题。

其三，明示解决的办法。"作文讲评，'批'不是目的，目的通过'批'达到'改'，因此，不但要指出原作的错误，而且最好能说明其所以然。"[2]管建刚老师不仅归纳了学生的问题，而且指导了学生如何改。如"不肯读病"解决的办法，首先自己给自己读，就会发现很多幼稚的问题，如果自己"读"发现不了，就要请别人读，多请小伙伴读；写作树立了"读"的意识，很多简单的语病都能克服了。"关联词语病"解决的办法是可用可不用的关联词不要用。"我"病解决的方法是上下文一读就知道说的是"我"，"犯不着用那么多'我'"。

纠错的环节，显示了管建刚老师专业底蕴，四两拨千斤的艺术。比如"关联词语"病，不仅是小学生的语言难题，也是中学生乃至大学生的难题。因为关联词语的问题不是简单的词语运用的问题，还是逻辑思维的问题，是语言教学的难题，也是作文教学的难题。管建刚老师形象地做了比喻：关联词是语言的"胶水"，"胶水"用多了，全是"胶水"味，谁喜欢？生动而贴切的比喻，形象地告诉小学生解决"关联词语病"的策略，也即：在小学生还不能完全理解语言的逻辑关系的时候，不用"胶水"的地方就不用，用了反而会添乱。这样解释，学生就很容易理解。

---

[1] 张志公.谈作文教学的几个问题[C]//张定远.中国现当代名家作文论，北京：文心出版社，2000：264-269.

[2] 蒋伯潜.习作与批改[C]//顾黄初，李杏保.二十世纪前期中国语文教育论集，成都：四川教育出版社，1991：837-838.

这无疑是管建刚老师专业素养的折射。但是这样的表现，这样的教学亮点可以再多一些，比如"读"的意识，可以做更多的深入浅出的解释。还有"我"病，是学生不会承前省略的问题，也是主观意识过重的问题，这个意识其实在生活中也常见。由此可以联系一下生活中的现象，这样学生理解起来可能会更容易、更深刻。

三、训练，让表达发展起来

"评"的目的要让学生知道习作取得的优点和主要问题，还要让学生"改"，通过评知道问题在哪里，知道怎么改。评改作文，通常的做法是教师提出修改意见，或者同伴提出修改意见，之后学生按照修改意见改完之后提交给老师，老师再一次批阅。传统的方法不无道理。但关键是学生不太买账，要知道，学生"改"作文的心理和初始作文的心理不同，初始作文的时候有一种对新的学习任务的新奇感，而修改则无新项目带来的刺激，当学生接到重新修改全文的任务的时候，往往应付了事。因而，修改作文，教师要认识到学生学习心理的变化，要设计有效的学习活动，刺激学生积极的情绪投入，作文修改方能生效。

1.欣赏。

师：这次作文，你们写了"一个快乐的人"。关键词、中心词是"快乐"，你写的故事，要突出这个中心词。陈子豪同学就做得很好。

我的快乐，来自于运动……当人们前来为我喝彩的时候，那我有多快乐呀！

师：重要的是最后一句，这句一写，就与"快乐"紧密联系起来。再看：

我的快乐，还来自于好伙伴……我终于知道交朋友的好处了，那就是可以让我天天都快乐！

师：前面是写友谊，末一句，将"友谊"拉到了"快乐"上，这一句更重要。这就叫"一句话救活一段话"。

……

2.示范。

六岁时，有许多人爱欺负我。那时姐姐就会出现在我的面前，跟他们讲道理。三年级时，一群五年级的人欺负我，姐姐还和他们打了一架，并报告了老师，那些人都挨了批评。

师：这段话写的不是"快乐"，是"姐姐帮我"。只要加一句话，就回到"快乐"。请看——看着我不再被人欺负了，姐姐很快乐。

（略。）

3.训练。

师：一段话，看起来离题了，其实你可能只少了关键的一句话，回到"中心""主题"的一句话。加一句或改一句就可能救活一段。要学会这个方法，请试试看——

有一次，我的作文本不知掉在哪里了，非常着急。刚好晶晶回来了，她看着我焦急的样子，急忙跑来问我："你在找什么？"我回答："我的作文本掉了，明天要交了……"没等我说完，晶晶就弯下腰帮我找，找了一个多小时，我们才找到。晶晶咳嗽一声就上楼了，看着她的身影，我心里默默地说道："晶晶，谢谢你。"

师：这篇作文写的是"晶晶是个快乐的人"，你怎么改？（生练习，交流后师出示例句：晶晶快乐地笑了，仿佛是我帮她找到了本子。）

4.奖励。

师：大家练得很投入，奖励给大家一个"秘笈"：有时候一个词就能救活一段话。

我喜欢动物，当然，除了蜗牛。如果你想把我吓跑的话，你可以拿一个纸蜗牛放在我面前。不过，现在我会非常坚定地对你说："'兔子'我可最怕蜗牛啦。"

生将"坚定"改为"快乐"……

评析

管建刚老师关注学生的学习心理，制定训练任务。任务主题为"训练，让表达发展起来"，但没有让学生修改全文，修改任务只有一项内容：学会扣题，突出中心。

扣题的问题，是用语言训练的方式解决的。"一句话救全文"轻松解决了不扣题的问题。训练的过程分四步：第一步，先出示学生"一句话救全文"的示例；第二步，示范训练，就未扣题的病文，用修改"一句话"的方式"救全文"；第三步，指导修改策略，看似离题的语段，加一句使其回到"中心"的话，一句话救一段，然后，出示多则病文，讨论修改，学会扣题；第四步，有时候一个词可以救活一段话。

管建刚老师修改作文的训练显然是有成效的。其策略在于，关注学生学习心理，将枯燥的全篇修改，化整为零，集中解决一个问题。反复训练，反复巩固，直至彻底解决。

偏题叙事是小学习作中是常见的问题，也是学生习作难以解决的问题，因为儿童还不具备逻辑思维能力，习惯于线性的思维叙事，想到什么就写什么，而布局谋篇需要缜密的逻辑思维的支持，所以，扣题这个问题对中学生来说似乎是小问题，但对小学生来说却是难题。管建刚老师将扣题的要领，化作具体的、可操作的语言训练，结合语境做句子训练和词语训练。形象地解释训练的要领：扣中心就是回到"中心"去，将游离的关键句子和词汇拉回去。将儿童难以接受的篇章知识，通过语言这个小路，直抵谋篇的彼岸。这样生动的习作知识的讲解，将学生厌恶的学习项目变得如此容易亲近。

有效的习作评改，是因为教师善于发现儿童写作心理，并能根据写作理论，制定行之有效的学习活动。

【总评】

看管建刚老师的授课实录，总是会为课堂教学所呈现的教师热情所感动，能体味到教学设计后面师者的拳拳之心，殷殷之情。

管建刚老师认为："作文是一种输出，用文字的方式输出自己的情感和思想的声音。它应该带有一种自豪感、成就感，因为从此之后，人有了自然之外的、通过后天努力获得的第二种说话的方式。"[①]希望通过作文给学生带来荣耀和自尊。管老师对作文教学的设想，在学生"一怕文言文，二怕写作文"的背景下，充满了理想主义色彩。他的教学理想源于其个人的成长经历，当年，刚刚师范毕业的管老师"抱着一个病体无可奈何地蜷缩在小村里"，在青春落寞之时，一篇300字的短文发表，让他感受到写作带来的生命的慰藉、自信和快乐。他要把这种文字带给人的尊严和成就感传递给学生。因此，管老师作文教学充满了理想主义，其理想主义体现在作文教学的方方面面。

（1）追求全覆盖的鼓励。

作文评改要以鼓励为原则，调动学生作文的积极性。为了呵护学生的写作积极性，作文评价往往以表扬为主。但优秀的作文毕竟是少数，多数作文平平常常，或者表现不尽如人意。对普通的作文，教师们就要挖空心思地寻找表扬的语言，其结果是，堆砌一些泛泛而论的表扬词汇。教师的初衷虽然是好的，但是因为不得法，结果导致鼓励失真。久而久之，学生对教师的鼓励失去了热情。而管老师"后作文"的鼓励策略，显然产生了积极效应。

全员鼓励，应该是鼓励的极致，也是理想。管老师的鼓励力求遍及全体学生。

抓"好句子"，尽可能大面积的直接鼓励学生。本节课抓了十个好的句子。同学们"一起朗读句子和作者姓名"，这是个不容小觑的细节。学生们的言语表现原本就是灵性迸发，连同名字一起朗读的时候，这时候孩子的成功感会得到极大的鼓励。激动和兴奋，成功和喜悦，会随着响亮的朗读声鼓动起来，这种美好的声音将刻在生长的年轮中。每个人的作文都找出好句子是不可能的，但是在这

① 管建刚.我的作文革命路[J].小学语文教学，2011（4）：26-28.

样的学习活动中，让每个学生有所体验、有所感受，是可以做到的。

抓"好句子"，努力将鼓励惠及全员。因为"好句子，是每个学生努力一下，都能做到的，这就是真正面向全体的欣赏，给每一位学生带来欣赏的可能"，好句子能"让作者感受到写作带来的骄傲和荣耀，读者产生渴望写出类似漂亮句子的需求"。因为目标能够争取到，所以写出好句子的"作者"和读好句子的"读者"，都能受到鼓舞，产生积极的期许。

目标选择的恰切性，保证了鼓励的真实性。学习目标难度适中，在学生最近发展区设定目标，学生跳一跳都能够得到，然后选不同的学生朗读，或者作者自己朗读，或者同学朗读，或者大家齐读，保证了所有的同学都参与活动中。老师适当点拨，尽可能让所有的同学感受到句子的美，体会到美的原因。每一个细节，都精心地设计，尽可能地让每个学生都感受到真实的赞美，感受到老师和同学们的欣赏，体现了管建刚老师努力实现全员鼓励的理想。

其实在一节课中，实现全覆盖的欣赏，难以做到，即便是学习活动遍及所有的学生，因学生参与的角色不同，学习投入不同，得到的欣赏程度有别，学生接受到的鼓励也有别，从这节课学生的活动来看，直接感受到欣赏的确比传统的作文讲评课要多，毕竟，教师做了积极的尝试。

（2）建构语言层面的指导意义。

自20世纪70年代起，"写作即交流"[1]的理念就开始在欧美语言教学中流行，管建刚老师关注写后指导。其写后指导以语言为训练点，打通写作素养间的关联，建构写作的能力。本节课习作语言讲评，一方面致力于修正错误语言以提高语言表达能力，另一方面以语言为切入点，解决了习作不切题的问题。

管建刚老师的作文实践，好似一股清新的风，让我们看到了作文教学的美好的未来。但是也有一点疑惑，需要做一下探讨。

精彩的语言，是否是优秀作文的标志？

这节课，投入了很多时间欣赏精彩的语言，管建刚老师告诉学生："一篇作文要是有三个好句子，给读者留下三次好印象，那一定是好作文。"精彩语言的训练，几乎是每个教师都要重视的，但是，有精彩的语言是否就意味着是好作文？"有三次好印象，那一定是好作文"。姑且不论此言是否严密，这句话中体现了教师习作教学的训练目标：语言精彩。这种观念显然是因循了"文采"观，"文采"语出《墨子辞过》："刻镂文采"，意思是艳丽而错杂的色彩，用于文章的语言则指"要有一定的技巧性和表现力，包括语言生动活泼、句式灵活多样、意蕴丰富、意境深远、善于运用各种表达方式和修辞手法。"[2]一直

---

[1] 赖佳佳.对话理论视角下的作文评价[J].语文建设，2017（12）：38.

[2] 孙如明.高考作文评价应淡化或删改"有文采"[J].语文学习，2009（6）：64-65.

以来，文采是好作文的一个标志，但是不是所有的文章都须有文采？前些年广为诟病的高考有文采的优秀作文，不知所云的现象屡见不鲜，让我们不得不思考，作文的目的是什么？美国的写作教学主要目的是"写是为了有效地交流"[①]无论当下语文教育还是面向未来的语文教学，都要关注的是个人终身发展和社会发展需要的必要品格和关键能力。有文采的书写和为了交际的写作之间，哪一个更能体现社会发展所需的必要品格和关键能力？是当下作文教学的一个思考的问题。当然，我们希望二者兼顾，既有能建构起审美的语言能力，又能建构起实用性的语言能力。小学阶段，习作语言训练重点应该落在何处，的确还是值得思考的问题。

---

① （美）威廉·W·韦斯特.提高写作技能[M].章熊，章淳，译.福州：福建教育出版社，1984.

下水，总有一番深情

——管建刚《家常讲评课——回信的奥秘》课评

一、下水，则当真诚

语文老师教作文如教游泳。教游泳须下水，了解水的深浅，才能辅导好学生。同理，语文老师教作文，也应该经常和学生一起写作文，这样才能知道作文的深浅，才能有更多的写的体验和感受，这是下水作文概念的由来。很多老一辈语文教育家都倡导教师要写下水作文。当下语文教学中我们看到"下水"的老师越来越多。

但是教师写下水作文历来就有争议。2019年高考结束后，《收获》杂志副编审叶开发表了一篇标题为《中小学语文教师百分之九十都应该回炉》的文章。起因是高考之后，有位特级教师写了一篇下水作文，叶开认为"口号听起来十分雄壮，极其豪情，但整篇文章读下来，没有对现实世界、普通生活的任何真正观察、描述与反思。感觉只是读稿子，举手宣誓表演。"于是叶开说特别讨厌"下水作文"这个词。叶开先生的文章如轩然大波，引发热议。其实，叶开先生痛斥的"下水作文"是针对那些没有生活，没有真实体验，没有真实思考，为了"下水"而"下水"的作文。这种下水作文其实就是在作秀，即便初衷是好的，但是也会因为没有真实内容，不能给学生积极的启发而被诟病。叶开先生的观点启发我们，教师下水则当真诚。一方面，要真诚地为学生考虑，想好下水的目的，为什么下水？给学生什么样的引领或者启发？另外一方面，也要客观评估自己的下水作文的内容水平，是否能够带来积极的作用，然后再出示给学生。

管建刚老师这节作文讲评课《回信的奥秘》，开始上课就出示自己的下水作文。从写作内容来看，此信是对还有半年就要毕业的全班同学的一封信。这封信就语言来说并无可圈点的文采，平白如话，但是感情真挚。这封告全班同学的信，没有迎合学生一味地褒奖赏识。而是在肯定同学们留下的美好印象之后，更多的是针对班级存在的问题，提出殷切的期望。

这封信体现了管建刚老师教学设计的匠心。

亲爱的六（1）班同学：

你们好。

转眼，我们相处两年多了。两年多里，很多同学给我留下了深刻而美好的印象。吴俊凯，一学期里每日早到，管理早读；小助手顾芷瑄、沈星煜，负责及时；谭圆、唐澜的字突飞猛进，直抵张奕；毛以恒、任金金的作文，无比精彩；卢婕、吕璇的安静，从不给纪律添麻烦；汝昀彦、赵牧禾、刘雨桐三位班长，以身作则，学习优异；任金金的笔记、张奕的复习，清晰、完整、有创意；张承脉、张旻雯超越自己，力争一个月写完两本；张智慧、王伊能彻底告别了拖拉作业，进入了"当日作业、当日完成"的光荣行列。我们创造了将雨伞放到最美的境界，我们创造了将汤碗放得整整齐齐的境界，等等。

然而，我们不能不承认，在全校老师心目中，我们班还有不少问题。

周俞然，难道你就不能遵守课堂纪律，不给老师添乱吗？李俊涛，难道你就不能及时完成作业，非要把作业留到放学后，或者老师逼着做，这样就好玩了吗？陈培侯，难道你就不能在课上管住自己的嘴，难道你没有发现自己的纪律越来越糟糕，学习也在下降吗？还有几个同学，我就不说了。难道你们不知道，假如我们六（1）班不是你们的捣乱，六（1）班将会多么优秀啊。难道你们不觉得，六（1）班因为你们而背了多少黑锅！难道你们不知道，六（1）班的同学对你们有多么的宽容！难道你们就一点也不会为六（1）班想想，难道你们就想让六（1）班的坏名声，因为你们，而永远地留在小学母校吗？

亲爱的同学们，难道六（1）班的排队就不能静一点、快一点、齐一点吗？难道六（1）班就不能在副课上表现得好一些吗？我多么希望，六（1）班成为你的骄傲，你会骄傲地说，我在六（1）班；我多么希望，六（1）班成为我的骄傲，我能骄傲地说，六（1）班是我教过的最好的班级，而不是说，我再也不希望遇到像六（1）班这样的班级了。同学们，面对几个同学的坏习惯，难道你们还想宽容下去？难道你就不能大喝一声：请你自重！

亲爱的同学们，还有半年多的时间，你们就要毕业了，你们有什么想法呢？你们有什么打算呢？你们有什么誓言呢？

期待你们的回信。祝六（1）——走向理想中的优秀！

期待着你的：管大
2014年11月21日星期五

读了管建刚老师的信才知道，原来，这封信既饱含教师的殷切期待，也是一项学习任务，是一项习作学习的任务。从习作任务的设置来看，这封信可以说是作文的材料，信中殷切期盼的语言，正是作文的要求，要求学生要回复老师的信。所以，这封信，是教师的一篇身先士卒的下水作文，是凝聚了教师一片红烛心的信，也是凝结了教师教育智慧的一封信。

下水作文，这种传统的语文教学方式，在管建刚老师这里，旧瓶新酿，别有一番风味。

二、诱发动因，须有足够的投入

　　作文教学是语文教学中最为复杂的心智活动。作文教学之所以难教，是因为它对教师的综合素养要求最高，同时教师的投入也比其他教学内容要多。诱发学生的学习动因，教师须要充足的准备，付出大量的心血。因而，作文教学是最考验教师的综合素养与专业情感投入的教学活动。这个教学环节，管建刚老师用他惯用的学习活动方式，批改作文，评选作文，编辑班级周刊。教师批阅了同学们的回信后，选出十多篇，编辑成班级周刊——《我们的回信》专刊。显而易见，管老师付出很多精力。

　　选出的学生的回信，写作的角度、抒发的情感都具有个性色彩。但感情都很真挚，语言都很流畅。请看下面两封学生回复教师的信。

尊敬的管大：

　　您好。

　　看到了您给我们全班的信。信中，提到了班中一些同学的好，整个班级的好。是您给了高的要求，我们才能像今天，不断往高处爬。可以说，您来之前，我们完全不会注意要把雨伞放整齐，把汤碗放整齐。是您的表扬课，让大家明白，我们可以做得更好。

　　在您来之前，我从来都不觉得副班长有什么作用，只是觉得很轻松。直到您来了我才明白，班长不只是一个名字而已，是要实实在在地为班级做事的。在您的指导下，我们三个班长才慢慢成长起来。我们知道了，老师不在，应该管好班级。老师管不过来，应该帮助老师。是您，让我们认识到班长的责任。

　　我们也知道，就是因为那几个同学，常惹得老师们在课上大发脾气。一个巴掌拍不响，如果没有人去理他们，也就不会继续讲下去，课堂也就不会那么地吵了。我想在这里对大家说，其实，我们每一个人都有责任。希望在小学的最后半年里，我们班都能静下心来。在老师的眼里，能留下好的影响。

　　祝您天天开心！

您的学生：刘雨桐

2014年11月21日星期五

敬爱的管大：

　　您的信我收到了，不知道为什么，心里酸酸的。您使我的作文大大提升，作文病逐渐下降。我真想立马回一封，但不知写些什么。

　　管大，我真想让您一直教我们，初中、高中……哪怕是回到四年级，这样我就可以在朋友面前光荣地大叫："教我们的是特级教师———管建刚。"

管大，到现在，我觉得你是世界上最好的老师。以前的老师要么说我字丑，要么说我成绩差。我的字写不好，你就鼓励我，让我在您的监督下写好。原来的我，一看书就睡觉，认为书很枯燥，直到您来到我们班，我爱上了读书。您让我管理早读，管了一学期，爸爸一直说，早上那么早去干嘛，又不读书，就在那里吵。我感到很委屈，却不敢当面说出来，您像是知道我在想什么，一直表扬我这一学期的辛苦。如果有哪天，您真的不教我们了，我会不会躲在被窝里痛哭一场？

现在，我真觉得时间过得太快了，有句话说得好：眼睛一闭一睁，一天就这么过去了；眼睛一闭不睁，一辈子就这么过去了。现在，眼睛一闭一睁，两年半就这么过去了。

写到这，我也不多写了，还祝管大长命百岁，永垂不朽，精神千秋！

您的学生：吴俊凯

2014年11月21日星期五

出版《班级作文周报》是管建刚老师"后作文指导"的特色。办班级周报的意义不言而喻，对诱发学生的学习动因有积极意义。管建刚老师执着地认为虽然《班级周报》工作繁复琐碎，但是它能让学生"作文的力量被释放，生命的价值和状态被激活"，同时能够让学生们"内心都有一个期盼，就是活得有尊严、有风采、有价值"，因此，管老师近20年的作文教学改革，办了近1000期的《班级作文周报》。诱发学生习作动因，并使学生保持学习的活力，这是管建刚老师的理想。其实我们知道，这须要老师付出太多的心血，须要长期的扎扎实实的投入。

无疑，教师的作文教学投入，是诱发学生习作的重要动因，也是提高学生习作水平的重要因素。两篇学生的作文，从书信的写作角度看，情感饱满真诚、语言流畅。由书信的内容可知，学生很庆幸自己的作文水平有较大幅度的提高，学生的写作态度发生积极的转变，源于教师的教学投入。管建刚老师的投入主要是大量细致的"写后指导"，因为教师指导方法得当，投入精力多，学生的"作文病逐渐下降"，原来"认为读书很枯燥"，现在爱上了读书。学生写作能力的提高，带动了阅读的热情，进而对语文学习，乃至其他课程的学习态度都发生了转变。这种转变源于有效的作文教学活动，诱发了学生的学习动因。

教师通过习作对学生学习自信心的唤醒，可以波及语文学习，乃至其他学科的学习。因为习作所带来的言语自信，可以激发学生尊严感和自豪感，使学生感受到成功的快乐和喜悦。

三、细节，决定作文的质量

作文讲评课，是"后作文"教学的重头戏。本次作文辅导，教师依然将评改作为作文指导的重要环节，细致辅导。

管建刚老师秉承作文讲评每次不要超过三个问题的原则，集中解决学生作文中突出的问题的策略。管建刚老师没有强调书信的格式和内容，而是对称谓、祝福语、落款，附言的运用做了非常充分的探讨，强调的是语言准确性、新颖性。而相关的写作知识，是在师生对话中自然渗透的。

请看教学实录片断。

我出示了三种称呼："亲爱的管大""敬爱的管大""尊敬的管大"，请学生辨别，哪一个称呼，跟我的关系最远。

学生说"尊敬的管大"。"我跟大家天天在一起，你就离我那么远吗？"大家笑了起来。"称呼前，可以有修饰性的、形容性的词。不过，要想一下，是否合适，是否有创意。"我出示____我最最亲爱的管大。有人嚷：管大，你自恋。我说不是，是以前的学生写的。

我出示____

自恋、臭美的管大。

有时喜欢有时不喜欢的管大。

"称呼，不一定要老套的'亲爱的''尊敬的''敬爱的'，是可以有创意的。"我说。

信的结尾，有祝福语。这期《周报》上，祝福语有传统版的："祝管老师，身体健康，工作顺利。""祝您天天开心！"

我请大家说说最喜欢、有创意的祝福语。有人推荐程凯的祝福语：

祝我们班在半年里能震撼全校，走向理想的胜利！

有人推荐袁诗礼的祝福语：

祝您——

教出一代又一代优秀的学生。

有人推荐吴俊凯的祝福语：

写到这，我也不多写了，还祝管大长命百岁，永垂不朽，精神千秋！

"永垂不朽、精神千秋，我够不上啊。"我苦笑道，"再说，这两个词，一般是用在死人身上的。"大家再次爆笑。

"祝福语，我和大家一样，喜欢程凯的，袁诗礼的。他俩的虽与众不同，但又和信的内容十分吻合。"我说，"祝福语里，也能看出你的信，写得是否用心，是否有创意。"

信要署名，我出示"您的小助手：顾芷瑄""爱你的学生：任金金"。

大家认为最有创意的是："您正在努力的学生：李俊涛""您目前还讨厌的陈培侯"。署名，也可以"署"出一片真诚、一片创意。

信的最后，是"时间"。大家说，这没什么可创意的。

"请你们看看管老师写给女儿的信，是怎么写时间的。"我出示——

2014年8月26日星期二下午13：48，改于晚上20：03。

2014年10月5日，傍晚17：20，改于2014年10月18日星期六。

学生说，管老师的"时间"，写得很细，哪一天的哪个小时的具体分钟都有。

学生说，还有，修改的时间也写上了。

"你们从这个'时间'上，感受到了什么呢？"

吕璇说："一看到这个时间，就感受到你对这封信很重视。"

我再出示——

写于2014年4月17日，改于4月18日，杭州萧山机场。

2014年7月20日星期日，中午11点41分，G835，信阳东—郑州的动车上。

学生说，时间的后面，又多了一个写信地点。

学生说，这信是在机场或者动车上改的，说明你对这封信、对收信的人很重视，路上还想着这封信。

"小小的时间，也能传递出大大的情意。"我说，"有的时候，我还会在'时间'后写上一、两句话，如——"

附：有什么难事、急事，找吴琳阿姨、久铭叔叔。

附：再次抱歉，爸爸又不在家。我们彼此心有挂念，还有什么不满足的呢。

学生说，这些话，大概跟信里要说的话，不是一个主题，但又很重要，可以用"附"的方式。

"是的，这又是写信的一个技术。"我说。

对书信的称呼，管建刚老师前后出示"亲爱的管大""敬爱的管大""尊敬的管大""我最最亲爱的管大""自恋、臭美的管大""有时喜欢有时不喜欢的管大"六种学生回信中的称谓，和同学们一起玩味哪个称呼显得关系最远。这些称谓多数是同学们这次作文中的称谓，也有毕业的学生写给管老师的书信中的称谓。师生讨论后，对书信的称谓明确两点要求：一是应该有恰当的修饰，以准确地表达情感；二是为了表达不同的情味，不一定要用人们习惯用的称谓，称谓可以有创意的。

关于祝福语。管建刚老师将祝福语分成了三类：传统版祝福语、有创意的祝福语、用语不得当的祝福语，和同学一起讨论哪些祝福语是有创意的。轻松的对话中玩味祝福语中的情味。讨论的结论是："祝福语里，也能看出你的信写得是否用心，是否有创意。"

落款、署名也可以有创意，可以包含"一片真诚、一片创意"。

时间交代要细。管建刚老师出示了自己给女儿写的信中四则落款的时间：

2014年8月26日星期二下午13：48，改于晚上20：03。

2014年10月5日，傍晚17：20，改于2014年10月18日星期六。

2014 年 4 月 17 日，改于 4 月 18 日，杭州萧山机场。

2014 年 7 月 20 日星期日，中午 11 点 41 分，G835，信阳东—郑州的动车上。

时间落款细致到了分秒，修改时间，写作地点。这样的落款学生显然没有见过，全新的体验中思考时间落款的意义："说明你对这封信、对收信的人很重视，路上还想着这封信"。

"小小的时间，也能传递出大大的情意。"

关于附言，管建刚老师出示了自己给女儿写信中的示例：

附：有什么难事、急事，找吴琳阿姨、久铭叔叔。

附：再次抱歉，爸爸又不在家。我们彼此心有挂念，还有什么不满足的呢。

解释了附言的意义：与书信主题不一样，但是内容又很重要，这种情况要附言，附言也是"信的一个技术。"这个环节是教学的重点。这部分教学有两个突出特点。

其一，在交际语境中培养公民语言意识。语言交际能力是学生适应未来社会的必备素养，被国际经合组织和美国等各个发达国家视为核心素养的重要内容，也是语文核心素养的不可或缺的内容，因此，在交际语境培养公民语言能力是实用类文体写作的主要目标。管建刚老师这节课无疑准确地把握了实用类文体写作教学的目标：在具体的交际语境中培养学生规范表达、创新表达、情味恰当地表达的能力，这些都是现代公民应具备的语言素养。管建刚老师带领学生做了扎扎实实的交际语境的语言训练。

其二，在交际语境中落实师生之间的目标期待。"作文评价不是师生话语在彼此心灵中无目的地游走，它包含着确定的目标以及师生之间的相互期望。"[1]讲评过程中，关于书信的每个细节，师生间幽默风趣的讨论，无一丝一毫"心灵无目的游走"，渗透了教师对书信写作的每个细节的独到理解，包含着教师对学生的期望；同时，学生的学习热情、学习期待，也在积极的对话中真实地表现出来。在师生真诚的交际中，落实了彼此的目标期待。

其三，在交际语境中输出教师的写作经验，产生积极效应。管建刚老师两次拿出自己的写作示例（第二次在下面的环节），每一次写作示例，都是一种真诚的召唤，浸含教师的热情期待。学生真切地感受教师的真诚与热情，这样的下水，无疑是有感染力的。教师能够根据特定的语言交际目标，恰当地拿出自己的写作示例，其中必然沉淀了教师的教学经验和写作经验。

但是，这个环节稍显不足的是，一些细节可以再做深入的讨论，让学生收获更多的更为深刻的认识。比如关于书信的称呼可以再做分类讨论，对长辈、对同辈、对朋友、对熟悉的人、对陌生的人等，书信写作的对象不同，称谓的方式也

[1] 赖佳佳.对话理论视角下的作文评价[J].语文建设，2017（12）：39-41.

不同。此外，在古代，书信是非常重要的文化交流的手段，其文化意义非常丰富，可以适当引入一下可借鉴的书写语言或者方式，比如，可以介绍一些古代写信的称谓和落款。还有，互联网时代，电子信件的书写要求等。稍做介绍，可增加习作课的文化意蕴。

当然，这些内容不是学习的重点，也可以介绍点拨之后，请同学们课后查资料，自己拓展学习。

四、习作评改，亦可以余韵绵长

作文评改，也很有创意。教师这样处理评改的环节。

我要给《周报》上的信，写回信。但不能给每一位同学都回信，只得选几个同学，有针对性地回。大家呢，选《周报》上某个人的信，也可以像我一样，选某几个人的信，给他们回信。

好文章是改出来的，是语文人心心念念的符咒。但是我们看到能够激发学生反复修改，且让学生能乐此不疲的作文课，很是少见。这样的习作教学，是语文人应该追求的境界。管建刚老师努力追求这种教学境界。

为了调动同学们改正作文的积极性，再次写回信，管建刚老师又一次下水，回复《周报》上同学的信，有针对性地写了回信，回信中倡议同学们：选《周报》上某个人的信写回信，也可以选几个人的信，一并写回信，要求是：回信要写出真实的感触。

教师的下水作文片断如下：

亲爱的陈培俣、李俊涛、周俞然同学：你们的信我看到了。看了你们的信，我很欣慰，也由衷地为你们感到高兴。

陈培俣，你信的署名"您目前还讨厌的陈培俣"，我想说，我不是讨厌你，而是讨厌你的坏习惯。你和我一样，也讨厌自己的坏习惯吧。由此说来，我们是一个队伍的，我们的目标是一致的，都是要将你的坏习惯改掉。真心地希望你如信中所说，以夏洛蒂为榜样，成为一个意志顽强的人。千万不要小看人家是个女的哦。

李俊涛，感谢你在信里说了真心话、大实话。更感谢你下了决心，要跟以往的"旧的李俊涛"告别，不，是诀别！新的李俊涛，这一次，不要给旧的李俊涛以反复的机会，我多么希望在你毕业之前，同学们看到和你一样希望的——新的李俊涛，老师和你一样希望的——新的李俊涛。

周俞然，四年级到现在，你有了很大的进步，这一点我看到了，大家也看到了。这次，你在信中说，"一定会为六（1）班想想，一起除去六（1）班的坏名声"。不管这是你说说而已，还是你下决心要努力做到的，我都很感谢你，感谢你发出这么美好的声音。

……

陈培侯、李俊涛、周俞然，我们也不能因为别人的胸怀宽广，能装下我们的缺点，而纵容自己的缺点。你们说呢？祝你们——能在毕业前塑造一个新的自己！

永远想帮助你们而不是害你们的：管大
写于2014年12月4日13：34

老师给同学们读完信以后，同学们纷纷撰写回信。管建刚老师将自己第二次给同学们写的信和同学的回信整理之后，编辑班级周刊专刊《我们的回信2》。

其中有一篇署名为"正在努力的学生"的信，不禁让人动容。内容如下：

我承认，我不是好学生。我想下定决心，哪怕，哪怕把我玩电脑的心的十分之一取出来，放在学习上，可是我做不到。我是一个烂泥扶不上墙的人。我曾有多少次想改变自己，有多少个夜晚在灯下写保证书，然而对电脑的欲望不是一天、两天了。我要突破自己，成为一个老师心中想说的：'嗯，李俊涛很不错'。"

原来，作文评改，是可以余韵悠长的。

作文教学，不只是写作能力的培养，也是学生情感教育的沃土。

【总评】

非常佩服管建刚老师的教学热情，这节课被他誉为"家常评改课"。的确，我们看不到公开课的痕迹，精心设计的环节，优美的授课语言，吸睛的引用等。没有一丝造作，没有一丝夸耀，没有一丝矫情。看似平淡，内容却很充实。也正因为日常的课，因为真实，我们才能更深刻地体验到为师者的专业投入和专业情怀，才能有更多的体验和感动。

无疑，这是饱含心血的习作课，是饱含深情的习作课，是充满智慧的习作课。

除前文的看法外，补充两点认识：

第一，习作教学，需要大量的教学投入。管建刚老师这次的"家常作文"讲评课，虽说是"家常"，但是我们看到，非常"折腾"。管建刚老师做了两次下水作文，讲评中还出示了从前写的书信的片断，还出了两次周报，工作量之大，难以想象。我们不由得想到一个最普遍的道理，汗水洒落的地方，鲜花绽放得更艳丽。习作教学，没有足够的教学投入，怎么能调动学生的积极性？管建刚老师给了我们一个启发，这个启发就是朴素的道理：因为习作教学难教，就要付出更多的汗水！

第二，教师的下水作文，需要有目标情境、写作经验、教育理念的支持方能彰显其价值和意义。否则，教师仅凭专业热情下水示范，缺少目标情境和必备的写作经验的支持，所写的下水文，或许因其存在失当之处，造成不良影响。管建刚老师，针对教学目标的设置，出示两个个人写作经验的片断，一是关于书信的落款，一是附言。因为有具体目标情境的知识，有针对性地拿出自己的写作片断，恰当地为学生做出了示范，这样的下水经验的传递，无疑是非常有意义的教学互动。是教师教学经验的传递，也是教师写作体验的宝贵输出。因此，教师下水，须有明确的目标支持，写作经验的支持，方能产生智慧的教学启迪。

写作就是创造劳动，写作教学更是创造性的劳动。

写作的精彩往往来源灵感，写作教学的精彩来源于苦心经营，殚精竭虑，还有赤诚和热爱！

观察方法，习作的一把钥匙

——钟传祎《"神奇的水母"习作指导》课评

深圳市福田区莲花小学钟传祎自2002年开始，做了"作文与学科整合"的教学改革研究，后命名为"学科作文"，并有《写中学》《学科作文教学理论与实践》等著作发表，形成了"跨学科作文"系统的教学理论和实践策略体系，此项教学改革曾获全国基础教育改革二等奖。

《学科作文教学理论与实践》中对"学科作文"的改革目标和意义描述如下：借鉴国外"跨学科作文"的成功经验，打破了学科之间森严的壁垒，使各学科融合为一个整体，实现了写作教学和其他学科的"双赢"。

最大限度地将各学科的信息利用起来，可以解决中学生普遍缺乏写作素材的问题。其次，借助各学科的特点，学生的观察能力、思维能力、想象能力得到了锻炼，写作能力得到提高。对其他学科来说，它可以引导学生及时总结阶段性的学习成果，更重要的是，学生在中学时代就接触到或者初步掌握如何在特定的学科环境里写作，可以为日后在一定专业内的言语交流，如撰写论文打下基础。

由《"神奇的水母"习作指导》①教学实录，我们可以考察学习"学科作文"的理念和实践策略。

一、结合生活，引出习作内容

师：同学们，上星期我们去秋游，到了欢乐海岸的海洋奇幻馆，看了很多的水中动物。下面我们一起来欣赏音乐《水族馆动物狂欢节》，一起来认识形形色色的水中精灵。（出示水中动物图片）

师：同学们认识不少的水中动物，那么，你最喜欢什么动物？为什么喜欢呢？

生：我喜欢水母，因为它很好看。

生：我喜欢海龟，因为它很憨厚。

……

师：丰子恺喜欢白鹅，因为它高傲，它的高傲体现在它的叫声、步态和吃相

---

① 钟传祎，武宏钧."神奇的水母"习作指导课录评[J].语文教学通讯，2017（5）：44-46.

中；老舍喜欢猫，因为猫古怪，然后老舍就围绕猫的古怪写了种种猫的趣事。每一种动物都有自己的特点，这也是同学喜欢它们的原因。如何把一种动物的特点写清楚，这就需要认真的观察和细心的体验。通过比较观察法，把握动物的特点，写出独特的细节。

评析

本节课导入用了习作教学经常用的导入方法：联系生活，引出学习内容。可学习处有两点。

其一，立足学生真实的体验，有效挖掘习作资源。

写作教学的关键任务之一就是解决"写什么"的问题，写作的内容要尊重生活，如叶圣陶先生说："在作文教学中，首先要要求学生说老实话，决不容许口是心非，弄虚作假。"[①]小学习作教学"就是把自己在日常生活中看到的、听到的、想到的、亲身经历的事情，用恰当的语言文字表达出来"[②]，教学中尊重学生已有的生活经验，调动已有的生活体验，书写真实的生活。因此，要指导学生联系生活，发现有价值的素材。但联系生活，需要适当的限定，否则，漫无边际地联系，思维没有了方向，习作就不能书写真实的生活。钟传祎老师限定学生回忆一周前去海洋奇幻馆参观水族动物的经历，出示动物图片，并配乐。学生一周前参观欢乐海岸的海洋奇幻馆的活动，是不是为此次习作做的准备我们不得而知，但是，由此可以看出，钟传祎老师善于利用学生生活经验有效挖掘习作资源，这是习作教学，解决"写什么"的有效策略。

其二，选择恰当的学习示例，引出学习任务。

明确学习任务之后，引入两个名家的写小动物的散文为示例，丰子恺的《白鹅》与老舍先生的《猫》。提示学生本节课学习任务：通过比较观察法，把握动物的特点，写出小动物的独特细节。习作教学中，典范的示例是非常重要的学习资源，尤其是名著的示例。如叶圣陶先生所讲"读人家的文章，对于锻炼语言习惯也有帮助……必须特地留意人家怎样用词，怎样表达意思，留意考察怎样把一篇长长的语言顺次地说下去。这样，就能得到有用的资料"[①]，有用的资料必然是"用词""怎样表达意思"方面的典范。典范示例的选择需要对写作知识的运用有准确的判断，本节课的两个写作示例都选自教材中的课文，两篇名家的动物描写经典散文，所运用的写作手法具有典范性。选择学生熟悉的学习内容总结观察方法，学生易于理解把握。

---

① 刘国正.叶圣陶语文教育论集（第三卷）[M].北京：人民教育出版社，1994：155–419.

② 江平，朱松生.小学语文教学论[M].上海：上海三联书店，2001：251.

本节课的导入，联系具体生活内容，调动真实的生活体验；运用名著中典范的示例，引出学习目标。思路非常清楚，语言干净利落，没有闲语赘言。

二、范文引路，学习比较观察法

师：《白鹅》写鹅高傲的叫声，就运用了比较观察法。（出示片段）

鹅的叫声，音调严肃郑重，似厉声呵斥。它的旧主人告诉我：养鹅等于养狗，它也能看守门户。后来我看到果然如此：凡有生客进来，鹅必然厉声叫嚣；甚至篱笆外有人走路，它也要引吭大叫，不亚于狗的狂吠。

师：这里把鹅的叫声和哪一种动物比较？

生：狗。

师：为什么和狗比，不和鸡鸭比，不和马牛比？

生：狗是看门的，乡下叫看门狗。鹅也是看门的，所以作者用狗来比。

生：狗喜欢叫，鹅也喜欢叫，所以有共同的地方。比较的对象要有相同点，比较就是在相同的地方找出不同点。

师：非常好。比较的对象一定要有类似的地方，这叫可比性。拿鹅和鸡、鸭、马、牛来比较叫声，这就没有可比性，因为这突出不了观察对象的特点。（板书：可比性）

我们再看一段：鹅的步态，更是傲慢了。大体上与鸭相似，但鸭的步调急速，有局促不安之相；鹅的步调从容，大模大样的，颇像京剧里的净角出场。它常傲然地站着，看见人走来也毫不相让；有时非但不让，竟伸过颈子来咬你一口。

师：这段写了什么？突出什么特点？

生：这段写鹅的步态，突出鹅的高傲。

师：是否采用比较观察法？和什么比？

生：同样采用了比较观察法，用鸭的步态来比较。

师：鸭子走路匆匆忙忙，鸵鸟走路也是步调急速，火鸡也是，为什么不用鸵鸟比，火鸡比？它们都有可比性啊。

生：鸭子走路好玩。

师：仅仅好玩吗？当然这也是可比性的一方面。

生：我们没有见过鸵鸟、火鸡。

师：鸵鸟、火鸡不常见，而鸭子常见。比较的时候要用常见的事物作比，只有这样，我们才能更好地理解文章的内容。（板书：熟悉的对象）

师：我们再看一段文字：

小猫满月的时候更可爱，腿脚还不稳，可是已经学会淘气。一根鸡毛、一个线团，都是它的好玩具，耍个没完没了。一玩起来，不知要摔多少跟头，但是跌倒了马上起来，再跑再跌，头撞在门上、桌腿上，撞疼了也不哭。它的胆子越来越大，逐渐开辟新的游戏场所。它到院子里来了，从这个花盆跳到那个花盆，还抱着花枝打秋千。院中的花草可遭了殃，被它折腾的枝折花落。

师：这是老舍《猫》中的精彩片段，写猫的可爱，体现在两个阶段，哪两个阶段？

生：刚满月的时候，这是第一阶段。后来长大了胆子大了，这是第二阶段。

师：非常棒，大家的课文学得非常认真。第一阶段的淘气和第二阶段有哪些区别呢？

生：活动范围不一样，刚开始在家里，后来到了院子里，活动范围大了。

生：动作不一样。刚开始只是玩耍，淘气。后来就跳、抱、打秋千，越来越调皮，贪玩。

师：围绕着一个事物的不同阶段来写，这也是比较，这种比较叫"自比"，写出一个事物不同阶段的不同特点。三年级，同学们观察蚕，每天记录蚕的生长变化，这就是比较观察法，是自比的观察法。所以比较观察法，根据比较对象的不同，可以分为自比和他比。或者叫自比和横比。（板书：自比、横比）

评　析

学会观察生活，习作就会言之有物，就能解决"写什么"的问题；学会了观察生活，就能增强习作的自信。因此，各个学段的习作课程目标都将观察生活作为基础性的目标。义务教育课程标准第二学段习作课程目标第一条为："留心周围事物，乐于书面表达，增强习作的自信心。"第四学段提出："多角度地观察生活，发现生活的丰富多彩，捕捉事物的特征力求有创意的表达。"

小学作文教学中的观察训练，须认识到："不仅仅是让学生在观察中获得作文的素材，更重要的通过有目的的指导和实践环节逐渐形成观察的能力……在观察训练中，教师应该注意通过观察对象的媒介作用，触发学生进行广泛深入的联想，造成他们内部经验与观察对象的联系……发展和提高儿童的观察力，其首要条件是在进行观察之前向儿童提出并明确观察的目的任务，以及实现这些任务的具体方法。"[1]所以教会学生具体的观察方法应是训练的重点，钟传祎老师的学科作文，将观察生活作为作文教学重要的学习内容，有序地带领学生学习观察生活的方法，本次学习了"比较观察法"。

通过范文欣赏，师生讨论明确了比较观察法的种类、原则、注意事项。以范

---

① 刘雨，张艳梅.小学生作文心理与教育策略[M].长春：东北师范大学出版社，2001：41-47.

文《白鹅》为例，分析了不同事物的比较，即横比的原则：比较要有可比性，要选择熟悉的对象比较。以范文《猫》为例，分析了同一事物不同阶段状况的比较，即自比的要求：注意前后的变化。

学习比较观察法，为学生选材、组织写作内容奠定了基础。写小动物，不似写日常生活中的人与事，学生对写作对象往往是熟悉的人或事情，即便是陌生人，也往往是有真实的经历和体验为前提的写作。而小动物是"它"种类事物的书写，"它"和"我们"之间，交流和沟通毕竟有障碍，必然会有很多未解之处，所以，即使是写朝夕相伴的小动物，素材的选择，描写方法的运用也要受一些局限。学生学会了比较观察法，就能利用横比方法，将不同的小动物进行比较描写，则能突出所要描写的小动物的形象；用自比的方法就能将小动物不同情状下的样貌做比较，则能详细描写小动物的生长变化。如此，小动物的素材就丰富了，写作角度也多了。比较观察法，无疑是打开习作思路的一个好的视点，也是学生掌握观察生活的一把钥匙。

钟传祎老师对比较观察法做了分类，并解释了概念和属性。遗憾的是，对比较观察法的阐释不够全面。

首先，比较观察法的属性揭示不够全面，概念阐释不够严谨。

选择教材中老舍先生的《猫》一文片段，讲解了"自比"。猫刚满月的时候爱玩耍，活泼淘气，长大以后的胆子大了，变得贪玩、顽皮，甚至惹祸。通过讨论，明确了"自比"是"围绕着一个事物的不同阶段来写"，意义是"写出一个事物不同阶段的不同特点"。但是这样的解释，显然对"自比"的属性揭示不全面，因为"自比"除了可以从"不同阶段"比较外，还可以有更多的比较角度；通过"自比"，不仅可以突出形象的特点，也可以表达情感的变化。阐释全面一些，学生运用"自比"的观察方法时，角度运用会更灵活，描写会更细腻一些。

既然比较观察法是本节课学习的重点，那么"自比"的角度就可以再多一些介绍。其实老舍原文有很多"自比"的角度。

例如原文有：

它要是高兴，能比谁都温柔可亲：用身子蹭你的腿，把脖儿伸出来要求给抓痒，或是在你写稿子的时候，跳上桌来，在纸上踩印几朵小梅花……还会丰富多腔地叫唤，长短不同，粗细各异，变化多端，力避单调。在不叫的时候，它还会咕噜咕噜地给自己解闷。这可都凭它的高兴。它若是不高兴啊，无论谁说多少好话，它一声也不出，连半个小梅花也不肯印在稿纸上！它倔强得很！

这段写的是"猫"高兴时的情状和"猫"不高兴的情状的"自比"。这段的"自比"描写非常传神：高兴时"用身子蹭你的腿，把脖儿伸出来要求给抓痒"，"跳上桌来，在纸上踩印几朵小梅花"，"丰富多腔地叫唤"；不高兴的时候，"无论谁说多少好话，它一声也不出，连半个小梅花也不肯印在稿纸上！"高兴时候它"温柔得很";不高兴的时候它"倔强得很!"

原文还有:

女猫生下两三个棉花团似的小猫啊,你又不恨它了。它是那么尽责地看护儿女,连上房兜兜风也不肯去了。郎猫可不那么负责,它丝毫不关心儿女。它或睡大觉,或上房去乱叫,有机会就和邻居们打一架,身上的毛儿滚成了毡,满脸横七竖八都是伤痕,看起来实在不大体面。好在它没有照镜子的习惯,依然昂首阔步,大喊大叫,它匆匆忙忙地吃两口东西,就又去挑战开打。有时候,它两天两夜不回家,可是当你以为它可能已经远走高飞了,它却瘸着腿大败而归,直入厨房要东西吃。

这段也是"自比",写的是雌性猫和雄性猫的行为比较。雌性猫生下小猫后"兜兜风也不肯去了";雄性猫在小猫出生后,"或睡大觉,或上房去乱叫","有机会就和邻居们打一架","两天两夜不回家","瘸着腿大败而归"。对儿女,一个尽责,一个漠不关心,多么鲜明的"猫"的"自比"。

所以,除了钟传袆老师所说写"事物的不同阶段"的状貌,还有事物不同情境下、不同情绪下,还有同一事物不同种类的比较,多角度展开"自比",方能将事物的属性特征做全面的鲜活的描写。而钟传袆老师的结论:"围绕着一个事物的不同阶段来写"的诠释,显然,对"自比"的概念阐释不够全面、不够严谨。

第二,比较观察法在习作中运用的意义揭示不够充分。

用《白鹅》一文诠释比较观察法中的"横比"的要求:比较的对象要有可比性,还要熟悉对象,方能突出观察对象的特点。这段教学,对"横比"总结得当,但缺少了结合文本内容的阐释,因此,对"横比"的原则与意义解释不够透彻,应该对将"鹅"与"狗"比较的用意做适当的解读。通过描写"鹅"对生客"厉声叫嚣",对过路人"引吭大叫"的行为,将白鹅与狗的行为的比较,交代了白鹅具备看守门户的责任意识;如不做比较,则不能突出白鹅的坚守职责的郑重态度,亦不能表达作者的浓郁的赞美之情。因此,如果能在揭示特点前,比较不同事物的相同或者不同的表现,做一下欣赏和解读,学生能更清楚如何运用"横比"观察法展开描写。

三、练习观察,拓展作文思路

师:"有比较,才有鉴别""不怕不识货,就怕货比货"。我们看了海洋奇幻馆,欣赏了水母神奇美妙的姿态,出示水母的图片,认识几种常见的水母。

师:为了便于大家更好地观察水母,我们先普及一下水母的基本知识。水母知识帖:

（1）水母是一种浮游生物，水母的出现比恐龙还早，可追溯到6.5亿年前。

（2）水母身体的主要成分是水，其体内含水量一般可达百分之九十五以上。

（3）水母很美也很毒。

（4）水母的寿命很短，大多只有几个星期或数月，也有活到一年左右的。

（5）我国常见的约有八种，即海月水母、白色霞水母、海蜇、口冠海蜇等。人们往往根据它们的伞状体的不同来分类：有的伞状体发银光，叫银水母；有的伞状体则像和尚的帽子，就叫僧帽水母；有的伞状体仿佛是船上的白帆，叫帆水母；有的宛如雨伞，叫作雨伞水母；有的伞状体上闪耀着彩霞的光芒，叫作霞水母……

（出示：海月水母的结构图——伞帽、触手、口腕、口器）

师：描写动物，以前，我们主要描写动物的外形，从动物的各部位，写出动物的外形特点，使用分解法。这次，我们要结合分解法，通过比较观察，写出动物的变化和细微的区别。出示水母图片，学生结合秋游观察的情况，来说一说水母的样子和动态。

生：它的伞帽很轻盈，像舞女的裙，飘飘的，很好看。

生：它的触手很细很细，像牛毛，像细针，像鲸鱼的倒须。伞帽上的花纹更漂亮，细细的，柔柔的，弯曲出各种形状，形成各种花纹。（经过写作训练，分解法，写动作，部位。写作技法训练娴熟）

生：伞帽上的花纹像树枝，像毛细血管，像稻草，像海底森林。

师：同学们看了水母，联想到各种熟悉的东西，比如牛毛、舞女、森林、血管，这也是一种比较，用熟悉的事物参照，写出水母的特点。能否再细致地写，写出它们的区别？

生：水母的口器像四个小月亮，手牵着手，在夜空中跳着舞，舞步非常轻盈，这闪烁的半圈，让人想到鲨鱼的牙齿，一半是温柔，一半是魔鬼。

师：水母是美丽的，水母也是可怕的。一半是火焰，一半是海水。一半一半用得非常好。

师：我们再看看水母颜色的变化。

生：水母有着各种颜色，绿色、蓝色、浅蓝、淡紫、蓝幽幽的。

生：颜色之间有着绝妙的衔接，过渡非常自然。

生：水母真是一个魔术师，更像一个美术大家，它变换颜色的本领最好。

生：有烟雾般的色彩。

师：我们来看看它如何在水中运动，运用比较观察法，描绘一下水母运动的情景。（播放水母运动的视频）

生：水母在水中飘动，它的伞帽一收一张，触手也飘动着，像跳着芭蕾舞似的。

师：把水母的移动和芭蕾舞比较，非常好。

生：起初，它的伞帽张开着，好像要拥抱所有的海水，触手也伸出来，口腔伸得很长很长，就好像一个人伸着懒腰，打着呵欠，刚醒来似的，然后一收缩，伞帽变圆，似乎要鼓起来，身子往上一窜，竟然移动了几厘米。

师：观察得非常仔细，表达得非常清楚，写出了水母的运动方式，非常好。

生：水母在水中飘动着，像一个顽皮的孩子，不断地甩动帽子，借助着帽子的向上移动，有时往一边走。

生：水母撑着伞，你说大晴天打着伞，水母也太独特了。你看，它一下张开，一下收紧，然后身子一扭一扭的，像青蛙蹬着腿，在水中自由移动着。

师：水母那是在水中打伞啊，你的想象非常独特。水母打伞的感觉也特别不一样，非常好。

评析

运用所学习的观察方法观察事物，拓展写作思路，这部分是写前指导的重头戏，也是最能体现学科作文的发力之处，此部分教学内容有两点突出之处。

其一，融入跨学科学习内容，使习作言之有物。

写作是综合知识与能力的表现，写作是生活的书写，生活包罗各个学科的知识。而各个学科的学习，是学生生活的重要组成部分，所以学科作文提倡整合各个学科学习经验，进行跨学科写作。本节课，习作教学的任务是写小动物，所以，必然涉及小动物的生物学方面的知识。学生在海洋博物馆看到的只是外在的一些特点，这些简单的认识不足以写出内容丰富的习作。教师有必要做简单的生物学知识的介绍。介绍了水母的基本知识：水母出现的年代、身体成分、毒性、寿命、种类、分类等知识。掌握了水母的生物学方面的常识，写作中才能运用观察法科学观察水母的特点，就会言之有物、科学理性、恰当生动地展开描写。钟传祎老师利用图片文字结合的方式，向同学们做了介绍。

其二，科学的观察方法和恰当的写作技法结合。

布置习作任务时，强调观察方法和写作技法结合进行写作：既要用分解法写动物各部位，写出动物的外形特点，又要用刚刚学过的比较观察法观察动物的变化和细微的区别，将之写进习作之中。

教师出示水母图片，学生结合秋游观察的情况，言说水母的样子和动态。提出写作要求："以前，我们主要描写动物的外形，从动物的各部位，写出动物的外形特点，使用分解法。这次，我们要结合分解法，通过比较观察，写出动物的变化和细微的区别。"有了比较观察法做基础，习作技巧的运用就落了地，生了根，言说水母的内容就真实而生动了。

学科知识的恰当渗透，学生打开了思路，语言也有了灵性："水母的口器像四个小月亮，手牵着手，在夜空中跳着舞，舞步非常轻盈，这闪烁的半圈，让人想到鲨鱼的牙齿，一半是温柔，一半是魔鬼。"学生用分解法写出了水母口器的形状、姿态、模样，运用比较法将水母的口器比作了小月亮，姿态比作了舞姿，又将其轻盈和闪烁的样子比作鲨鱼的牙齿。"一半是温柔，一半是魔鬼"，其意味浓厚，令人吃惊！此外，"起初，它的伞帽张开着，好像要拥抱所有的海水，触手也伸出来，口腕伸得很长很长，就好像一个人伸着懒腰，打着呵欠，刚醒来似的，然后一收缩，伞帽变圆，似乎要鼓起来，身子往上一窜，竟然移动了几厘米。""水母在水中飘动着，像一个顽皮的孩子，不断地甩动帽子，借助着帽子的向上移动，有时往一边走。""水母撑着伞，你说大晴天打着伞，水母也太独特了。你看，它一下张开，一下收紧，然后身子一扭一扭的，像青蛙蹬着腿，在水中自由移动着。"科学观察法与恰当的写作技巧结合，习作语言训练落到了实处，智慧地发掘了儿童的言语潜能。

教师即课程，在这里，我们看到了一位优秀教师的课程资源多么宝贵，其突出的表现就在于：学科整合的意识，课程资源广泛合理的挖掘能力。

四、明确要求，描写喜爱的动物

师：刚才我们一起借助图片和秋游的实践，说了水母的样子和运动方式，同学运用比较观察法描绘出水母细微的变化和独特的特点，非常好。本次作文要求选择自己最喜爱的一种动物，写出它的外形、脾气及生活习性，比如运动方式、怎么吃东西、怎么休息、怎么睡觉、怎么玩耍、怎么捕捉食物等，注意运用分解法和比较观察法，抓住动物的特点，写好自己喜欢的动物。

评析

儿童的习作任务布置应该有充分的准备。因为儿童的生活经验少，学习经验有限，所以教师除了应该教给他们摄取生活素材的本领外，还应该给予有意义的写前指导，设计一些学生感兴趣的活动来诱导习作的心理，因为"心理诱导可使学生始终保持良好的心理、精神、情绪状态，以便克服言语创造的种种困难，完成写作任务"。[①]此外，习作技巧的指导也是不容忽视的，掌握了习作技巧，就有了言语实践的路径。

钟传祎老师在布置习作任务之前，通过范文引路，学习了比较调查法，拓展

---

① 潘新和.新课程语文教学论[M].北京：人民教育出版社，2005：292.

了学生习作的思维；调动秋游的实践体验，联系生物学科的基本知识，拓展习作内容，解决了"写什么"的问题。在此基础上，又通过复习分解描写法，解决"怎么写"的问题。在此基础上，布置习作任务。

习作前的指导非常充分，写什么、怎么拓展思维；怎么写、如何写出细节，做了详细的指导。无论是写作心理的准备、素材的发掘、写作内容的拓展，还是描写方法的运用，都做了全面的指导。教师将学生可能出现的习作障碍做了充分的预设，然后提出具体的写作任务，保证学生顺利完成学习任务，并有创意地表达。

作文导图：

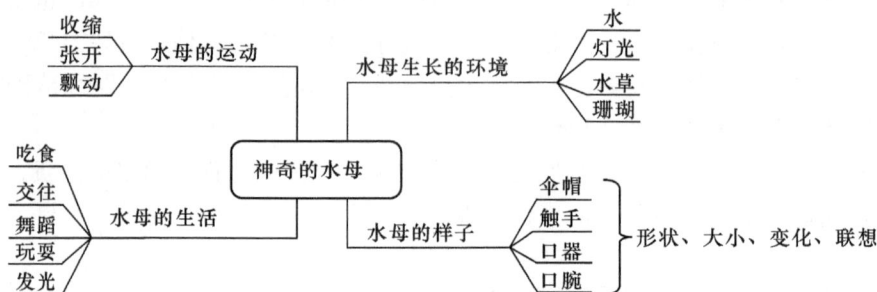

习作前，提示学生《神奇的水母》思维导图。用意是让学生绘制思维导图，然后思路清晰、内容丰富地叙述"喜欢的小动物"的习性和特点。思维导图用于写作，尤其是儿童习作之中非常有意义，利于培养学生布局谋篇的能力和理性思维能力，钟传祎老师的习作教学非常娴熟地运用了这一学习工具，因此我们看到学生的习作多表述逻辑清晰。

【总评】

本节课，是习作前指导课，重点解决写什么的问题，同时关注怎么写的问题。总体特点如下：

一、学习科学的观察生活的方法，解决"写什么"的问题。

小学生作文教学中，最大的问题是写什么的问题。叶圣陶先生认为要"引起学生表达的欲望，诱导他们尽量把积蓄吐出来"。[1]科学的观察生活的方法，可以洞开思维的路径。比较调查法观察生活，是钟传祎老师指导学生观察生活的方法之一。就观察方法来说，这是一个很普通的方法，但是能从教材中的名家作品中总结规律，并将这种观察法，做适用于写作的提炼和归纳，形成有理、有法、

---

[1] 任辉.从基础上提高小学生作文能力——重温叶圣陶作文教学思想[J].小学语文教学，2007（4）：7-9.

有序的方法，保证习作中的可操作性，这样化解了观察生活的难度，给了学生一把开启习作和生活关联之门的金钥匙。这种观察法在思维的横行比和纵向比中，发现事物的联系，在比较中发现个性，做真实生动的书写。"比较观察"的比较就是一种高阶思维的运用，学生借此可以打通独立的，或零散的事件之间的联系，由此，激发了学生言语表现的潜能。

二、以思维为根，解决"怎么写"的问题。

针对怎么写的问题，很多老师局限于写作技法、背诵好词句的方式来提高语言表现力。钟传祎老师是借助思维这条红线，巧妙地解决了"怎么写"的问题。

通过复习"分解写作"法解决了如何写的问题。分解写作法，是以思维为先导的言语训练。使用分解写作法"主要描写动物的外形，从动物的各部位，写出动物的外形特点""结合分解法，通过比较观察，写出动物的变化和细微的区别"。分解法，不是简单的言语技巧，而是把对事物的整体印象，分解成具体印象；将整体认识分解为具体的认识。是整体思维到具体思维的分解，让学生由整体思维到具象化思维的转变，可以让概念化的认识变成形象化的认识，由模糊的认识转向形象化的认识。思维活跃起来了，语言自然生动起来。

钟传祎老师的习作课，摈弃了机械的语言训练，将语言能力培养和思维能力培养密切地结合起来。积极开发习作学习内容，打通学科的壁垒，给予了习作教学活力，这是难能可贵的探索。

跨学科作文，全球化时代的母语教学诉求
——钟传祎《"花的观察"报告会》简案评析[①]

【学习内容】[②]

教科版《科学》第八册第二单元：各种各样的花。

> **评析**

这是一节小学四年级的习作课。这节作文课的学习内容与寻常习作课的内容不同，语文课不用语文教材，而是用了小学四年级《科学》教材，显然是有创意的作文课。

这里，有两个问题需要思考。

其一，语文课能否用其他学科的教材？

其二，如果语文课可以用其他学科教材，那么如何界定是在上语文课？

课程改革以来，一些积极参与教学改革的优秀的语文教师，教学中大量融入语文教材以外的内容。比如，积极实践群文阅读教学的杭州的蒋军晶老师，教学中引入大量课文之外的内容，取得了令人瞩目的成绩；深圳的吴泓老师的专题学习，大量学习课外的内容，如高中语文课讲"中国近现代"专题，用蒋廷黻的《中国近代史》为教材，大量学习课外内容，学生高考成绩远远超同类学校的成绩。这些老师的教学改革给我们的启发是：语文课堂教学所用教学内容不能拘泥于教材或文本形式，内容的抉择取决于能否落实语文学习的目标。就像国际经合组织PISA阅读测试文本形式多样，有图文结合、表格、图示，还有可视文本；高考语文科普短文阅读，涉及各个学科，所以，文本形式并不是决定语文课是否上成了语文课的问题，关键在于教学目标是否得当，组织的教学活动是否建构了语文学习的意义，也即，教学目标是否得以落实。

【学习目标】

学科目标：观察研究各种各样的花，讨论并设计专题研究方案，能完成专题

---

① 具春林，原文发表于《教学与管理》，2016（29）：27-29.

② 钟传祎.学科作文教学理论与教学实践[M].北京：语文出版社，2000.

研究，能将研究结果以表格、图示、文字等方式呈现出来，以报告会的形式发表自己的研究成果。

作文目标：进一步训练观察方法，学会记录观察内容，能清楚表达自己的观察所得，记录观察过程。

【评述】

作文的学习目标分成了两个部分，一是"学科目标"，指向了科学课的学习目标；二是"作文目标"，指向了语文学科习作能力培养的目标。由这两项目标可知，本节课是跨学科作文训练。跨学科作文的课程意义是丰富的，能够实现习作能力和其他学科学习能力的双赢。但既然是跨学科，则须思考：学习重点是什么？学科间的目标关系是怎样的？如何实现跨学科目标的融合？

学科作文所涉及的不同学科的学习内容是互为渗透互为建构的关系。学习目标第一条"学科目标"中，要求完成科学课《各种各样的花》学习任务，通过绘制表格，研究各种各样的花，完成研究报告。其中的撰写研究报告、汇报成果，显然，融合了习作教学的目标。教学目标第二条"作文目标"中也融合了科学课的目标，"进一步训练观察方法，学会记录观察内容"这个目标，要求学生了解各种花的特点，是科学课所要学习的内容，也可以视作为写作积累素材。"能清楚表达自己的观察所得，记录观察过程"，这是习作的要求，也是科学课的学习过程，是"写研究报告"的要求。所以说，本节课教学目标是作文目标和科学课的教学目标的融合。但因为其学习成果的呈现方式是习作，所以，其教学重点还是落在了习作目标上。

由此可知，本节课的教学目标，整合了四年级科学课和四年级语文作文课的学习内容，科学课和语文作文课目标整合，以求互相促进，达到双赢的境界。

教学目标的设计，体现了"学科作文"的原则："从学科教材中找出比较适合开展作文训练的内容，形成作文与学科整合训练系列，既立足学科教材，又吻合作文基本能力要求。"[1]本节课，立足科学课学习内容展开习作教学，也即，"以科学课的学习内容为写作素材，完成习作"。

一、创设情境，激发研究兴趣

今天老师收集了各种各样的花，让我们一起进入花的世界来欣赏它的美丽。

---

① 钟传祎.学科作文教学的理论与实践[M].北京：语文出版社，2000.

导入环节，直接入题，介绍本节课要学习的内容，各种各样的花。

二、确定花的观察研究专题

仔细观察，完成表格，拍摄花的图片。

花名	长在哪里	花的大小	花离地面的高度	花瓣数量与形状	颜色	萼片、雄蕊、雌蕊	花梗上有几朵花

这个环节完成对各种花的调查，包括填表格和拍照。表格要求详细填写以下内容：花生长的地点，花的大小，花离地面的高度，花瓣的数量与形状，花的颜色，花的萼片、雌蕊、雄蕊，花梗上有几朵花。表格的填写过程就是调查记录的过程。

科学课提供学生"参与科学探究的机会，创设丰富的探究情境，让学生深入其中，像科学家一样提出问题，提出假设，动手实验，细心观察，认真记录，不断探究，得出自己对问题的解决方案，逐步形成良好的科学态度。在学生探究的过程中，记录探究过程中的各种现象、数据、问题、思考、困惑、对策、感受，收集实验数据"①。科学课调查的过程就是积累素材的过程，学生调查的关于花的知识、数据可以是写作的素材；学生调查过程、合作完成研究报告的过程中，

① 钟传祎.学科作文教学的理论与实践[M].北京：语文出版社，2000.

同学们的学习行为和发生的事都是真实的写作素材。而学生科学课养成的科学态度，培育了学生负责任地言说的态度。

三、确定研究的方案和研究成果的展示方式

1.确定研究的方案

（1）你们准备观察的内容是什么？

（2）你们采取的研究方法有哪些？

（3）小组之间如何进行分工合作？

（4）观察研究的成果打算怎样展示出来？

2.确定展示方式：列表格、画图、文字记录、拍照、制作演示文稿等。

评 析

这个环节的学习任务是确定研究方案、讨论研究成果展示的方式。

确立研究方案。提出的具体要求包括：确立研究内容，明确研究方法，小组内合作分工，研究成果展示的计划。确立可行的研究方案，是获得研究性学习的前提，而学习的收获正是撰写研究报告，完成习作所需的素材。这正是"学科作文"与传统作文教学区别所在，"传统作文重视纯技术性、操作性的训练，作文教学以文本为中心，只强调内容具体，主题突出，却忽视学生的感受体会，忽视学生学习生活，让学生戴着脚镣跳舞。"[1]学科作文强调扎实的学习过程，以各学科学习过程为生活展开习作训练，将写作植根于学科学习的沃土。

研究方案的内容包括：列表格、画图、文字记录、拍照、制作演示文稿等。这个学习环节，钟传祎老师视作下面写研究性报告的铺垫。其实，科学课的研究方案的拟定也是写作活动，这恰恰是习作教学的一个亮点，是很多人都没能意识到的非连续性文本写作。非连续性文本是国际经合组织PISA中学生阅读测试考察的重要的阅读形式，非连续性文本阅读是信息社会阅读方式变革的必然，已引起各先进国家母语教育的重视，我国语文教育也非常重视非连续性文本阅读能力，目前的各种考试都有非连续文本阅读能力的考查。但是非连续性文本写作，并未引起广泛的重视。钟传祎老师在学科作文写作中关注了非连续文本写作的内容，并实实在在地进行了训练。

---

[1] 钟传祎.学科作文教学的理论与实践[M].北京：语文出版社，2000.

四、小组实地观察，填写观察记录表，制作演示文稿

评 析

这个环节通过实地观察，填写观察表，并制作学习汇报的演示文稿，这个学习活动完成了科学课探究学习的内容，这个过程为学生完成习作任务奠定扎实的基础。

首先，科学课的学习让学生产生表达的意愿。学生进行了大量的调查，收获了丰富的学习体验，奠定了扎实的语言实践基础，所以，易于产生表达愿望。他们迫切需要把自己的观察所得告诉别人，这是孩子好奇好胜的天性决定的，为了将自己的观察收获和学习体验分享给大家，学生会产生语言表达的积极态度，他们努力选择最好的表达形式呈现自己的学习成果。所以，制作演示文稿的过程，也是积极语用的过程。

其次，科学课的学习培育了理性思维方式和语言规范的表达习惯。科学课学习内容需要以严谨的科学态度、理性的思维方式观察，发现问题、归纳现象，记录要真实细致，思维要严谨理性，表述要清晰缜密。语文学科自身难以解决的语言规范问题、思维逻辑问题，在学科学习中得以落实。

五、展示观察成果，举办观察报告会

【习作指导】

第一，这次的花的观察专题，大家首先要学会观察，观察的时候要"五官"参与。

感觉器官	观察内容	具体表现
眼睛	形状	大小、粗细、长短、胖瘦、凹凸、高低、弯直、深浅、疏密、圆扁、匀称、规则、厚薄、新旧、圆方、宽窄、具体形状（如三角形、长方形）
	颜色	色泽、色调、对比度、饱和度、情感
	位置	上下、左右、前后、中间、东南西北、偏东、偏南、偏西、偏北、顶上、地下、地底、相邻、旁边、对称

续表

感觉器官	观察内容	具体表现
耳朵	声音	长短、高低、快慢、好坏、强弱
鼻子	气味	香、辣、臭、腥、膻
嘴巴	品尝	酸、甜、苦、辣、咸、涩、软硬、爽滑
手	触摸	软硬、粗滑、大小、柔刚

第二，要学会描写花，注意按顺序，写具体。

比如：看见花=位置+部位+形状+大小+颜色+相似物+感觉，这样花的描写就具体了。我们看这段文字："学校的植物园有几株勒杜鹃，现在正是开花的时候，离地面一米多高的枝头开着一朵朵白色的小花，它的宽大的叶子鲜艳地红着，展示出无穷的生命力，好像那鲜艳的红领巾，又像那熊熊燃烧的火炬，远远地就吸引你。怪不得深圳的街头到处是勒杜鹃的身影。"

听见花=同学的+父母的+老师的+别人的+民间的说法

闻花=气味+相似物+感觉

第三，在描写的过程中加上一些想象，通过熟悉事物的对照，把我们观察的花写得更形象生动。

当然，这次作文除了写花，同学们可以写自己观察花的过程，制作演示文稿的过程，甚至自己失败的观察记录，或者报告会上精彩的展示，我们的收获等。

评 析

这个环节是习作指导的环节，钟传祎老师做了写作技法指导。钟老师的"学科作文"的写作技法的指导是结合科学课的观察来进行的。

首先，"五感"角度梳理归纳观察内容。从视觉、听觉、嗅觉、味觉、触觉，梳理科学课对花的观察。每一项感觉器官的感受又详细分成诸多项目，比如视觉上，还要分形状、颜色和位置。花的形状：大小、粗细、长短、胖瘦、凹凸、高低、弯直、深浅、疏密、圆扁、规则、宽窄等；花的位置：上下、左右、前后、中间、东南西北、偏东、偏南、偏西、偏北、顶上、地下、地底、相邻、旁边、对称；颜色的观察：包括色泽、色调、对比度、饱和度。这样详细分类，目的是要学生学会科学梳理观察的结果，梳理的目的是有条理、有层次地描写，同时也是为了将观察的内容详细客观地书写。通过强调写作技法，再次强调了要将科学课的调查结果客观地运用于习作之中。

其次，提示习作的顺序和角度。每个角度都提供了写作秩序的公式。"看见花=位置+部位+形状+大小+颜色+相似物+感觉"，提示了写植物的思路，按照这个逻辑写植物，可以思路清楚地描写花的形态，避免了因描写的内容繁杂，导致没有层次。"听见花=同学的+父母的+老师的+别人的+民间的说法"，这个公式提示学生不仅可以写个体真实的体验，也可以写他人的经验和认识，甚至用民间传说来丰富写作内容。这部分就是要通过联想，筛选有价值的信息，充实习作内容，动用了侧面描写的方式。如果不是以这样浅显易懂的方式来启发学生，四年级的学生很难运用正侧面结合的方法来描写事物。"闻花=气味+相似物+感觉"，描写花的气味，是有难度的，因为气味是看不到摸不到的，但是这个小公式提示学生思考气味的"相似物"，其实是启发学生用比较的方式来描述花的气味，写出嗅到花的气味的"感觉"，其实是要将内心的感受写出来，而写出内心感受的好方法就是想象或者联想，表现形式可以用比喻和拟人等修辞手法。

三个小公式，颇有思考。融入了学生难以理解的写作知识，包括联想和想象，正面描写和侧面描写，修辞等知识。小公式可以折射教师的专业知识底蕴，也可以管窥教师的教学智慧。这种小公式是写作技巧的总结，深入浅出地提供了学习的支架，易于理解，易于学习，对小学生来说学习的意义是很大的。当然，到了中学、高中，就应该提倡冲破模式，创意书写。

【总评】

这节课，语文课用了科学课的教材，科学课的学习内容是作文课的写作内容。这个教学案例凝聚了钟传祎老师"学科作文"教学改革的经验。"学科作文"已获全国基础教育教学成果二等奖，"学科作文"课程出发点是跨学科学习。跨学科学习是各个学科都倡导的新型学习方式，作文跨学科学习需要认清跨学科作文的课程背景是什么，跨学科作文的课程依据，跨学科作文的课程意义。

跨学科作文的课程背景：全球化时代的人才培养诉求。

全球化时代不同国家、不同地区、不同民族的人越来越密切地交融在一起，个体如何融入社会，如何工作生活交往？对母语教育提出新的挑战。欧盟列出的面向21世纪的八大核心素养中，母语交际排在了第一位；美国哈佛大学和美国亚洲协会联合发表的《为全球胜任力而教：使我们的青年一代为参与世界而准备》报告中，提出全球胜任力的培养，关键在于培养学生与人交流沟通，并将自己的观点付诸实践改进现状的能力；我国语文学科核心素养四个维度中的第一个维度就是"语言运用和建构"。各国纷纷将复杂的语言交际能力作为母语教育的重要任务。复杂的语言交际能力，强调的是语言运用的实用能力。而复杂语言交际能力的培养不是语文学科课程内容独立能承担的任务，所以，跨学科作文训练是全球化时代的人才培养诉求。

跨学科作文的课程依据：全球化时代的语文课程观的转变。

中华人民共和国成立以后的语文课程，虽然"听说读写"并提，但一直是以阅读为主导。虽然一直强调写作是语文的半壁江山，但实际教学中，写作教学是处于弱势地位的。所以，一些学者提出了要提高写作教学的地位，如潘新和教授提出："语文教育，说到底是对人的言语表现的教育，是对人的言语生命本质加以确认的教育，是言语人格、精神发育的教育。"[①]还有学者根据全球化时代母语课程的转向，提出传统语文课程"以阅读课作为汉语文课程的主体甚至中心课程，从而窄化了阅读、口语交际、写作三模块的课程形态"，因而"全球化时代的母语教育目标从狭隘的'接受力'向立体的'表达力'之深度转换"[②]，表达力培养是全球化时代语文课程的重要内容。跨学科作文，是语文课程"表达力"转向的实践与研究，将语言表现的实践与各个学科学习深度接轨。

传统的语文教育存在窄化言语实践教育的问题。

传统的习作教学，多局限于课内习作训练，在语文的视界里做语言训练，无外乎以"我"为中心，写"人"或者"事物"。表达的情感无外乎就是：友情、亲情、师生情、陌生人情谊，或者是：爱家乡、爱自然……写作的内容无外乎：喜欢的、想念的、讨厌的、感激的、幻想的……习作训练的范围、内容、形式等都被窄化了。既然语言的功用是交际，语言的本质是思维，那么语文课程的内容就应该适用于交际和思维的各个层面，从这个意义来说，跨学科学习是语文学科课程的必然诉求。《义务教育语文课程标准》（2011 版）在课程理念方面，提出"建设开放而有活力的语文课程"，关于课程资源的开发与利用中提出"以加强语文课程内部诸多方面的联系，加强与其他课程以及与生活的联系，促进学生语文素养全面协调的发展"。然而长期形成的学科本位思想的影响，语文教学活动中真正打开学科壁垒的语文教学实践并不多见，而建构完备的教学理论与教学体系，并能持之以恒地坚持改革的语文跨学科实践更是少见，作文教学跨学科实践，更是凤毛麟角。

跨学科作文对教师的专业素养提出了更高的要求，教师要有不同专业素养底蕴，并善于沟通不同专业知识的能力。不只谙熟语文学科知识与能力建构的课程逻辑，还要了解学习不同学科的课程和实施策略，要善于发现学科间的联系和互动的可能，找到科学的教学切入点。

以上是跨学科作文的课程思考。但是关于"学科作文"也有问题需要商榷。

阅读钟传袆老师的专著考察他的教学课例，一直思考一个问题，或者说一直

① 潘新和.语文：表现与存在（上卷）[M].福州：福建人民出版社，2004：59.
② 潘涌.积极语用教育观对"听说读写"论的超越[J].课程教材教法，2014（10）：87.

有一个困惑："学科作文"这种定位，或者说命名是否科学？学科作文，"学科"的意义如何理解？

钟传祎老师在其专著《学科作文的理论与探索》一书中给学科作文下的定义是："以训练学生语言能力、观察能力、思维能力、想象能力为重点，以学科知识、学习情景、学习收获为内容，挖掘学习生活中的素材，关注学生心灵成长历程，结合语文课标要求的年级作文训练点，教会学生自觉用文字自由表达他们在学习各学科知识过程中的见闻、心得。"①这个概念似乎没有界定清楚。

首先学科作文的"学科"指代什么？如果指代中小学所有的学科，那么语文学科的学科知识和学科素养的培养与其他学科之间是怎样的关系？这方面没有明确界定。如果"学科"指向语文学科以外的其他学科，那么语文学科的学科属性如何体现？学科作文和语文跨学科作文教学之间是什么关系？诸多问题的核心就是，作文教学与其他学科学习之间如何融合的问题。

既然是语文作文教学，那么学科属性必然是语文教学，学科自然还是语文学科。语文学科教学内容本身具有综合性，综合其他学科的学习也是语文新课程所倡导的，所以，"学科作文"，其本质就是跨学科写作，通过不同学科学习内容或者学习过程的融合，拓展语文学习视界。

何谓跨学科写作？朱建军教授认为跨学科作文"就是通过跨课程的主题单元来教语言艺术，通常就是将广泛的知识领域如社会学、数学或生态学等学科内容知识与四种主要语言技能（听说读写）的教学相结合的写作课程"。跨学科写作实际包括两个模式：为了学习而写作（或学而写）（writing to learn）和为了写作而学习（或写而学）（learning to write）②。从朱建军教授的跨学科作文的概念来看，钟传祎老师的"学科作文"教学，尤其是这节《花的观察》是跨学科写作中的为了写作而学习的作文课。

无论怎样，钟传祎老师的习作课为我们提供了有价值的跨学科作文案例。

---

① 钟传祎.学科作文教学的理论与实践[M].北京：语文出版社，2000.

② 朱建军.国外跨学科写作：语言背景、内容框架及核心素养培养[J].语文教学通讯，2019（9）：38-39.

解证还是解读

——薛法根《珍珠鸟》教学评析

珍珠鸟一课是苏教版四年级语文上册的一篇课文。作者是当代著名作家冯骥才。

一、导入，从名字开始^①

师：这篇课文的作者是谁？

师：（请1生回答）看着我？谁？你有点恐惧。

师：知道在哪儿吗？读了别人的文章，你要知道人家的姓名，看看在书上什么地方？

生：冯*才。

师：大声说一遍。（冯*才）冯和才说得很清楚，中间的字很模糊。很陌生对不对。如果这个字不认识有什么办法吗？（生：查字典）不认识的字要勤查字典。现在没有字典怎么办？

生：问老师。

师：对喽！

师：这篇文章的作者叫（生读不清）冯什么才？对，这个字念jì。

师：看，骥是形声字，板书马字旁。板书，右半部分就是音，也念jì。一起念一下这个字！再念！再念！

师：冯骥才的骥，注意，这个骥就是千里马。冯骥才先生生于1942年，他属什么？

生：马。

师：对！就属马。读一篇文章要知道谁写的？

师：冯骥才先生，你看，他的父母起名字有意思吧，他的父母希望看他成为千里马一样的人才。称为（冯骥才）

师：记住这个名字，大声地说这篇课文的作者叫（冯骥才）

师：课文是第一人称来写的，所以课文当中冯骥才先生用的是（我），其实就是（冯骥才）。

---

① 薛法根.珍珠鸟[DB/OL]https://wk.baidu.com/view/9fbc8f191611cc7931b765ce050876323012745b?fromShare=1&fr=copy&copyfr=copylinkpop.

导入首先介绍了作者的名字，介绍了作者冯骥才。

介绍作者，一般都是介绍作者的生平，作家作品、创作风格和成就等内容。但是薛法根老师除了介绍作者出生年龄之外，重点介绍了名字的隐含意义——"三个马"，并讲了名字中的生字，"骥"字。讲"骥"字，用了字理识字法讲解，"骥"是形声字，是千里马的意思，最好的马就叫"骥"。

抓住名字介绍作者，并讲了生字，这体现了教师务实的语文教学风格。讲"骥"字，字理分析较为透彻，学生容易记忆。但是讲解有不够严谨之处，"最好的马就叫骥"，《说文解字》上确实有解释："骥，千里马也。"但是在古代，被称作千里马的不只是"骥"，盗骊、华骝等都是指千里马。另外，介绍作者也有牵强之处，介绍作者的出生时间，年龄，属马，名字里三个马，这些内容与理解文本意义并无关联。介绍作者的主要目的是了解作者的生活经历、创作风格等内容，以利于对课文的理解。冯骥才原本是画家，对中国画颇有造诣，"文革"期间历受磨难，转而进行文学创作。就课文内容来说，描写鸟儿色彩的语言的运用和作者画家身份不无关联；而主题强调"信赖"的寓意和作者经历、时代背景不无关联。所以，介绍作者，应介绍与课文相关的作者的材料。

当然，教师这样设计，可能顾及教学环节的衔接或者呼应，因为下面讲的内容是围绕名字导入教学内容的，也许是考虑这样设计思路更清晰一些、勾连更紧密一些。但是教学的设计，始终要为内容服务，而不应该因为顾虑前后内容的关联或者结构整齐等形式方面的内容而忽视了内容的意义。

师：今天我们要学习新课，读——（手指板书的课题）

生：珍珠鸟。

师：这篇课文用第一人称写的，只出现了"我"，"我"家里有几只鸟？

生：三只。

师：哪三只鸟？

生：两只大鸟，一只雏儿。

师：这名字好听吗？雏儿。

师：珍珠鸟的尾巴是长的还是短的？

生：短的。

师：大声说——雏儿。（同学们伸出手，来写这个"雏"字）右边这个字"隹"念什么？zhuī，表示短尾巴的鸟，长尾巴的鸟就是"鸟"，两部分加一起叫连起来读——"雏儿"。也是形声字。左边是声，这个字也念"刍"。

师：刚刚生出来的小鸟叫——雏儿。

师：小鸟的尾巴是长的还是短的？所以他用了一个表示短尾鸟的字，叫"隹"，一起念——雏儿。长尾巴的鸟叫"鸟"。

其次，讲鸟儿的名字，"雏儿"。

讲"雏"依然用字理识字法讲解。"雏"字是形声字，右边这个字"隹"念zhuī，表示短尾巴的鸟，长尾巴的鸟就是"鸟"。左边是声。左边这个字"刍"是声，也念"chú"，两部分加一起叫连起来读"chú"，刚刚生出来的小鸟叫"雏儿"，就是短尾巴的鸟儿的意思。教师还在黑板上画出了古代的"隹"字的写法。追溯字源，讲解字的意思，识字教学内容与课文的理解密切结合，同时，追根溯源讲字的意思，使识字教学有了文化意义，学生的兴味就被调动了起来。

二、欣赏可爱的"雏儿"

师：再看看，这里面有一个句子。"只是后背还没有生出珍珠似的白点。"那小鸟背上有没有白点？（生答：没有）没有，为什么还要写？如果换作我，我就把它删掉，不写。写外貌，要写明特点。

生：因为成年的珍珠鸟是有那个白点的。

师："雏儿"没有啊，可不可以这样写，或者这样写：长大后，后背生出了珍珠似的白点。为什么这样写？

生：……

师：这句话可以这样写，小时候——。长大后——。

生：小时候后背没有白点，长大后珍珠鸟后背有珍珠的……

师：不是后背长珍珠哈，是珍珠似的白点。

师：这是珍珠鸟的特点，如果不写这句，红嘴红脚，灰蓝色的毛，很多鸟都是这样子的，对不对？但是加了一句，"只是后背还没生出珍珠似的白点"，特指这是什么鸟？

生：珍珠鸟。

师：我们写一个事物的时候，有的时候，你也可以通过想象，把他写出来，点明这个事物的特征，明白了吗？冯骥才先生用40个字就把珍珠鸟雏儿的形象写出来，一起读。

师：这是写它的形态，如果我再加一个分号，可以再写什么？

生：写他的叫声，它一叫起来发出娇嫩的声音。

师：作者在课文中不叫它雏儿，叫他什么？

生：小家伙。

师：对啊，叫他小家伙和叫雏儿有什么不一样？

生：小家伙叫起来更亲切，雏儿感觉很可爱。

师：是的，还有什么不一样？

生：表达了我对雏儿的喜爱之情。

师：对，表达喜爱，比如"这小鬼"，我拿走一个"小"字就不对了，"这家伙""这老家伙"（学生笑），这是骂人的，对吧，所以"小"很重要。明白了吗？称他什么？如果不称它小家伙，师：还可以称它——

生：小不点。

师：还可以称它——

生：小东西。

师：如果叫它小东西就不好了。

生：可以叫他小可爱。

师：哎——对了。

师：很淘气，可以叫他。

生：小淘气。

师：说他"淘气"不好，"小淘气"，"小"表达情感。或者可以称它"小球儿"，去掉"小"加个"老"，"老家伙"？

师：作者对这只小鸟，非常的喜爱。（板书：喜爱）作者对对象的称呼的变化，表达了情感的变化。读课文，体会作者情感的变化。

师：读课文第一节表达对珍珠鸟的什么情感？（生：喜欢）第二节？（生：喜欢）第三节？（生：喜欢）第四节？喜爱……是不是只是表达喜爱的感情？作者想告诉我们什么？作者最想告诉我们的是什么？

师：读课文第一小节，看看对老鸟喜欢吗？（一名学生读）喜欢吗？（生：喜欢）哪儿看出来？

生：因为"我"把鸟儿放在编织的笼子里，而且笼子还有干草。

师：哪几个词一读就知道，我很喜欢？

生：舒适温暖。

师：对啦，舒适而温暖的巢，这是我精心准备的。

师：对吧，很可爱，我喜欢老鸟。读第二小节。

师：还有一个，垂蔓，这个字读wàn，是个多音字也读màn，在这里读wàn，表示植物的茎。读一读第二节。

师：读得非常好，喜欢老鸟吗？哪里看出来喜欢？

生：我把他挂在窗前。

师：（追问）挂在窗前就行了吗？

生：一盆吊兰盖在鸟笼上。

生：我从吊兰的垂蔓看出非常的美。

师：垂蔓蒙挂在鸟笼上，这个鸟觉得……很安全，明白了吧？

师：这就是我对珍珠鸟的一种喜爱。筑了一个巢，又让这个巢变得更安全。珍珠鸟是一种很怕人的鸟，一见人就怕，所以要蒙盖在鸟笼上，明白吗？

师：这就是我对老鸟的喜欢，看着我，我喜欢你吗？你看得出我喜欢你吗？（师：眨眼放光）这就是表示喜欢，眼神，动作里面都包含着喜欢，明白了吗？

师：请坐，发现了没有，我不但喜欢雏儿，还喜欢——（生：老鸟）。不叫老鸟，是雏儿的父母，叫大鸟。

认识形象，是理解散文的主旨的前提。这个教学环节主要欣赏了"雏儿"形象，主要从两个角度欣赏"雏儿"。

🔍 （一）抓住描写雏鸟外貌中的分号，欣赏雏鸟形象

作者对"雏儿"的外形做了生动的描写，"瞧，多么像它的母亲：红嘴红脚，灰蓝色的毛，只是后背还没有生出珍珠似的白点；它好肥，整个身子好像一个蓬松的球儿。"这里用了一个分号。教师带领学生对此处的分号的意义做了非常细致的解读。

师：头脑中有他的形象，注意，40个字用了两句话，前面一句，后面一句。中间用了一个什么？（分号）他表示什么呢？

生：结构一样。

师：不是结构一样，这两个结构是什么关系？你和你的同桌中间有个分号，是什么关系？

生：对称关系。

师：你俩对称吗？什么关系？叫并列关系。明白了吗？什么关系？

生：并列关系。

师：我们来看这一句，你读上一句，你读下一句。

指导读。

师：看一看，这两句怎么并列的？前一句写什么？后一句写什么？

师：你再读一遍，（学生读前一句）写它的什么？

生：写它的嘴、脚、后背。

师：这是鸟身体重要的一部分，是吧。写它的部分，局部的特点，明白了吗？再读一遍。

师：这三个部分都是抓住他的什么特点来写它的形状？红嘴红脚——

生：颜色。

师：发现了没有，珍珠鸟这雏儿的颜色很美。请坐。

师：那下一句呢？（生读）也写它的样子的吧，是从什么角度写的？

生：侧面。

师：侧面？背面？还是？

师：发现没有，刚才叫局部，那这里呢？再读一遍。

生：写它的整个身子。

师：它的整体，前一句写它的局部，后一句写它的整体。中间用一个什么号？明白了没有，请坐。

师：所以这个分号都是讲他的样子，前一句写它的颜色，后一句写整体，中间用一个分号。

一起来读，男同学读上句，女同学读下句。

师：你看，写鸟，先写他的颜色，再写他的形态。如果你要写老师的形态，可以这样写吧？有人这么写，说：大脑袋，细长腿，一笑露出两颗大板牙。这是局部的还是整体的？（生答：局部）接下来用一个分号，然后接下来怎么写呢？岁数大了，背越来越驼，就像一匹单峰骆驼。你看，写人也可以这样写吧。

评析

解读"雏鸟"，围绕标点符号的运用，做了多层次的解读。

分号间的关联。分号关系如"你和你的同桌中间有个分号，两个人之间的关系是并列关系"。类比解释分号前后内容之间的关系。

分号内部的关联。分号的前面写"雏儿"的嘴、脚、后背，写颜色，是局部特点；后句写整个身体，是整体写。前后是局部与整体的关系。

分号描写形象有规律。描写形象用分号，先写形象的局部特点，然后写整体形态，这样描写形象的方法，还可以用来写人。分号可以用于写形象之中。

分号的意义发掘如此细致，可看出教师用心是非常细密的。但是给人的感觉，非常累。首先对珍珠鸟雏鸟的外貌的欣赏很是周折，分号的关系解释啰嗦。由标点符号知识点解释扩展到生活现象，比如和同桌是"对称关系"还是"并列关系"，游离文本的语境。教师可能是为了更好地理解"雏儿"的外形的可爱，但是周折得过多，让人感觉太累。这样的周折并没有令人体会到文本的美，反而因为阐释过度而疏离文本的美，令学生的体验游离审美形象，一时，脑子里就剩下";"和"并排坐着的同桌"了。

理解雏鸟描写中的分号的意义，要植根于语境中理解。描写"雏儿"中的分号，为的是表现雏鸟的两个特点，一是写鸟儿的"脚""毛""后背"各个部位的特点，二是鸟儿整体的形象特点，像个"球"。作者描写雏儿的外形特点，表达的是对"雏儿"的喜欢，为了进一步理解此处作者的情感，可以在此基础上，做思维拓展语言训练：如果再加一个分号，可以再写珍珠鸟雏鸟的什么特点？可以写它的啼鸣的声音，以表现其生命的娇嫩，这里的拓展显然很有意义；还可以加内容，还可以写"雏鸟"稚嫩的飞翔姿态。这样学生对"雏鸟"可爱，会有更多的认识。植根于文本语境展开想象，可丰富对形象的认识，加深对作者情感的理解。

文学作品中的标点符号在特定的语境下，有其暗示意义，能产生"非常大的暗示力、诱惑力、控制力、感染力"①。比如鲁迅先生的《祝福》中，当得知祥林嫂被婆家人粗暴地抢走了的时候，雇主四叔说"可恶！然而……"这里的省略号，显然有暗示意义，四叔的欲言又止表现了地主阶级对寡妇祥林嫂的命运的态度，听说祥林嫂家人粗暴蛮横的态度时，本能地感到"可恶"，但是马上清醒过来，一个"然而"，立刻转折到他所代表的阶级的立场和态度上，转换到封建宗法观念上，对祥林嫂的同情也就荡然无存了。这样的标点符号的运用是有其空白意义的，可以仔细鉴赏。但是课文中描写雏鸟的分号并没有空白可以"补"，语言并不存在言尽意不尽的张力。

写珍珠鸟的雏儿外貌这段描写，作者语言极其俭省，但是却很生动。前半句："瞧，多么像它的母亲：红嘴红脚，灰蓝色的毛，只是后背还没有生出珍珠似的白点"，一个"瞧"！独词句，脱口而出，表现的是见到"雏儿"的惊异和喜悦之情。"多么像它的母亲"，表现的也是溢于言表的惊喜，因为它的母亲"红嘴红脚，灰蓝色的毛"，颜色是多么明丽！多么漂亮！此外，前半句"瞧，多么像它的母亲：红嘴红脚，灰蓝色的毛，只是后背还没有生出珍珠似的白点"，独词、词组、短句，排列错落有致，节奏感非常鲜明，其内在的韵律充溢着感情色彩，表现了作者初见"雏儿"的喜悦，难掩兴奋的惊异之情。而后半句，用了非常生动的比喻，"蓬松的球儿"，写出珍珠鸟雏鸟，刚刚长出的纤细松软的羽毛的形态，好似一团绒球一样可爱。作者语用极其俭省却又是非常典雅而生动，将初见珍珠鸟雏鸟可爱的姿态，做了生动的描绘，寥寥几笔，栩栩如生。对这段描写，教师应该抓住作者精当的描写中"惊异"②的情感，带领学生认真品读其中的情意。

(二) 抓住称呼的情感意义

接下来，仔细研读了对刚出生的珍珠鸟的称谓："雏儿"的意义。

师：作者在课文中不叫它雏儿，叫他什么？

生：小家伙。

师：对啊，叫他"小家伙"和叫"雏儿"有什么不一样？

生：小家伙叫起来更亲切，雏儿感觉很可爱。

师：是的，还有什么不一样？

生：表达了我对"雏儿"的喜爱之情。

师：对，表达喜爱，比如"这小鬼"，我拿走一个"小"字就不对了，"这家

① 李冬艳.谈空白艺术手法在文学作品中的运用[J].理论界，2019（7）：95.
② 赵晓霞.不经意的"惊异"：再读冯骥才《珍珠鸟》[J].小学语文教学通讯，2018（9）：31-33.

伙""这老家伙",(学生笑)这是骂人的,对吧?所以"小"很重要。明白了吗?称他什么?如果不称它"小家伙",还可以称它——

生:小不点。

师:还可以称它?

生:小东西。

师:如果叫它"小东西"就不好了。

生:可以叫他"小可爱"。

师:哎——对了。

师:很淘气,可以叫他

生:小淘气。

师:作者对这只小鸟,非常的喜爱。(板书:喜爱)

评析

课文中对雏鸟用了"小家伙"的称呼,教师抓住称呼的变化,带领学生研读了称呼中包含的作者情感。比较了一下叫"小家伙"和叫"雏儿"有什么不一样。讨论明确:"小家伙"更亲切,"雏儿"感觉很可爱。称"小家伙"表达了"我"对"雏儿"的喜爱之情。由此发现一个称谓的规律:称呼前加个"小"字,其中往往包含作者的喜爱的态度:比如"这小鬼",去掉了"小"字意思就不对了,"小家伙""小淘气"去掉了"小"的意味也不一样了。"小"里面有感情,表达了对称呼对象的喜爱的态度。

抓住称呼解读作者的情感,这个角度很有意义。"称谓"是作者情感的一种标签,代表着作者的情感倾向,或者人物的态度。钱钟书先生十分赞赏"称呼语"的妙用,他在《管锥编》中说:"夫私家寻常酬尽,局外事后只传闻大略而已,乌能口角语脉以至称呼致曲入细如是?'貌似记言,实出史家之心摹意匠。'"[①]这话道出了"称呼语"的真谛。如,鲁迅的小说《故乡》中的闰土与"我"是儿时的玩伴,儿时闰土称"我"为"迅哥",成年以后的闰土,称我为"老爷",这中间,失落的是无瑕的童年情感,表现的是因社会生活的重压变得愚钝世故的中年人的悲哀。又如《红楼梦》中贾母、王夫人对贾宝玉有多种亲昵的称呼,昵称"小冤家""心肝肉",是"好宝贝"的爱称。

遗憾的是,教师止于解释称谓上加"小"的意义,对课文中作者对雏鸟的情感并未在具体的语境中去理解。文中四次出现"小家伙"的称谓,都有喜欢之意,但情感是有变化的。第一次,"这个小家伙能轻易地由笼子里钻出身",写的

---

① 刘先萍,君德.文学作品中"称呼语"的艺术作用[J].语文月刊,2000(3):44-46.

是"我"初识雏鸟的惊喜，第二次写"一会儿落在柜顶上，一会儿神气十足地站在书架上，啄着书背上那些大文豪的名字"，表达的是"我"看到雏鸟自由地在家里飞来飞去，已经融入这个家的氛围时流露的欣喜之情；第三次，"我不动声色地写，默默享受着这小家伙亲近的情意"，"小家伙"已经"不再怕人"，"我"欣赏"小家伙"开始主动亲近的情谊；第四次，"这小家伙竟趴在我的肩头上睡着了"，我为得到"小家伙"的信赖而欣慰。从中可以发现作者对"小家伙"喜欢的程度和喜欢方式是在变化的。这个部分稍显遗憾，未能深入语境中，反复诵读，体会不同的语句中"小家伙"称呼中细微的情感。

其实，文本中还有一种称谓能体现作者的态度。"雏儿"，儿化音的运用，也能表达特定情境下的细腻的情感。

（三）欣赏大鸟的可爱

这个教学环节通过研读第一第二自然段，欣赏了大鸟的可爱。讨论的问题明确如下。

提问：小鸟很可爱，所以作者喜欢他。那老鸟，作者喜欢吗？读课文第一小节，看看作者喜欢老鸟吗？哪里看出喜欢大鸟的？

讨论明确，因为"我"把鸟儿放在编织的笼子里，而且笼子还有干草。舒适而温暖的巢，这说明"我"喜欢老鸟。

提问：欣赏课文第二段。"我"喜欢老鸟吗？哪里看出来喜欢？

讨论明确：我把他挂在窗前。一盆吊兰盖在鸟笼上。吊兰的垂蔓蒙挂在鸟笼上，鸟儿觉得很安全。这就是我对珍珠鸟的一种喜爱。筑了一个巢，又让这个巢变得更安全。珍珠鸟是一种很怕人的鸟，一见人就怕，所以要蒙盖在鸟笼上。

评 析

这个环节研读，抓住了"我"为珍珠鸟精心准备的"家"和布置的环境，表现了"我"对珍珠鸟的呵护与爱。这个环节的阅读真正扎到了课文的语言里，从语言层面建构阅读的意义，解读比较扎实。但是可以读得再充分一些。

这部分实际上是欣赏文章的开头部分。开头就感情饱满地交代了"我"对珍珠鸟落户到我家的欣喜之情。开头脱口而出"真好！朋友送我一对珍珠鸟"，冰心先生由衷赞扬冯骥才的这篇散文的开头写得漂亮，说："'头'起的'带劲'，这'劲'中有无限的喜乐。"[①] 开篇"真好！"情感的浓烈，"奠定了全篇不期而

[①] 冰心说冯骥才散文《珍珠鸟》[J]. 名作欣赏，2004（11）：1.

遇的欢喜的情感基调。"①作者知道珍珠鸟的习性"怕人",把笼子挂在窗前的"串生着小绿叶的""异常茂盛的法国吊兰"的浓荫里,精心营造了丛林一样幽静的家。而"我"又唯恐打扰它们,很少扒开叶蔓瞧它们,因此它们感受到安全、舒适,所以"传出的笛儿般又细又亮的叫声,也就格外轻松自在了"。作者"对珍珠鸟的'尊重''珍惜',都表现在'我'时时处处的'经意'与'用心',都是作者宁静自然的心境的投射"。

三、品悟美好的画面,体会信赖

这个教学环节,研读课文的主旨"信赖,往往创造出美好的境界"。通过欣赏课文中鸟与人的和谐相处的温馨画面来解读主旨。

师:美好的境界,也就是美好的画面,让人感到温暖的场面,快速默读3、4、5、6自然段,看看作者所写的画面哪些是美好的?

师:默读,头脑中要有美好的画面感,要有画面感。

生:小家伙从外面钻出来的画面很美好。

师:探出头来。探出头来张望这个世界多美好的画面呢。还有更美好的画面吗?

生:第四小节:小珍珠鸟渐渐信赖我,这很美好。

师:哪一个画面是很美好?

生:我用手抚一抚它细腻的绒毛,它也不怕,反而友好地啄两下我的手指。

师:还有哪个画面?

生:它啄我的手指这个画面很美好。

师:发现了吗?就像你家里的猫怎么样?舔舔你,就像你家里的狗朝你叫朝你摇尾巴。哎,朝你叫,朝你摇尾巴,很美好吗!画下来,啄手指,还有美好的画面吗?

生:第六小节,不一会儿,这小家伙便趴在我的肩上睡着了,它睡得好熟啊,不停地咂嘴,大概是在做梦呢?

师:什么画面?

生:不停地咂嘴,大概是在做梦呢?

师:对,它睡得很熟。睡觉,入睡,做梦的画面也很美好,还有?

生:一点点接近,然后碰到我的杯子上,俯下头来喝喝茶也很美好。

师:什么事,什么画面?

生:俯下头来喝茶。

---

① 赵晓霞.不经意的"惊异":再读冯骥才《珍珠鸟》[J].小学语文教学通讯,2018(9):30-31.

师：看见了吗，它喝谁的茶，喝我的茶，美好吗？美好，还有美好的画面吗？

生：也是在第四小节，它神气十足地站在书架上，那个它站在我的书架上面，就让我想到它一副很满足那种画面，感觉小家伙很可爱，感觉这个画面也很美好。

师：对呀，神气十足地站在书架上，走来走去，对吧，还啄着书柜上那些大文豪的名字，啪啪啄，哈哈，多美好！

生：第4自然段的"后来它完全放心你，索性用它的小红嘴'哒哒'啄我正在写字的笔尖"，美好的画面是啄我正在写字的笔尖。

师：哎，啄我写字的笔尖多美好。好，同学们，课文中写美好的画面，美好的境界有很多吧，但是哪一个画面是最美好的境界？告诉我，两个字。

生：做梦

师：哪个词？做梦？对了，睡着了，做梦，好，我们来看这一段，是这样的画面吧！厉害，最美好的画面，往往课文用了一副插图，这个画面被你们命名叫，做梦，好，课文是怎么写的，谁来读？嗯，请你来读！

（学生练习写作，教师指导）

学生汇报。

师：好了，同学们，雏儿和我逐步信赖，同学和老师逐步亲密，要通过时间变化、距离远近、动作的亲疏来描写这样变化的过程，对吗？

师：今天，我们学的课文叫《珍珠鸟》，人关爱鸟，鸟就会信赖人，只有信赖才能创造美好的境界。我们的课堂美好吗？（生：美好）同学和老师互相信赖也能产生美好的境界。生活中，人与人、人与动物之间的关系，有关爱就有信赖，有信赖就有美好的境界。

评析

冰心先生说这篇课文"'收'得有'味'，这味中有深邃的哲理。全文短小、精练、细腻而又酣畅"，[①]这篇《珍珠鸟》"光彩照人"。课文卒章显志，"信赖，往往创造出美好的境界"，是耐人寻味的"光彩"，是理解全文的重点，是落实教学目标的难点。

理解主旨，教师先交代给学生一个解读的途径，理解"信赖，往往创造出美好的境界"，需要理解课文中描写的具体"美好境界"，即"鸟儿"与"我"和谐美好的画面。也就是说，找到美好的画面，就找到了文章附丽的生活道理的缘

---

① 冰心说冯骥才散文《珍珠鸟》[J].名作欣赏，2004（11）：1.

由。所以，教师带领学生将"美好、温暖的画面"都找了出来。这种解读方法，其实就是把课文的内容抽绎出来，然后解证是"美好、温馨"，而为什么是美好温馨的？为什么这些画面能产生"信赖"？并未带领学生品味。

这篇课文显然是散文常用的"卒章显志"法收尾。几乎所有教者，都要抓住"信赖"这句话设计教学活动。很多教学设计，都在努力用文本内容解证作者的"信赖"？

不向学生解证，那么如何解读？

好的散文，卒章显志，一定是要有充分的蓄势，铺垫。看似平凡的叙事或者描写中，无不潜藏着情感的暗流，或激烈，或舒缓；或直白，或委婉；或者欲言又止，或者心胸豁然，每一"卒章显志"，都可能有曲径通幽的美。教师要做的，就是根据不同的蓄势方式，不同的情感表达，设计有效的教学活动，带领学生体验，品味，思考个中的情感变化，方能体会言有尽而意无穷的情味。而用推论和解证的方法解读"光彩照人"的文本，就少了一点体验和感受，"收"的"味"品得差了那么点。

赵晓霞教授认为："'信赖'是'一时流泻的惊异'，导读中联系生活理解'信赖'，也可能成为阅读的'陷阱'；而条分缕析地得出获得小鸟'信赖'的种种证据，这样的教学处理，都会遮蔽本篇的情感思路。"[①]关于结尾处的"抒情"，可以有很多种"感悟"，有可能是信赖，也有可能是和谐，还有可能是尊重……不一而足。

当然，对四年级的儿童来说，对课文的解读，不可能落到作者的"惊异"，或者其他审美的深度，但是我们至少要知道一个问题，"信赖"一句的意义不是要"步步为营去得以解证"[①]，而是要通过作者对形象的个性化书写的鉴赏，参悟作者的人生思考和审美认识。这篇课文，至少，要读出作者宁静自然的心境。

【总评】

这是一节70分钟的课，学习一篇名家的经典散文。教师关照了课文的多方面的学习价值，包括识字、语文知识、阅读理解、写作借鉴等方面。体现了教师全面的课程意识，以及娴熟的驾驭课堂的艺术。

字理识字讲解"骧""雏"，多角度理解课文的情感，欣赏称谓包含的情感，文本主旨的把握等方面，表现出对课文较为透彻的理解，并能将之转化为合理的教学设计。

总体上来说是努力彰显"语文味"的一节课，避免浮华的形式，致力于语文素养生成的一节语文课。

① 赵晓霞.不经意的"惊异"：再读冯骥才《珍珠鸟》[J].小学语文教学通讯，2018（9）：30-31.

但是，透过这节课，我们可以有诸多思考。

其一，如何对待文本潜在的重要的语文知识？

阅读是一项综合性的语文学习活动，涉及方方面面的语文知识与其他学科的知识。课文是范例，是语文知识的范例，也是语文思维的范例。课文中蕴含的语文知识，是小学语文教学的一个重点，在阅读理解中，借助语文知识的理解解读文本的教学活动非常普遍。但是问题是，如果意识不到阅读理解中的语文知识学习的目的，是为加深对文本的理解而进行的学习，就有可能陷入知识化解读的泥淖。比如遇到比喻，就要解释比喻的本体和喻体之间的关系，以及比喻意义；遇到侧面描写就要讲，侧面描写突出了什么内容。这样的教学就是从语言知识的角度分析文本内容，这样的语言鉴赏，"重视的是语言知识的普遍意义，并没有立足于不同语境中语言范式的不同审美意义，所以遁入模式化的解读中。"[1]本节课，解读雏鸟的描写对分号的作用做了细致的讲解。对雏鸟的描写用分号，前后关系是并列，前面是局部描写，后面是整体描写。语文知识介入阅读过程，并未致力加深文本的认识和理解，而是侧重了知识的讲解和归纳。从称谓的角度理解作者情感，是一个非常不错的理解文本的切入点，如果能从称谓的变化，捕捉作者情感的变化，则能发现作者写作的意图。遗憾的是，很细致地讲解了称谓前面加上"小"字的表达意义，而对课文中"小可爱"这个称谓的意义品味欣赏不够。

课文中涉及很多语文知识，如果是学生没有学过或者认识模糊的语文知识，那么则当在解读文本之前介绍清楚，如果是为了解读文本所需，那么就应该注意，语文知识的介入是为了理解文本，游离文本的语境表达的情意讲语文知识就会扰乱文本解读的秩序。

其二，如何展开文本细读。

文本细读是小学语文教学的热词，文本细读被用作改进"语文味"缺失的对策。文本细读作为一种批判方法，广为运用到语文课堂，可使偏离语文轨道的阅读教学活动回归到语文素养培养的正确轨道上，所以广为提倡。但在追求文本细读的过程中，为了"细读"出现了揪住只言片语，零敲碎打的现象。本节课，抓住雏鸟外貌描写中的分号的意义，这是细读；还有"小"字称呼的意义，也是细读。但是解读过程中，内容掰得过细，联系生活有失牵强，这样，就忽视了文本的内在的言语逻辑和文脉气韵。陈思和先生说："文本细读是一种能力，它可以帮助你阅读文学名著，帮助你透过文字或者文学意象，达到作品所隐蔽的精髓之地。"[2]

① 具春林.文学经典教学的两大硬伤——以《荷塘月色》教学为例[J].人民教育，2007（11）：38.
② 陈思和.文本细读在当代的意义及其方法[J].河北学刊，2004（2）：113.

由此看来，文本细读是经由文字或者意象，抵达隐蔽之地，这是文本细读的目的。所以，"细读"非一定要把文本的语言或者标点，细致入微地分析，才叫深度解读文本，而是追求真实的体验和思考，与作者的情感碰撞，达到细读的目的。

如果不清楚文本细读的目的和基本途径，那么就会陷入张心科教授所说"伪阅读"中，这种文本细读"既非自然阅读，也非教学阅读，甚至不能算学术阅读"。这种文本细读发现的"秘妙""根本就不是作者在写作时有意设计的，只不过是文本细读者采用这种扭曲的阅读方式读出的。"①

其三，阅读理解是否需要联系生活？

这节课，文本解读过程中，教师为了让学生更加清楚作者在特定语境下的情感，多次联系生活解读文本。

解读"我"对大鸟的喜欢，教师联系自身："这就是我对老鸟的喜欢，看着我，我喜欢你吗？你看得出我喜欢你吗？（眨眼放光）这就是表示喜欢，眼神、动作里面都包含着喜欢，明白了吗？"欣赏小鸟对"我"的信赖，学生认为"我用手抚一抚它细腻的绒毛，它也不怕，反而友好地啄两下我的手指"这个画面很美。教师联系生活："发现了吗？就像你家里的猫怎么样？舔舔你，就像你家里的狗朝你叫朝你摇尾巴。哎，朝你叫，朝你摇尾巴，很美好吗？"

阅读理解，要通过调动生活积累研读文本，从而更为全面更为准确深入地理解文本的意义，课程标准也有相关的要求。但是，我们发现，经常看到因为联系生活积累而出现游离文本的解读的问题，那么，文本解读应该如何联系学习积累和生活积累？

要明确一点，联系生活的目的是理解文本，如果脱离了阅读意义的生成，联系生活意义就不大。所以，文本解读联系生活积累要适当。就文本来说，理解"我"对鸟儿的欢喜的态度，或者"我"和鸟儿之间的信赖，联系丰子恺的《白鹅》、郑振铎的《猫》等文本的细节解读，可能会比联系生活会生成更多的阅读体验。

---

① 张心科.审视文本细读及其教学[J].语文建设，2014（1）：19.

溯源，神话可以这样讲

——评赵志祥《夸父追日》教学实录评课

《夸父追日》是人教版小学语文三年级（下）的神话故事单元的一篇课文，是中国古代神话，是一则儿童非常感兴趣的神话故事。夸父追日的故事在《山海经·海外北经》《列子·汤问》上有记载。教材是根据袁珂的《中国古代神话》改编的，改编后的课文内容较为详细地记叙了夸父追日的过程，并做了生动的描写。

古代神话，凝结着先民对于自然与人的存在的思考，神话的教学有其深厚的文化意义。《山海经》是我国古代"神话材料最丰富而又最具原生面貌"的书籍之一，蕴含丰富的文化基因。《山海经》记载的神话，篇幅短小，用语极俭省，但不乏生动的描写，《山海经》"历述怪兽异人的地域分布和由此而产生的神话和巫术幻想，进而成为百世神异思维的经典""是一座神话学宝库和蕴藏量巨大的富矿"。[①]《山海经》是一部深受儿童喜欢的古代文化经典著作，鲁迅先生儿时就曾痴迷不已。

《山海经》中山川地理、鸟兽虫鱼、异怪神人，给儿童带来神秘感、陌生感、惊奇感，能够满足儿童好奇心，激发儿童了解世界、自然、历史的兴趣，放飞儿童心灵，积淀古代文化。赵志祥老师从故事的源头《山海经》讲起，将《山海经》的记载与课文融合讲解。小学五年级教材里才出现文言文是否可以给三年级的学生讲文言文，考察赵志祥老师《夸父追日》[②]的课，我们可以得到启示。

一、导入：追问源头，引出学习内容

师：上节课我们学习了《女娲补天》，谁能用几个字对这个故事进行评价？四个字的、三个字的，两个字的也行，一个字的也行。

生：两个字的——神奇。一个字的——神。

生：两个字的——传说。

师：有点意思，你的意思是说，女娲补天是个神话传说对吧！如果加上他的"神奇"就是"女娲补天是个神奇的传说"，就更好了。

---

① 纪晓建.《楚辞》《山海经》神话趋同的文化学意义[J].南京师范大学文学院学报，2011（2）：6.

② 赵志祥《夸父追日》教学实录[DB/OL].http://blog.sina.com.cn/s/blog_71e21f780100og6e.html.

生：四个字的——无私奉献。

师：谁无私奉献？

生：女娲。

师：她奉献了什么？

生：她奉献了自己的爱，把天上的大窟窿补上了，拯救了人类。

师：说得精彩！这节课我们再来学习一个神话故事。如果用一个字来形容的话，也可以用你说的，你说的，再加上你说的。

生：神奇的传说。

师：对！但是，是否也有无私奉献的意思，大家读完以后，说不定也有点证据。

师：现在，老师要写课题啦，如果愿意，大家可以拿起笔来跟着我一起书写。（教师板书课题，写完后巡视）写字的姿势很好，速度可以适当地加快一些。三年级了，我发现个别同学还在用铅笔，最好不用铅笔。

师：有没有人知道这个《夸父追日》在古代的文章里是怎样写的？

生：（无人举手）

师：没人知道，那有没有人知道，《夸父追日》是从哪本书上选来的，用现在时髦的话说，是从哪里"下载"下来的？

生：《神话故事》。

师：你说的是你手上的《神话故事》。那你书上的神话故事是从哪儿来的？

生：出版社。（众笑）

师：出版社是一个单位。咱们现在说的应该是古代的一个出版社，这个古代的出版社出版的是一本什么书？不知道吧？我来告诉大家。可以拿笔记下来，写在哪儿呢？就写在课文题目的下边。（板书《山海经》）

如果各位有兴趣的话，你也可以上网去查，只要你在"搜索"栏里输上"山海经"这三个字就能出现《山海经》的原文，不过都是古文！这是一本写地理方面的书，写了这里的山如何，那里的水怎样，还记载了许许多多的神话故事。书里边仅寥寥几十个字就把这个非常神奇的故事神奇地讲出来了！想不想读一读？！

评析

（1）导入课题采用师生对话的方式导入，看似平常，处处造势。

板书课题，营造授课气氛，为投入学习造势。

请同学们和老师一起书写课题。教师在黑板上写，学生在纸上写，写完后巡视，表扬课题写得端正的同学。赵志祥老师秉承了于永正老师导入课的方式（赵志祥老师自称是于永正老师的亲传弟子）。教师用意两点，首先，板书灌输写字的观念，赵老师认为，小学语文课的主旋律，永远是"识字、写字、朗读、背诵"。识字写字每节课都要讲，板书题目向学生传递教师对写字教学的重视态度，以引起学生的注意。其次，师生一起书写板书，教室里，出现了短暂的宁静气氛，目的是营造授课气氛，用赵老师的观点来说"板书课题，营造窒息的气氛"，这里，"窒息"一词实际就是师生都"屏息"，凝神屏息地写标题，创设一种庄重的课堂气氛，以调动学生专注地学习。由此，可以看出，教师通过教学细节调控课堂的意识。

（2）复习旧课，设置悬念，为讲授新知造势。

复习前面的知识，引入新知识，是导入常用的方法，是非常自然的一种开课形式。赵老师此节课用复习法导入引入新课的同时，还设了个悬念。先是问上节课学习的《女娲补天》，请同学们用几个字对这个故事进行评价。学生发言后明确：神奇的传说，无私的奉献。然后设个小小的悬念：这节课我们再来学习一个神话故事，也可以说是神奇的传说。但是，是否也有无私奉献的意思，"大家读完以后，说不定也有点证据"，设置悬念，提醒学生带着问题去学习、去验证。

（3）探求故事的源头，激发好奇心，为探究学习造势。

引出课题《夸父追日》后，没有渲染故事的趣味和意义，而是提问学生《夸父追日》故事的出处："有没有人知道这个《夸父追日》在古代的文章里是怎样写的？"问古代文章的出处，问题一下子延伸到了遥远的古代。热闹的课堂立刻安静下来，一个小问题却抓住了所有学生的好奇心。在老师启发下，学生想起答"《神话故事》""出版社"。然后告诉学生《夸父追日》来源于《山海经》的一篇故事，并介绍《山海经》的主要内容："是一本写地理方面的书，写了这里的山如何，那里的水怎样，还记载了许许多多的神话故事。书里边仅寥寥几十个字就把这个非常神奇的故事神奇地讲出来了！"强调《山海经》的神奇特点，为下文学习进一步造势。

二、学习《山海经》，领略不同的叙事

将教材课文暂且搁置一边，从《山海经》所载夸父追日故事写起。

出示古文：夸父与日逐走，入日，渴欲得饮，饮于河、渭；河渭不足，北饮大泽。未至，道渴而死。弃其杖，化为邓林。

师：谁敢勇敢地站起来读一读，注意，读错了没关系。要都读对了我倒觉得不太高兴。你来。

生：读。（比较流利）

师：应该说读得非常好。三年级啊！这可是古文啊！知道这是什么人学的吗？起码是初中。谁来再读一下，要读出比他更高的水平。

生：（学生好多人举手）我读！我读！

师：那好，这样吧，愿意读的站起来读，不愿意读的坐着听他们读。"夸父与日逐走……"起——

生：（齐读古文）

师：究竟什么叫"逐走"？什么叫"渴欲得饮"？什么叫"河"？什么叫"渭"？什么是"大泽"？什么是"邓林"？可能有的同学读完了已经大致知道了。不知道的也没关系，我相信读完了咱们书上的课文，很多同学都能够理解，其实这里边最难的只有一个。

师：（邓林）对了，邓林。是不是姓邓家的树林啊？

生：（笑）不是。

师：咱们暂且不管他，打开书自由读，看看你读懂了什么？哪些地方能够和这古代的文章对上号。

生：（自由读书）

师：刚才我问了一下，很多同学已经知道了什么叫邓林，很会动脑筋哦！接着读，仔细读，看看还有什么新发现。

生：（又开始读书）

师：哎！好了好了，有两个同学，一个男同学一个女同学，比我还"牛"，短短时间内，他们说已经知道了古文的全部意思。

生：（插嘴）我也知道！

师：你也知道，你也是。那谁敢站起来说说这段古文的意思？这就是古文翻译啊！说错了，我"奖励"他两巴掌，还敢不敢？

生：他追着太阳一起走，到了太阳里边，很想喝水。他喝了黄河渭河的水，还不解渴，就到北方找大河的水喝，但还没到，他就渴死了。他临死前，把手里的拐杖一抛就变成了桃林。

师：99分，为什么扣一分？他说夸父"进入太阳里面"，妈呀，我可不敢！（笑声）

生：那就变成水了。

师：变成气啦！就这一个"入日"他没搞懂。

生：我知道，入曰（yuē）。

师：那个字念"yuē"吗？咱们不是学过，瘦"日"——

生：扁曰。

师：对呀！

生：我知道什么意思。

师：你知道？说。说错了没关系。

生：因为夸父追到日的时候，看见太阳他就跳上去了。

师：看见太阳就跳上去啦？哈，还是进入了，那还有命在吗？（笑声）还是不对。

生：他离太阳很近但是没有跳到太阳里面。

师：厉害，厉害！和我知道的一点点差不多了。

生：准备抱住太阳。

师：想象得好——正要抱住太阳突然口渴了。反正"入日"绝不是跑到太阳里面去了。我现在宣布，后海小学三（2）班一大半的同学具有初中三年级的语文水平！

生：耶——！

师：孩子们，给自己鼓掌！

生：（热烈鼓掌）

师：好了，孩子们，古文有什么了不起的?！是吧！

生：是——！

师：我非常希望大家上网查到《女娲补天》的古文。然后把它读熟了，意思搞懂了。

评析

这个教学环节，遵循文言文教学的基本原则：反复诵读，读懂文本。常态的教学方式，却有不寻常的教学策略。

首先，熟读，且要"全情"诵读。

三年级学生读文言文，学生刚开始有畏难心理，老师首先是化解畏难情绪。学生读流利之后，赵志祥老师情绪饱满、声音洪亮地为同学们吟诵了《山海经》记载的夸父追日故事，虽然只有38个字，赵老师通过吟诵将夸父神勇、坚定、执着的追日态度，声情并茂演绎出来，学生受到极大的鼓舞，亦开始全情投入朗读文言文。

"全情读"是赵老师小学语文教学的理念。观摩过赵志祥老师课的人都非常敬佩赵志祥老师的古诗文吟诵功底，赵老师在教师培训课时坦言，自己学习吟诵曾经下了很大功夫，起初曾被指不走正路，经过长时间的刻苦学习以后，形成了独到的吟诵教学风格。后来，越来越多的人认识到，吟诵对学生语文学习的感染熏陶作用，对语文学习积极性的调动，乃至对祖国语言的热爱，有其独到的意义。但是学习吟诵确实要用去很多精力，因此，吟诵，在教学中难以普及。

这节课赵老师并未吟诵，而以字正腔圆的朗读，引发强烈的共鸣。所谓"全情读"，赵老师强调的"全情读"和美读原则是一样的，都强调朗读时要读出文本的情感，要"激昂处还它个激昂，委婉处还它个委婉"，但"全情读"在此基础上，强调全身地投入，朗读时身体的各个部位都要随着文本情感的起伏而自然地投入其中，五官、肢体都要呼应性地投入，一起诠释"读"的情感和意义。如夏丏尊说："读书，不该只用眼与心，须于眼与心以外，加用口及耳才好。读，就是心、眼、口、耳并用的一种学习方法。"①

"全情读"是带动学生走进课文情感中的一种有效的教学方法。

吟诵，对教师来说不容易学习，但是赵老师的小学语文课的"全情读"，还是可以做到的。

其次，读懂，提取信息读懂文言文。

文言文阅读对三年级学生来说是挑战。就《山海经》中的《夸父追日》这篇课文来说，有很多难点实词，如何让学生读懂文言文，这显然是个难题。文言文通常的讲法就是逐字逐句解释，但这节课，教师没有逐字逐句讲，而是先让学生发现学习的重点和难点，提示需要重点理解的词"逐走""渴欲得饮""河""渭""大泽""邓林"，强调难点："最难的是邓林"，然后让同学们自由朗读课文，要求学生发现课文中的内容与文言文中的内容能对上号的地方。将文言文与根据其内容改编的现代故事比较阅读，让学生较为轻松地完成了文言文理解。这种学习方法，能让小学生自主理解短小的文言文。教师将这种方法推荐给学生，让学生用这种学习方法将前文学过的"女娲补天"的故事的文言文找到，然后自学完成文言文的理解。

这是充溢着教育智慧的设计。首先，化解了文言文学习的难度。课文详尽叙述了夸父追日的经过，动用了多种描写方法，生动地刻画了神勇、执着的夸父形象，内容较为浅显，学生比较容易把握。课文的内容是依托《山海经》《列子》等古代文献上记载，适当补充了情节。学生通过阅读课文能够发现《山海经》原文的对应内容，这样就能大致了解文言的意义了。其次，同题材的文言文和现代文对照阅读，回避了逐字逐句讲解文言文，枯燥乏味的讲授方式，保证了学生对文言文学习的兴趣。再次，通过课文的阅读，解决了文言文学习的难点，也即文言字词的解释。这样的学习，培养了多方面的能力，包括信息筛选能力、比较提取、分析总结的能力。比较中完成了文言文学习的任务，比较中培养了语文思维能力和阅读能力。所以，通过课文和文言文的比对，学生能够自己解决问题，完成文言文理解，把建构学习意义的权利还给了学生。

这个教学环节，我们看到赵老师的课程意识还是很先进的。

---

① 夏丏尊，叶圣陶.文心[M].北京：中国青年出版社，1983：94.

三、呼应导语，扣住"神奇"理解文意

呼应导入时强调的神话特点"神奇"研读课文。这部分设计以下几个学习任务：找出故事中关于"神奇"的书写。思考为什么说是"神奇"的？交流阅读收获。

这个环节教师启发学生：

刚才有同学用两个词概括了书上的内容——"神奇"，现在我请大家做一件事，就是拿你的笔，把你认为最"神奇"的地方划下来，不光要划，还要想一想，说一说，你为什么就划这一句，不划其他的地方。先同学之间说一说；你要是有兴趣，你也可以和我说一说。有问题我愿意随时为您服务。开始啦！

评析

本环节教学有如下几个特点：

抓住"神奇"理解巨人形象。"弃其杖，化为邓林"是神奇的，手杖一扔就能变成"邓林"，因为他扔的是神奇的桃木木杖，这夸父是一个神人。"渴欲得饮，饮于河、渭"，够神奇，两条大河的水，夸父"霎时间"喝完，是巨人！追日更神奇，夸父想追上太阳，他有把太阳的光芒固定在天上的勇气。通过讨论课文中"神奇"的描写，理解了神话故事的形象，不同于常人的书写，表现了巨人的神勇，及其扭转自然现象的气魄和雄心。

抓住"神奇"理解神话的意义。教师显然认识到了这部文化经典的意义，对夸父追日所包含的文化意义，做了易于儿童理解的理性阐述。虽然是神话传说，不是真实的，但是得从这个故事中明白一个问题：千百年来，无数的人（神话中的人），现在都影响到全世界了；我们知道传说是假的故事，还读得津津有味，究竟是为什么？就是因为夸父想追上太阳，具有把太阳光芒固定在天上的勇气。教师对神话蕴含的意义，做了适宜儿童的通俗化的解读。

抓住"神奇"做互文性解读。要求学生按照《山海经》的内容理解课文。比如课文"夸父喝水"的描写，也就是古文上的"渴欲得饮，饮于河、渭"；《山海经》里的"弃其杖，化为邓林"，课文里怎么写的等等。这样解读，其实是有意识地让学生比较现代汉语的言说方式和文言文的言说方式，将两者语言表达做互文性解读。只是比较遗憾，这方面老师只是提示学生两个文本"对着"看，但学习活动设置不够充分。"对着"看与单独看课文，是否会有更多的阅读生成？对课文的理解有什么意义？对古文的理解有什么意义？没有明显地表现出互文式阅读的意义。

这个教学环节抓住一个核心点"神奇",理解了课文内容。以一个核心点提纲挈领,设计教学活动,理解了神话的形象和意义。没有面面俱到地讲课文的层次、结构、中心、人物等等,体现了赵老师"简化教材"的理念。所谓"简化教材",就是淡化或者放弃课文内容分析,设置精当的问题,搬开"问答式"这座教学方式的大山,突出重点,解决难点。这样的教学处理,避免了面面俱到而导致学习效率低下的问题,以核心点牵着学生的思维,问题讨论就较为充分,学生得到的认识则较为深刻。

赵志祥老师这种少提问,不分析,抓重点的教学方法,对习惯于以自己的分析代替学生阅读体验生成,或者满堂问却缺少高阶思维的教学的现象,给予了有益的启示。但赵志祥老师的教学处理也存在不足,忽视了一些有价值的教学内容。比如,教材中有很多生动的描写,对理解神话的形象和寓意有意义,应该做些研读,至少还是应该多读读以加深认识。

"提起长腿,迈开大步,像风似的奔跑,向着西斜的太阳追去,一眨眼就跑了两千里。""昨天倒在原野的夸父,已经变成了一座大山。山的南边,有一大片枝叶茂密、鲜果累累的桃林,那是夸父的手杖变成的。"这样的语言,表现了夸父的"神"。而写夸父倒下的细节"他还没到大泽,就像一座大山颓(tuí)然倒了下来,大地和山河都因为他的倒下而发出巨响""夸父遗憾地看着西沉的太阳,长叹一声,便把手杖奋力向前一抛(pāo),闭上眼睛长眠了"。也能表现夸父的"神",遗憾这样生动的描写没有仔细品味,反复诵读。

四、点拨文化意义,留下思考的空间

《山海经》是我国宝贵的文化遗产,作为文化经典,在从古到今的中国文化长河中,都能发现其精神血脉的存在。教师在结课时对《山海经》的文化意义做了进一步阐释,目的是给儿童心里播下经典的种子。如是说:

师:有一位大学教授研究过,《女娲补天》《夸父追日》这两篇神话传说之所以能传诵千百年,是因为它们代表了我国人民审美观的那种特有的价值取向。懂吗?

生:no、no、no!

师:我说你们不懂吧!因为我也是似懂非懂的。简单点说吧,我们中国人,女子追求的是女娲那样的柔美,男子追求的是夸父这样的阳刚。懂了吗?

生:懂了——一点。

师:懂了一点,这就对了!想不想懂两点、三点,甚至更多?

生:想啊!

师：那好！从现在开始，女生开始观察自己的妈妈和我们学校的女老师；男生开始观察自己爸爸以及我们学校的男老师。一个星期后，我们再讨论这个问题。

生：我想观察赵老师。（笑声）

师：哈哈，好啊！不过，我的阳刚之气可不大足哦！看看，我这瘦胳膊细腿的。（笑声）不过，一个人是否有阳刚之气不一定要看他是否具有高大的体魄，关键要看他是否有男子汉的气魄，比如咱们学习过的"言必信，行必果"啦，"人生自古谁无死，留取丹心照汗青"啦，"先天下之忧而忧。后天下之乐而乐"啦等等，都是男子汉气魄。

生：老师，您怎么总是说男人？

师：哈，好好，老师错啦！女子的柔美呢，我研究的就不多啦，还要请在座的各位"柔美的小女子"查到资料后开导开导我啦！在此先行谢过！（笑声）听听，下课铃响了，我们下课吧。

评 析

结课部分，将前面学过的《女娲补天》与本节课学的《夸父追日》的文化意义一并总结，并区分其不同。这样的收束，显然对提升学生认识，激发学生对神话传说学习的热情，有一定意义。但是，"代表了我国人民审美观的那种特有的价值取向"这个观点，三年级的学生理解有难处。赵老师用其四两拨千斤的语言艺术化解了难度，"简单点说吧，我们中国人，女子追求的是女娲那样的柔美，男子追求的是夸父这样的阳刚。""一个人是否有阳刚之气不一定要看他是否具有高大的体魄，关键要看他是否有男子汉的气魄，比如咱们学习过的'言必信，行必果'啦，'人生自古谁无死，留取丹心照汗青'啦，'先天下之忧而忧。后天下之乐而乐'。"庄谐结合，学生易于理解。

关于神话的文化意义，有必要对儿童讲解，这是无可置疑的，但是如何讲是语文教师应该考虑的。其实，赵志祥老师对教材处理的观点——"简单处理"的原则用于拓展认识环节，也可以行得通。比如，《山海经》作为文化经典的精神传承的现象。我国古代《神异经》《博物志》《西游记》《红楼梦》《镜花缘》等作品都或多或少带有《山海经》文化印记，鲁迅的《故事新编》对《山海经》赋予了新意，进入21世纪后，《山海经》再次焕发出生命活力，很多作家的作品及网络文学作品中都有《山海经》的文化印记。这些内容做一些列举阐释，儿童是能够理解的。

【总评】

赵志祥老师对教材的处理、教学设计、教学活动的组织，都有着较为成熟的个人经验，给了我们很多启发。本节课教材处理不同于常态教学，三年级讲了文言文，课文内容和课文内容相关的源头材料一并用作教学内容。这样组织教学内容，引发我们思考，如何确定教学内容，依据教材拓展教学内容是否有原则？

其一，如何确定教学内容？

教学内容有其不确定性，这是语文教学难以把握的原因之一。教科书是择定教学内容设计教学方案的一个依据。日常教学中，即使每个教师择定的教学内容不尽相同，也会出现一些趋同的教学设计，这是因为一些教师比较依赖教学用书和所谓优秀教案，缺少自己的设计。而赵志祥老师的教学内容的择定，显然有创意。

赵志祥老师认为小学语文教学要"简化教材"，纠缠于课文内容，宝贵的课堂时间都浪费在低效甚至无效的教学活动中。简化教材，就要引导学生进行大量的阅读，这是因为，小学语文的很多课文，如果弄通生字和难点词语的意思，学生大多能理解课文的内容。如《夸父追日》课文，学生大多都能读懂，教师如果用大量的时间去分析课文，必然导致无效活动。也正因此，统编教材提出"1+X"的教学理念。赵志祥老师这节课，课文与原著不分伯仲，甚至，原著学习所用的时间更多，且引进的原著内容是文言文，教学也达到预期目标。那么这种创意是否具有代表性，或者普适性？教学内容如何择定是科学的？

魏本亚教授认为一篇课文要教什么，教师要考虑三个问题："学习语文课程标准，弄清楚'课标'对不同学段的学生有什么具体要求；研读教材，理清教材编辑的编辑意图；研究学情，认清学生的认知基础及学习心理特征。"[①]如果按照这个理论，赵老师的教学内容的择定应该侧重考虑了学情，依托教材拓展教学内容。这种组织教学内容的方式，与依托教材进行的群文阅读、整本书阅读，或者专题学习的原则是一样的，通过拓展学习内容，给了学生更丰富的学习内容，带领学生建构更多的学习意义。赵老师这节课给我们的启发是，教材里的很多课文是文学经典的节选，或者文化典籍内容的改编，教师可以根据教学目标和学情，选择引入原著相关的内容，这样可丰富教学内容，给学生提供更多的有效信息。

其二，课堂教学语言怎样做到庄谐适度？

小学课堂教学语言，是保证课堂效果的不可忽视的因素。赵志祥老师的授课语言庄谐结合，生动而灵活，活跃了课堂气氛。赵志祥老师的观点是：须将

---

① 魏本亚."确定语文教学内容"何以成为问题[J].中学语文教学，2010（9）：10.

"玩"和"学"有机地融为一体①。授课语言有时庄严，如朗读、吟诵的环节，学生全神贯注沉浸教学内容之中；有时诙谐，比如授课时，经常联系生活，幽默地诠释学习内容，学生在轻松愉快的氛围中理解学习内容。所以很多人说赵志祥老师授课风格是很难学的，"诙谐"是主要原因，"庄""谐"结合是赵老师授课语言特点。

但是，这里有个问题，"庄"与"谐"的度该如何把握？请看下面的教学片段。

师：嗬，你真厉害！（板书"之气"）快点，都记下来。男子汉们，要把这几个字写得阳刚一点哦，可不能歪歪扭扭的。不然就成了柔而不美的小女子了。（笑声）

师：哈哈，好啊！不过，我的阳刚之气可不大足哦！看看，我这瘦胳膊细腿的。（笑声）不过，一个人是否有阳刚之气不一定要看他是否具有高大的体魄，关键要看他是否有男子汉的气魄，比如咱们学习过的"言必信，行必果"啦，"人生自古谁无死，留取丹心照汗青"啦，"先天下之忧而忧。后天下之乐而乐"啦等等，都是男子汉气魄。

生：老师，您怎么总是说男人？

师：哈，好好，老师错啦！女子的柔美呢，我研究的就不多啦，还要请在座的各位"柔美的小女子"查到资料后开导开导我啦！在此先行谢过！（笑声）听听，下课铃响了，我们下课吧。

生：不行，老师要说完柔美才能下课。

师：哎呀，好凶哦！那我就说一点喽："荷叶罗裙一色裁，芙蓉向脸两边开""水上游人沙上女，回顾，笑指芭蕉林里住""竞折团荷遮晚照"等等都是柔美。

生：我们一点都不懂。不算！

师：柔美的女同学们，不要咄咄逼人哦！不懂不要紧，下课后我写给你们，研究研究就懂啦！

这个教学片段，探讨的是神话的文化意义，是收束课的环节。这里教师给学生阐释了阳刚之气和阴柔之美。这种概念的诠释，对小学三年级的学生来说是比较难接受的，也是很枯燥的学习内容，正是因为教师诙谐幽默的诠释，学生有了探究问题的渴望："不行，老师要说完柔美才能下课。"教师列举学生学过的古诗词诠释阳刚之气："咱们学习过的'言必信，行必果'啦，'人生自古谁无死，留取丹心照汗青'啦，'先天下之忧而忧。后天下之乐而乐'啦等等，都是男子汉

---

① 赵志祥．"玩"中学文"玩"出趣味——人教版新课标实验教材一年级下册《荷叶圆圆》教学谈[DB/OL].http://blog.sina.com.cn/zzx2011.

气魄。"再解释阴柔之美:"'荷叶罗裙一色裁,芙蓉向脸两边开''水上游人沙上女,回顾,笑指芭蕉林里住''竞折团荷遮晚照'等等都是柔美。"用古诗文名句诠释两种不同的美,教学语言典雅,且有说服力;当然,难点的化解,也因为诙谐的教学语言的支持。

"庄""谐"结合是教育的智慧,但其分寸的把握当引起注意。比如:"哈哈,好啊!不过,我的阳刚之气可不大足哦!看看,我这瘦胳膊细腿的。(笑声)"这样的语言,的确能抓住学生兴趣点,但是还是离教学内容远了点。所以,"庄""谐"适度,"度"的把握尚需引起注意。

赵志祥老师的课还有很多可以学习的内容,比如赵老师认为"课堂教学环节应简单,教学设计不能求全面,课文涉及的知识点不能面面俱到,要切合学生实际设计教学"等教学理念,都值得探讨。

非连续性文本群文读写

——张祖庆《给地球新生儿的一封信》课堂评析

信息时代，社会的经济快速发展，信息传播的形式多样化，对语文教育提出了挑战。语文教学的内容和形式也发生相应的变革。非连续性文本阅读，就是信息时代对语文教育变革的诉求。

"非连续性文本"作为一种文本形式最早出现在2000年经济合作与发展组织（OECD）举办的"学生国际测评项目"，即PISA测试中。中国上海项目组秘书长陆璟在《PISA测评的理论与实践》中写道：在PISA阅读测试中考察四种文本形式，分别是连续性文本、非连续性文本、混合文本、多重文本。对非连续性文本给出的说明是："非连续性文本是由列表（list）构成的文本，是与连续性文本不同的、不是以句子为最小单位的、需要不同于连续性文本的阅读策略的文本。包括：清单、表格、图表、图示、广告、时间表、目录、索引等。"①

《义务教育语文课程标准》（2011版），对小学五六年级的阅读教学提出"阅读简单的非连续性文本，能从图文等组合材料中找出有价值的信息"。对初中阅读教学提出"阅读由多种材料组合、较为复杂的非连续性文本，能领会文本的意思，得出有意义的结论"。非连续性文本的阅读能力，是信息化时代对公民阅读能力的诉求，也是学生走向社会必备的阅读素养。当下，语文日常教学中，非连续性文本阅读教学多集中于考试题型训练之中，而非连续性文本写作训练不多见。

张祖庆老师的《给地球新生儿的一封信》②课，是给五年级学生讲的非连续性文本群读写课。张老师迎合信息时代对小学语文教学的要求，做了非常有益的尝试。

第一课时

板块一：我所知道的地球

从能力角度看，这个环节训练的是归纳信息的能力。

这个教学板块，完成两项学习活动。

第一，检查作业，课前要求学生查阅资料，做一张介绍地球的文摘卡，字数

① 陆璟.PISA测评的理论和实践[M].上海：华东师范大学出版社，2013：15.

② 张祖庆.非连续性文本群读写——《给地球新生儿的一封信》课堂实录[J].语文教学通讯，2013（9）：30.

不超过 80 字，请同学们交流文摘卡。请三个学生汇报如下：

生：其实在地球诞生前的 45 亿多年前，地球是一颗岩石行星漂浮在太空里。产生地球后，我们大约把地球分为五个代，分别为太古代、远古代、古生代、中生代、新生代，以及地球赤道的半径是 6378 千米。

生：我讲的是为什么地球是一个球体。因为宇宙大爆炸时产生的星球都是高温液态的，由于表面张力作用，这个星球就是圆的。后来，经过千百年的冷却，这些星球一直保持到现在。所以地球也就是现在这样是圆的。（生鼓掌）

生：我讲的是关于地球自转产生的昼夜的更替。在天文学上，人们把一天 24 小时称为太阳日，它的公转周期是一年。

教师总结：关于地球的诞生有同学汇报说是 46 亿年，有的同学汇报说是 45 亿年。老师也查阅了资料，科学界尚无定论。所以，"阅读科普性文章，我们要大胆怀疑，多方求证。"

检查作业环节，通过了解学生做作业情况，了解学生查阅了哪些资料，对本节课的学习做了多少阅读。了解学生的学习积累情况，以便于教学中适当调节预设方案，促成教学生成。通过交流指导作业，指导学生阅读科普文章的态度：要广泛阅读，学会求证，同时也要学会质疑。

第二，教师出示一组关于世界节日的非连续性文段，要求学生发现这些信息的共同特点。课件内容如下：

3 月 21 日：世界森林日

3 月 23 日：世界气象日

4 月 22 日：世界地球日

6 月 5 日：世界环境日

6 月 17 日：世界防止沙漠化和干旱日

7 月 11 日：世界人口日

9 月 16 日：国际保护臭氧层日

10 月 16 日：世界粮食日

12 月 29 日：国际生物多样性日

讨论明确：人类为了保护地球，世界各种组织设定了许多节日进行宣传和保护。

这个活动设计有两个目的。一是概括非连续性文段的特点，将零散的信息归纳整合的能力，训练的是归纳信息的能力。归纳能力是逻辑思维训练不可或缺的内容，而逻辑思维的训练，要从小学开始培养。上课伊始，从简单的训练做起，训练归纳信息，为下面做高阶思维训练奠定基础。二是调动学生的好奇心，儿童对各种节日有着浓厚的兴趣，对不熟悉的生活有探求新知的热情，提示学生各种世界组织确立的节日不只是纪念、庆祝，还是为了提醒世界公民引起保护地球的意识，引发学生对地球生态的关注。

板块二：人类对待地球的方式正确吗？

从能力角度来看，这个环节的教学目标是培养学生提取信息的能力。

本环节阅读的材料是德国科普作家的著作《我们的地球》，此书图文并茂，阅读最后一节，探讨的问题是：人类对待地球的方式是否正确？首先要学生摘录一句最重要的话，然后根据理解需要发现针对性的词语或短语。师生讨论过程概括提炼如下：

师：如果让你在这段文字中摘录一句最重要的话，你会摘哪一句？

生：现在地球上的环境已经遭受重创，如果我们想要存活下去必须更加努力地保护环境。

师：如果让你们把这句话读成一个词语，你可以留下哪个词语或词组？（生圈画）

生：保护环境；遭受重创。

师：这段话中有地球遭受重创的两大原因，你能找到相关句子，并归纳出来吗？（生圈画）

生：榨取资源。

生：人口剧增。

本环节重点训练了重要信息提取能力。信息时代，面对海量的信息，如何发现有价值的信息，如何在短时间内，筛选有价值的信息，这是信息时代各国母语教育都关注的问题，也是学生学习和走向社会所应面对的问题，是信息社会人才必备的素养。教师在这个环节做了信息提取训练，第一步提取文段中重要句子，第二步提取关键词汇。这个训练环节，注意了思维培养的层次性。

本环节教师做了学法指导。如下：

师：阅读科普作品，我们不需要字字句句细细地去读，读完之后想想这段话最重要的一句是什么？一般来说，这句话要么在开头第一句，要么在结尾。这是科普作品很重要的一种文体表达特征。

教师指导学生阅读科普文章，提取信息的一般规律。重要信息多在段首，或者段尾，所以段首的一句话，段尾的最后一句话往往非常重要，要留意研读，而不必句句都细读。教师根据科普文章的结构特点，指导了学生如何快速提取信息，把握科普文章的主要信息的方法。

教师对科普文章的阅读指导，是针对阅读非连续性文本的信息提取的指导，但表述尚有不严谨之处："阅读科普作品，我们不需要字字句句细细地去读，读完之后想想这段话最重要的一句是什么？"首先"不需要字字句句细细地去读"，这个结论不够严谨，阅读任何一类文本，都要培养学生认真阅读的态度，不仔细读，是应该有前提条件的，比如通读文本以后，整体把握了文本的意思之后，进一步研读理解文本，则可以依据本文具体的内容，区分精读部分和略读部分，可以提高阅读的效率。如果初读文本就抓住段首，或者段尾的所谓关键的语言仔细读，其他部分的内容不用"字字句句细细读"，显然是走马观花式的阅读。如果学生养成这样的阅读习惯，必然形成不严谨的阅读态度。此处，应该强调的是科普文章阅读注意精读和泛读结合，这样才能快速把握文本的主要信息，提高阅读效率。

板块三："地球头号杀手"

这个教学环节主要学习阅读图表的能力。

首先是读"图"能力训练。

出示图片，图片是高空拍摄的工业区烟囱排放浓烟、天空阴霾、江流污浊等各种污染现象（图片上有文字提示），要求学生读图，完成以下的学习任务。

师：你认为这杀手是谁？可以联系电视、报纸上看到的以及身边观察到的综合思考，再发言。注意：第一，把自己认为这是地球头号杀手的理由说充分；第二，认真倾听伙伴的发言，意见不一致时，讨论后达成共识。既要展示自我，又要学会妥协。

完成这个学习任务，需要认真读图，从图中提取信息，注意图示和提示语言之间的联系，联系生活述诸语言，是图文转化能力训练。这是一种语言能力综合训练，包括图的形象的感知和判断，从图面形象中抽象出意义，然后用语言描述现象、表达意义。所以图片传递的信息的判断、与生活的联系、蕴含的意义，都要认真思考分析。这个图片选得贴近生活，利于学生理解，加之教师任务提示具有启发性，学生较为顺利地完成了由图到文的转化，形象思维到抽象思维的转换。如学生回答：

"我们认为工业废气是地球的头号杀手。因为工业废气排放以后，大部分是二氧化碳，它会导致全球变暖，全球变暖会导致南北两极的冰川融化，海平面上升，许多岛国会被淹没，而且还会造成许多北极的动植物遭受灭绝。工业废气还会导致臭氧层的破坏，太阳紫外线侵入地球，地球会造成更严重的破坏。"

学生合作完成的小报告，首先对图中的工业废气排放做了分析，结合学习积累做了合理的联系，并综合图片相关信息与日常生活的学习积累得出结论，阐述了工业废气排放对气候、地理、植物、人类生活多方面的危害。由图到文的转换，须要完成由现象到实质的分析、反思。这个过程需要运用多种思维，然后述诸语言表达。

这个环节，教师对合作学习做了指导，包括"认真倾听"，学会面对不同的意见，通过讨论"达成共识"。学习过程中既要努力"展示自我"，同时也要关注他人的意见，学会接纳他人的意见。

其次，读"表"的能力训练。

其一是柱状图，是一道信息判断题。要求读两个柱状图，选择正确的答案。通过读图，明确这幅柱状图的主要信息是："十大致死风险因子"排名中"室外空气颗粒物污染"所在位置不一样，中国排第四。柱状图显示的内容是围绕"地球杀手"的调查数据的比对。

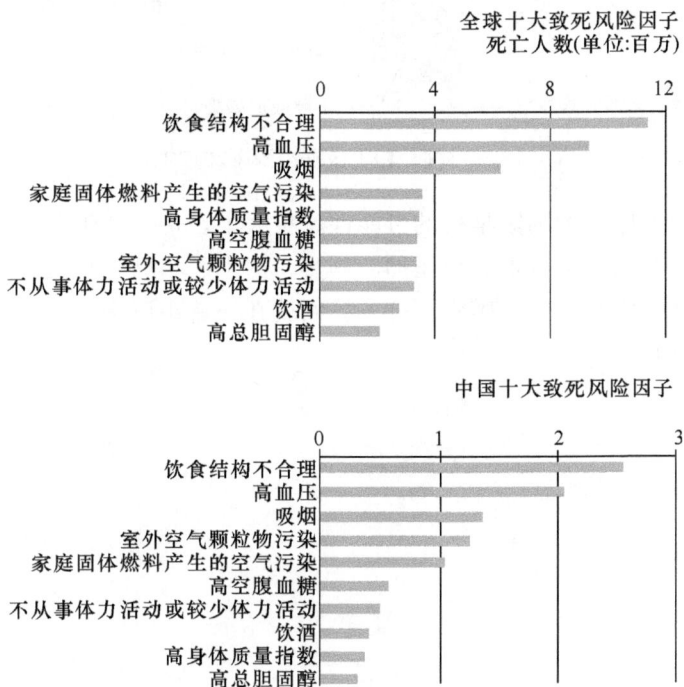

全球十大致死风险因子
死亡人数(单位:百万)

中国十大致死风险因子

其二是饼状图，是一道信息判断题。要求读三个图，做三道选择题，分别是：关于"中国室外空气污染早死人数"的统计，全球总数量及中国占比；关于

"中国健康生命年损失数量"，全球总数量及中国占比；关于"中国室外颗粒物导致死亡的原因"中国因环境污染致死率及比例分配图。通过三个饼状图的信息判断，学生理解了饼状图信息内容，同时也了解了我国各种污染造成的对生命健康的影响等问题。第一节课教学结束时，教师出示自己创作的一首小诗。

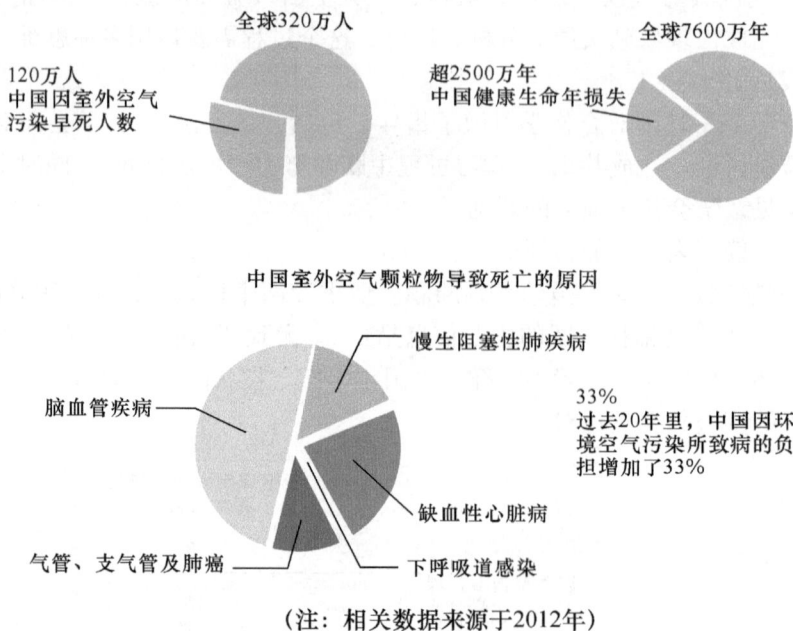

全球320万人

120万人
中国因室外空气
污染早死人数

全球7600万年

超2500万年
中国健康生命年损失

中国室外空气颗粒物导致死亡的原因

慢生阻塞性肺疾病

脑血管疾病

33%
过去20年里，中国因环境空气污染所致病的负担增加了33%

缺血性心脏病

气管、支气管及肺癌

下呼吸道感染

（注：相关数据来源于2012年）

生活在中国比别的国家早死的可能性就更大了。每一个生命，在这样的空气质量下生存都会觉得很沉重、很压抑。其实，树木、小鸟、小鱼，地球上的每一种生物，也许会像我们一样感到压抑。我们就在一首小诗中结束第一课时（师生声情并茂读诗）。

……

如果……

是否可以飞上蓝天？

如果……

小鱼没有呼吸

是否可以穿梭水中？

如果……

小树没有阳光

是否可以茁壮成长？

本环节学习了非联系性文本的阅读常见的文本呈现形式，柱状图和饼状图，这是两种现代生活常见的数据分析图。掌握常见的图表信息提取方法，是学生走向社会后，生活和工作必备的阅读能力。本环节教学问题的难易度符合小学生的认知水平，问题考察的形式也是较为常见，利于培养学生快速把握图表的信息能力。

教师出示的自创小诗意义有两方面：一方面为了强化情感教育；另一方面，本节课阅读了摄影图片、柱状图、饼状图之后，增加了一类文本形式：诗歌，丰富了阅读文本的类型。而同主题，不同类型的文本组合，正是非连续性文本阅读的特点。所以，本节课收束的用意是很有意味的，体现了教师教学的缜密的思维，以及围绕教学核心目标组织教学内容的严谨的教学态度。

这个环节，强调合作学习。课程改革以来，合作学习已经成为重要的学习方式，是语文学习方式变革的主要形式，但是我们看到教师对合作学习的指导不够具体，多强调合作学习的意义，而合作学习的方法方式指导不够。这节课教师主要指导了合作学习的方式，态度。但是教师措辞上应该更为严谨，"学会妥协"，其实是"学会沟通"。在当今这个联系日益紧密的世界，教师不仅要培养学生的学习能力，还要培养他们的沟通能力与合作能力。

第二课时

第一板块：人口将突破 13 亿大关

这个教学环节，做的是非连续性文本写作训练。

首先，非连续性文本读写训练。

学习任务如下：针对上节课非连续性文本的阅读理解获得的共识，人口剧增，地球不堪重负，教师根据人口增长数据，绘制了世界人口增长塔图。请同学们读图，分析世界人口从公元930年到2013年间增长的变化，发现问题。在读懂图的基础上，提出写作任务：

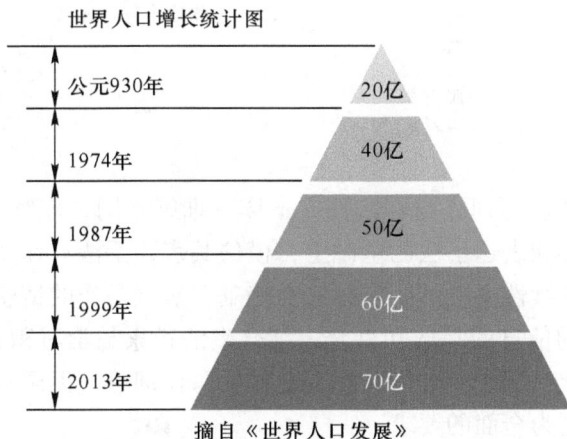

世界人口增长统计图

公元930年	20亿
1974年	40亿
1987年	50亿
1999年	60亿
2013年	70亿

摘自《世界人口发展》

给地球上刚诞生的人写信。任务提示：40年前，科普作家艾萨克·阿西莫夫曾经给地球新生儿写了一封信。40年后的今天，地球环境依旧没有改变，甚至越来越恶化。今天我们也给地球新生儿写一封信。

写作指导包括：第一步，师生交流写作内容，提出行动的建议，合作讨论金点子；第二步，将同学们提出的建议梳理分类。

一、美丽可爱

垃圾分类　②
节约水电　①
变废为宝　①

二、{ 遭受重创　榨取资源　人口剧增 }

开发新能源　③
严守法则　④
绿化环境　②

三、行动建议

少用一次性工具　①
出门步行　①

将同学们提出的建议梳理归类之后，整合信息，包括课文信息、读物信息、生活信息，并提示整合信息的方法：一是要直接引用相关的句子，写进你的信当中；二是要提炼事例、观点，分组合作课堂完成作文。分成两组：第一组完成正文部分的前半部分，介绍地球遭受的重创、榨取资源、人口剧增等问题，可以运用图表、资料的信息；第二组写行动的建议，要求以对话的方式把心里的想法写清楚，要有感染力。

给地球新生儿的一封信

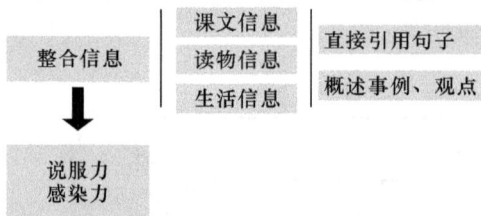

整合信息 { 课文信息　读物信息　生活信息 }　{ 直接引用句子　概述事例、观点 }

↓

说服力　感染力

非连续性文本读写训练与连续性文本读写训练不同，连续性文本读写训练，要在理解阅读内容和表达手法的基础上，模仿其表达手法写作文。非连续性文本读写训练，以非连续性文本的阅读体验为基础，确立写作的情感和内容，侧重于对非连续性文本的信息的筛选和整合，结合生活积累与学习积累提取写作素材，要经过复杂的思维过程之后进行写作。这样的写作训练，无疑对学生的语言和思维运用都提出了更为全面的要求。

其次，非连续性文本读写讲评训练。

分组完成写作任务之后的及时讨论讲评。

正文第一部分写作内容是介绍地球正在发生的事。评价的要求是，关注写作的内容：介绍了地球正在发生的一些事？关注写作的信息整合和表达效果：要特别关注写作中整合了哪些信息？提升了怎样的表达效果？如学生写作片段：

亲爱的第70亿01号地球人，你好！我们的地球正在遭受着严重的破坏。不过，我们生活的地球已经被他们依赖的人类渐渐地破坏……全球排位第七的空气污染在中国却排位第四，这说明在中国因空气污染致死的人非常多、危害非常大，空气污染将带给我的生活很大的风险。

这个片段显然整合了"空气污染图"和"全国十大致死风险因子"的柱状图中的信息，并进行了适当的分析。

不要以为地球是非常大的，其实它的矿产、它的资源都是有限的。就拿它对气体的净化来说吧，正是因为PM2.5的过量排放导致的雾霾天，才会使我国120万人口因此早死，使2500万健康生命遭受损失。人们的生活质量下降，这都是因为我们人类啊！

这个片段的内容显然整合了"中国室外空气污染早死人数""中国室外颗粒物导致死亡的原因"饼状图的信息，并做适当的分析和议论。

正文第二部分写作内容，提出行动建议。这部分的评价侧重于信息分类和信息整合指导。

学生的写作片段：

一、出门购物自己带环保袋，少用塑料袋，减少白色污染；（一至六点，限于篇幅，略）……七、出门时，少开私家车，可以选择步行等绿色出行方法，减少尾气排放，让环境更好一些。

教师评价指出：如果分分类会更好，还可以提出一些对新能源建设的思考。通过评价提示学生：介绍资讯和事实，不要想当然去写，要整合有价值的信息，写出的内容才有说服力。

非连续性文本读写评价，与连续性文本写作评价有所区别。同样是书信写作，日常书信写作的评价要重视书信表达的内容、情感及书信的格式；而非连续性文本阅读的书信写作，是将资讯信息整合基础上的内容介绍和分析，在此基础上表达个人态度。所以，更重视信息的筛选及其合理运用、按照一定的事理分类，并运用一定的逻辑秩序表达，这也是现代社会必备的阅读素养和言语表现技能。这节课的非连续性文本读写的评价理念定位是恰当的，落实的活动是有意义的。

第二板块：只有一个地球

结课，引入可视性阅读内容。播放纪录片《家园》片段，建议边看边记录，要记录关键的数据和事实，并将相关内容充实到写的书信中，教师提供数据示例：

在这些年冰盖厚度比 40 亿年前减少了 40%。

在未来会有 10 亿人喝不到干净的水。

预计到 2050 年将会有 2 亿人沦为气候难民。

确凿数据运用到作文中，必然会增加说服力和感染力。这个教学设计的用意告诉学生阅读文本还可以包括可视文本，无论是学习还是生活都要善于汲取"可视性"文本的有价值的信息。

信息时代的今天，随着信息技术的飞速发展和社会环境的不断变化，人们阅读的媒介趋向多样化，数字阅读日益成为日常生活必不可少的内容，因此，PISA 在阅读素养的界定中将"书面文本"改为了"文本"。大众传播媒介领域出现了由纸质印刷材料向影像化产品转变，催生了"视像化时代"。"可视化文本"信息的提取和整合，也是现代公民的阅读素养。张老师能紧跟时代步伐，关注新时代人才培养的诉求，确立教学内容和能力培养目标，教师的课程理念是先进的，由此可以看出教师的课程自觉。

最后，我们在阿西莫夫写给地球新生儿的一封信当中结束这堂课。

这是科幻作家艾萨克·阿西莫夫 40 年前写的《给地球新生儿的一封信》。那时，地球已有 40 亿人。40 年来，地球人口爆炸式增长。2013 年，地球人口将突破 70 亿大关！

阿西莫夫的呼吁声声在耳，人类却听而不闻、执迷不悟。地球资源日趋衰竭，地球环境日益恶化。

资源一天天告急！

环境一天天恶化！

警钟一记记敲响！！！

只有一个地球！

人，该何去何从？

结课在浓郁的情感教育氛围中收束。

【总评】

张祖庆老师的非连续性文本读写课，围绕同一主题，展开了丰富的读写活动。

首先，以"给地球新生儿写信"为主题，进行了多文本类型组合的非连续性文本阅读活动。本节课阅读的文本类型丰富，包括：文段、图片、图表；图表类型包括：柱状图、饼状图、塔形图等。体裁包括：科技文、诗歌、书信等。文本媒介形式包括：纸媒和可视性文本。对多样文本做了阅读训练，根据学生认知的逻辑，由信息简单文本到信息复杂的文本，展开阅读理解和写作训练，教学层次清晰。

其次，结合非连续性文本阅读收获，做情境写作训练。写作训练和非连续性文本阅读能力培养结合。统一学习目标，主题都是针对认识地球，保护我们赖以生存的环境。汲取非连续性文本阅读的收获，科普短文写作的组织材料的方式进行写作。归纳材料、提取信息、整合信息、反思材料等思维训练反复实践，贯穿读写训练的始终。

再次，培养学生全球公民意识。全球化时代，一些发达国家把世界公民素质的培养作为母语教育的重要目标。选题"给地球新生儿写信"，从关注地球环保的话题，认识环境问题，到了解具体问题，最后书信交流提出建议。以关注地球、关注生存环境、加深对世界的认识为主题组织学习活动，培养学生的世界公民意识，体现教师的先进的教育理念。

最后，重视学法指导。非连续性文本阅读，存在文段、图片、漫画、表格等多种文本组合形式，其呈现方式较为灵活多样。不同的文本组合形式，阅读的方法是有区别的，所以非连续性文本阅读相对连续性文本阅读，方式方法更为灵活，而小学生对非连续性文本接触不多，阅读障碍相对连续性文本会多一些，所以，非连续性文本阅读指导贯穿教学的始终。阅读指导包括信息提取、语言运用，思维逻辑等方面的指导，还有数据分析、图文转换等技术层面的指导。本节课，教师在归纳、概括信息方面做了较多的指导，但是稍微遗憾的是，对数据分析，图文转换方面并未做指导。

由此看来，非连续性文本阅读指导，对老师是一种挑战。

参考文献

[1] 中央教育科学研究所. 叶圣陶语文教育论集（上、下）[M]. 北京：教育科学出版社，1980.

[2] 中央教育科学研究所. 朱自清论语文教育[M]. 北京：教育科学出版社，1985.

[3] 刘国正. 叶圣陶语文教育论集[M]. 北京：人民教育出版社，1994.

[4] 张志公. 谈作文教学的几个问题[C]//张定远. 中国现当代名家作文论. 北京：文心出版社，2000.

[5] 夏丏尊. 夏丏尊教育名篇[M]. 北京：教育科学出版社，2007.

[6] 夏丏尊，叶圣陶. 文心[M]. 北京：中国青年出版社，1983.

[7] 蒋伯潜. 习作与批改[C]//顾黄初，李杏保. 二十世纪前期中国语文教育论集. 成都：四川教育出版社，1991.

[8] 郑国民. 新世纪语文课程改革研究[M]. 北京：北京师范大学出版社，2003.

[9] 潘新和. 语文：表现与存在[M]. 福州：福建人民出版社，2004.

[10] （美）威廉·W·韦斯特. 提高写作技能[M]. 章熊，章淳，译. 福州：福建教育出版社，1984.

[11] 曹明海，张秀清. 语文教育文化过程研究[M]. 济南：山东人民出版社，2005.

[12] 潘庆玉. 富有想象力的课堂教学[M]. 广州：广东教育出版社，2009.

[13] 王尚文. 人文·语感·对话[M]. 上海：上海教育出版社，2010.

[14] 刘正伟. 国际语文课程与教学比较[M]. 杭州：浙江大学出版社，2008.

[15] 钱理群. 钱理群语文教育新论[M]. 上海：华东师范大学出版社，2010.

[16] 王荣生. 散文教学教什么[M]. 上海：华东师范大学出版社，2014.

[17] 张必隐. 阅读心理学[M]. 北京：北京师范大学出版社，1994.

[18] 刘淼. 作文心理学[M]. 北京：高等教育出版社，2001.

[19] 朱晓斌. 写作教学心理学[M]. 杭州：浙江大学出版社，2007.

[20] 王荣生. 听王荣生教授评课[M]. 上海：华东师范大学出版社，2007.

[21] 朱丽娅·克里斯蒂娃. 符号学:意义分析研究[C]//朱立元. 现代西方美学史. 上海:上海文艺出版社，1993.

[22] 张心科. 接受美学与中学文学教育[M]. 上海：华东师范大学出版社，2019.

[23] 陈思和. 新文学整体观[M]. 广州：广东人民出版社，2018.

[24] 钱理群. 名作重读[M]. 上海：上海教育出版社，2006.

[25] 钱理群，孙绍振，王富仁. 解读语文[M]. 福州：福建人民出版社，2010.

[26] 王先霈. 文学文本细读讲演录[M]. 桂林：广西师范大学出版社，2006.

[27] 孙绍振，孙彦君. 文学文本解读学[M]. 北京：北京大学出版社，2015.

[28] 汪曾祺. 文集·文论卷[C]. 南京：江苏文艺出版社，1993.

[29] 刘绪源. 儿童文学的三大母题[M]. 上海：华东师范大学出版社，2009.

[30] 王泉根. 儿童文学的审美指令[M]. 武汉：湖北少年儿童出版社，1991.

[31] 王泉根. 现代中国儿童文学主潮[M]. 重庆：重庆出版社，2000.

[32] 张心科. 清末儿童文学教育发展史论[M]. 北京：北京师范大学出版社，2011.

[33] 钱万成. 中国当代儿童诗歌的审美流变[D]. 长春：东北师范大学，2018.

[34] 汲安庆. 中学语文名师教例研究[M]. 上海：华东师范大学出版社，2018.

[35] 江平，朱松生. 小学语文教学论[M]. 上海：上海三联书店，2001.

[36] 刘雨，张艳梅. 小学生作文心理与教育策略[M]. 长春：东北师范大学出版社，2001.

[37] 钟传祎. 学科作文教学的理论与实践[M]. 北京：语文出版社，2000.

[38] 管建刚. 我的作文教学革命[M]. 福州：福建教育出版社，2010.

[39] 蒋军晶. 群文阅读新语文读本[M]. 北京：人民文学出版社，2014.

[40] 蒋军晶. 让学生学会阅读，群文阅读这样做[M]. 北京：中国人民大学出版社，2016.

[41] 陆璟. PISA测试的理论与实践[M]. 上海：华东师范大学出版社，2012.

[42] 张祖庆，戴一苗. 非连续性文本教学与测评[M]. 杭州：浙江少年儿童出版社，2017.

后记
POSTSCRIPT

评析小学语文名师教学案例，早就有想法，但一直没有时间付诸行动。

最早的想法，源于十多年前观摩王崧舟老师的《枫桥夜泊》视频课，被王崧舟老师视频课弥漫着的诗意所感动。我曾经跟学生说："王老师的课，是玲珑的，无论哪个角度看，都是美的。"我们知道，唯美的语文课需要教师方方面面的专业支持，课有多美，就需要付出多少汗水。观摩于永正老师的《秋天的怀念》视频课，感受到于老师教学"配合学生"理念中洋溢的教育热情，表现出的是无处不在的语文心。在《人民教育》杂志上看到了管建刚老师的教学案例，平实无波澜的教学设计，处处凝结着教育智慧，那智慧源于为了"给学生带来荣耀和自尊"的美好理想，从管建刚老师的"后作文的革命"体会到了一个青年教师律动的教育理想。蒋军晶老师的群文阅读课，为了"给学生一种持续的语文生活"，努力地从课堂走向课程，蒋老师的成长动力源于专业自觉。还有钟传祎老师，为了支持学生终身发展而做的"学科作文"改革，将跨学科学习常态化，关注未来人才诉求，提高人才培养的规格……太多的名师，给了我们太多的感动。

我们知道，每一处精彩后面都有一份汗水，每一处精彩后面都有一份热爱，每一处精彩后面都镌刻着一份执着。

写作之初，看到太多名师的优秀教学案例，一时间竟然有些惶恐，唯恐错过太多的精彩。矛盾、纠结很久，只能代表性地选择九位名师的十五个教学案例做评析。由于时间不充裕，学养尚不够，留下很多遗憾。应该有更多的学理思考，来不及沉淀，来不及斟酌。希望以后能有整块时间，好好学习，好好研究。

但是很庆幸，通过一个个名师的教学案例，让我们走近了一个个优秀的教师，感受他们的教育激情，发现他们的教育智慧。

感谢牡丹江师范学院教育科学学院院长于海英教授的鼓励和支持，感谢苏州大学王家伦教授、湖南师范大学黄朝霞教授、南京信息工程大学汲安庆教授的帮助与指导，还有《教学与管理》杂志的关燕云编辑给予的肯定和鼓励，是你们给了我信心和工作的动力。

感谢牡丹江师范学院学科教学（语文）2018级的硕士研究生苗蕊、矫震宇、宁波同学，刚刚奔赴工作岗位，百忙中还抽空参与校对工作。感谢学科教学（语文）2019级的硕士研究生关芸婷、迟松宜、冯春丽同学，2020级的赫敏男同学，为书稿的校对排版付出的辛勤的劳动。尤其要感谢2017级小学教育专业的本科生王露萱同学，梳理教学实录，校稿付出了很多辛苦，还有小学教育专业2019级研究生张宇婷、姜姗姗，2020级小学教育专业研究生李爽、李晓玉、杨丽荣、成丹丹、单莹莹，本科生任悦、孙蕊、刘雪莹、杨超凡、韩旭等同学参与校对工作。在此一并表示感谢！

希望，语文教育越来越精彩！

希望，我们的生活越来越美好！

2020年9月1日

于牡丹江师范学院